名师是怎样炼成的

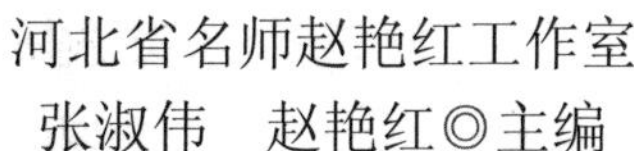

河北省名师赵艳红工作室
张淑伟　赵艳红◎主编

南海出版公司
2019·海口

图书在版编目（CIP）数据

名师是怎样炼成的 / 张淑伟，赵艳红主编．-- 海口：南海出版公司，2019.10

ISBN 978-7-5442-6905-6

Ⅰ．①名… Ⅱ．①张… ②赵… Ⅲ．①师资培养 Ⅳ．① G650

中国版本图书馆 CIP 数据核字（2019）第 140181 号

MINGSHI SHI ZENYANG LIAN CHNEG DE

名师是怎样炼成的

主　　编　张淑伟　赵艳红
责任编辑　余　靖
出版发行　南海出版公司　电话：（0898）66568511（出版）
（0898）65350227（发行）
社　　址　海南省海口市海秀中路51号星华大厦5楼　邮编：570206
电子信箱　nhpublishing@163.com
经　　销　新华书店
印　　刷　北京永顺兴望印刷厂
开　　本　710 毫米 × 1000 毫米　1 / 16
印　　张　17
字　　数　260千
版　　次　2019年10月第1版　2019年10月第1次印刷
书　　号　ISBN 978-7-5442-6905-6
定　　价　75.00 元

前　言

教育是永恒的话题，是全社会关注的焦点。教育是点燃、是唤醒、是激励、是影响、是等待，是一双眼睛对另一双眼睛的凝视，是一颗心灵对另一颗心灵的信任，是一个生命对另一个生命的欣赏。爱因斯坦曾说过：“只有爱才是最好的教师，它远远超过职责感。”作为一名教师，我们应将爱作为自己工作的起点，也要将爱作为自己工作的终点。教师的爱是滴滴甘露，使枯萎的心灵苏醒；教师的爱是融融春风，能使冰冻了的感情消融。花朵的绚丽需要园丁汗水的灌溉，禾苗的茁壮需要农民劳作的呵护，学生的成长需要老师爱心的滋润。凭“真心、诚心、爱心”，必能教育好学生，真诚的劳动必将结出丰硕的果实。

花开花落、云卷云舒，岁月匆匆，永不停歇，它企图以时间的长度让人们淡忘往事。它永远都不会明白，有些往事已经被人们用感情的方式保存在记忆深处，又让人怎样能够忘却呢？回忆与学生共处的日子，谈不上精彩无限，但这份平淡、这份朴素足以让我们难忘。每每思之，常常是一份沉甸甸的职责。坚信，一分耕耘一分收获，爱心成就未来！

陶行知先生一语震撼人心：“真教育是心心相印的活动，唯独从心里发出来的，才能到达心的深处。”本书的作者们怀着对教育的大爱，由河北省名师赵艳红工作室8位成员和1位荣誉成员讲述自己的一路风雨、一路欢歌的奋斗历程。这里有从自己求学到高考填报志愿选择师范院校再到初上讲台千锤百炼的故事；这里有从生物教学中的教改经验教训到班级管理育人案例；这里有从与天南海北的毕业生的联系到与廊坊市香河县第一中学的河北省名师赵艳红工作室的融通奋进。本书讲述了我们9位教师共同成长的一个又一个温馨的故事，这些故事宛如一条条小溪汇成了教育教学长河。在这条长河中，所有的酸甜苦辣都化作了精彩课堂中的美丽绽放，所有的辛勤付出都化作了沉甸甸的收获，所有平凡与不平凡的日子都化作了漫天飞舞的彩蝶，所有的不眠之夜都化作了青春洋溢的张张笑脸，所有的所有……是师生彼此成就的美好，是一场温暖的修行，是爱的接力。

本书分为：求学篇、磨砺篇、教学篇、育人篇、桃李篇和成长篇，以教师成长、受爱与施爱为主线，由9位教师讲述各自不同的教学故事以及在教学中的收获与反思。本书字里行间，既能感受到教师的职业激情，也可以看见理性的思考，更能引发读者对中学教育教学的关注。本书9位作者分别来自河北省廊坊、唐山和张家口3个地市，所在学校有城市、县城和乡村，年龄结构有60后、70后和80后。9位教师走在使自己变得越来越优秀的教育路上，教师们的成长历程是改革开放后河北省中学教师的缩影，展现的是冀派名师的风采。本书展现了不同年龄教师在职业生涯中的不同感悟，呈现了这个群体的生存、生活状态，也可以作为职业生涯规划的参考书。

在每一位教师的成长历程中，总会受到贵人相助，贵人可以是父母、是师长、是朋友、是知己、是同事甚至是子女、是学生……是与我们相遇的生命中的每一个人。河北省名师赵艳红工作室，是经河北省教育厅批准并以主持人名字命名、于2017年7月授牌成立的河北省首批100个中小学省级名师工作室之一。赵艳红名师工作室以河北高中生物省、市学科名师和骨干教师为主，以高中生物教学研究为核心，以培养优秀教师和提升教学效益为目标，努力打造成具有引领、带动、辐射作用的高中生物优秀教师团队，吸引更多的不同学科的教师加入我们。我们有缘相遇在这个团队中，相互切磋、培训提高、科研共进，让我们成为相亲相爱的彼此的贵人。在爱的海洋中，爱滋润着我们每个人的心灵；在爱的海洋中，我们施爱于我们身边的每一个人。让爱的传递彰显教育的本真，让爱的传递彰显教育的美好，让爱使我们在各自的教育教学之路上走得更稳健、更精彩、更有意义。在本书出版过程中，也得到了很多熟悉或虽然不熟悉却真诚的朋友的鼎力相助，在此一并表示感谢。

赵艳红

2018年12月27日

目　录

一、求学篇

二、磨砺篇

三、教学篇

四、育人篇

五、桃李篇

六、成长篇

一、求学篇

现在的我溯源懵懂的自己

河北省香河县第一中学　赵艳红

我在介绍自己之前，先向大家讲一个木匠的故事。

一个老木匠准备退休了，他告诉老板自己要离开建筑业，和家人一起过休闲的生活，他再也拿不到薪水了，但没有薪水他也能好好生活，他还是想退休。建筑商觉得失去一位好员工很可惜，所以请老木匠为他在最后建一间具有个人风格的房子。老木匠答应了，此时他的心早已不在工作上了，他工作得很不努力，使用的材料也较差。当老木匠结束工作后，老板来看这间房子，他交给老木匠这间房子的钥匙，并告诉老木匠说："这是我送给你的礼物。"老木匠愣住了，他不敢相信自己的耳朵，更不敢面对自己的工作成果。如果当初他知道房子是为自己盖的，他一定不会这么做。他一定会用最好的建材、最精湛的技术把它盖好。然而现在他却因为自己的自私，造成了一个无法弥补的遗憾。

这个故事陪伴我走到今天，在教学工作中，使我深深体会到对教育事业的忠诚就是对自己的忠诚。教师，离不开对教育的忠诚，忠诚的基础上才能爱岗敬业、尽职尽责、博学博爱。如果说智慧和勤奋像金子一样珍贵的话，那么有一样东西更为珍贵，那就是忠诚。忠诚是一种物质，能给我带来自我满足、自我尊重，是陪伴我们的精神力量；忠诚是一种信仰，它可以引导无形的自我在不断地付出中获得财富、声望和荣誉。一个教师只有把教育当作一项崇高的事业，而不是一个聊以谋生的手段，才能成为冬天里的一把火，热力四射、温暖学生；才能在教育事业上孜孜不倦的有所追求，才能达到一种对事业的挚爱、对工作的热爱、对学生的关爱，真爱才能真干，真干才能成功；让我们把青春智慧无怨无悔地献给孩子们，献给教育事业。

苏霍姆林斯基把一生都交给了帕夫雷什中学，贡献给了教育，乐在其中。

中国的教育界曾被国外一个很响亮的名字震惊，那就是雷夫。我没有见过雷夫，但读雷夫感觉他像个演员，课堂就是他的生命，在课堂里他可以激情四射，他的教育温度就是那个激情的温度 37.2℃ ；读雷夫，感觉他像个厨师，他根据学生的口味而不断烹饪出适合学生口味的餐点，不断变换着花样；读雷夫，他像个探险家，他勇于带领学生不断探索教育的新高地，而不是模仿别人；读雷夫，在他身上我能找到自己的影子，任何一个把教师职业当事业的人，都能从雷夫那里找到自己的影子。

我不敢和大教育家相比，更不敢和雷夫相比，但我一直认为天生我材必有用。一个人生下来是改变世界的，当然我们的改变世界是不同程度的，咱最终的结果：或者改变世界，或者被世界改变。我不想做后者，我要做改变世界的人，哪怕改变一点点也是我自身价值的体现，就像奥斯特洛夫斯基说的那样："人最宝贵的东西是生命，生命对人来说只有一次，因此人的一生应当这样度过：当一个人回首往事的时候，不因虚度年华而悔恨，也不因碌碌无为而羞愧，这样在他临死的时候能够说：我把整个生命和全部精力都献给了人生最宝贵的事业——为人类的解放而奋斗。"我是这样想，也是这样践行着这些想法的。

30 年来，我从一个普普通通的教师成长为了河北省特级教师、河北省正高级教师、河北省首批以个人名字命名的河北省名师赵艳红工作室主持人、河北省中小学学科名师，河北省骨干教师等。我从 21 岁干到了 50 岁，30 年间对教育事业忠诚，对学生关爱，对青年教师引领。我没有奢望过与经天纬地的伟人比肩，也不是当代叱咤风云、高山仰止、追者景行的名流，我不过是燕赵大地上一名普普通通的草根教师。

我是 1968 年的早春出生在天津市宝坻区一个普通城镇家庭，父亲是会计，母亲是工人，他们对我没有过高的期望，记得当年是随着邻居家小孩的父亲一起走进的校门，1976 年的暑假开学上一年级，我小学一年级的班主任姓牛，梳着两条长长的辫子，是个漂亮的女老师；那时的社会环境是安全的，家长也很放心，一起上下学总有三四个男男女女的小伙伴，都是结伙走，没有家长接送的。快快乐乐地过了半年之后，随着母亲的工作调动，我来到了香河县城关小学，那时河北是寒假入学，父亲与母亲经过一番商量，我上了小学二年级，老师说："这孩子能跟上班就继续上吧，如果不能跟上班只能留下来再读一年二年级。"父亲说："那就试一试吧。"就这样，父亲从家里带着凳子亲自送到了城关小学。我跨过了一年级的第二学期，直接上了二年级，懵懵懂懂地读了一个学期，想不到期末语文、数学都考了满分，拿着双百成绩的我继续读二年级的第二学期，哪里知道河北又改为暑假入学，到现在我也搞不清楚我二年级和三年级是怎么过来的，只是记得1978年暑假升入四年级，我的班主任是教语文的女老师，印象中姓张，张老师对我很好，可能因为学习好的缘故吧。记得一次开大会，张老师让我上台发言，那可是全校师生大会呀，这是在我记忆中最为紧张的一次发言，稿子还是张老师事先为我修改过的，我看着下面黑压压的小脑袋，不知是怎么走上的主席台，不知是如何念完的发言稿，感觉自己的声音是颤颤的，脸涨得红红的，汗也不由自主地流了出来。对于一个腼腆的小姑娘来说，这样的一次历练是终生难忘的。时至今日，对张老师的感激仍是由衷的。1979年暑假升入五年级，班主任是孙真会老师，一个非常优秀的优雅有气质的老师，当年在宣传栏中看到孙老师受表彰的大照片，心中涌起的是无限的景仰、敬佩与自豪，能够师从孙真会老师、数学张老师，也是我的幸运。40年来优秀老师的模样便固定成了孙真会老师的样子，优雅、知性、严慈兼备。教数学的是满头白发的张老师，名字记不起来了，但他深厚的数学功底，对学生的耐心辅导，仍历历在目。小学毕业时，我买了个小笔记本，找到了孙老师的家，给我敬爱的孙老师送去了，孙老师的谆谆教诲还回响在耳畔，句句叮咛激励着我走到了现在。这便是一个老师对一个学生长长久久的影响。

1980年，我小学五年级毕业了，升入了香河中学读初中一年级。初一114班的班主任是教数学的袁老师，期末考试，我考了全班第一，是名副其实的优等生。初二、初三换成了宋志刚老师做我们114班的班主任，他是历史老师，所以初中的历史我学得非常好。在初中结实了我最要好的朋友勾俊英，我们小姐妹俩是不仅是学习上的伙伴，还是生活上的合作者，当年她骑自行车上下学，我家的路口是她上下学的必经之路，下学她骑自行车载着我，到我家的路口，我下车，她继续回家，三年如一日，从未间断。1983 年初中毕业时，到了人生抉择的十字路口，当年初中生考师范学校是许多农村孩子的首选，也是那些优秀孩子跳出农门的不二选择，好朋友勾俊英与我商量，她报考了，我由于性格的原因（内向，不善表达）放弃报考师范学校，而选择了上高中。

1983 年，我初中毕业升入了香河一中的高中部学习，83-3 班，我三年的班主任都是以严厉著称的刘庄伟老师，他们那一届老师很多都是大城市来的，比如来自北京、天津、上海等地，是老大学生，由于无法回城，都留在了县城一中做老师，他们那群留在县城一中的优秀的大学生们，撑起了中国教育的一片天，使我们在学习的年龄能师从那么优秀的一群人，也算是我们人生的一大幸运之事。除了班主任刘庄伟老师外，教我们的还有徐铁华老师、宋文龙老师、董恩芳老师、杨淑玲老师、侯舜华老师、杨勇老师。这些教过我们的老师最年轻的也有 56 岁了，最年长的也有 70 岁了。悠远的岁月里，恩师们为我们留下的是浓厚的师生情谊，是他们敬业忙碌的身影，是他们奉献教育事业的赤诚的心。许多年以后，我们几个女同学去看望班主任刘庄伟老师，我念念不忘的是他当年组织我们全班同学去北京颐和园游玩。当年他的一句话深深地印在了我的脑海中："咱们这次活动，或许有些同学一辈子也只能去一次北京颐和园。"这话不假，几十年过去了，同学们各行各业的都有，有些同学迫于生活的压力，到现在也只是被刘老师带着去游玩过那一次颐和园。我问了刘老师在 1984 年怎么有那么大的胆量组织我们去北京颐和园，他只是轻描淡写地说："到汽车站联系好了车，就组织大家去了呗。"想想那是我们全年级唯一一个班级有组织地去游玩颐和园呀。放在现在，任何一个班主任给他吃豺狼豹子胆也不敢组织去的。刘老师的大胆创新，不拘泥于常规，敢于为学生开阔视野而承担负责，是现在提倡的游学体验的早期版本，在我们高中三年的学习生活中，游历北京颐和园成为我们师生共同的珍贵的回忆，成为三年艰苦的学习时光中最亮的光点，最值得记忆的片段。有人说："所谓素养就是：许多年后，你忘记了学过的知识，剩下的东西。"34 年过去了，刘老师给我留下的除了严厉，还有对学生深深的关爱与引领，除了言传，更多的是身教，是突破常规，是敢于创新。我为刘庄伟老师点赞。

转眼间，高中毕业了，那时不知什么叫报志愿，老师也做些指导，老师叮嘱我们："省内的专科与市内的专科相比，本市的专科更易被录取，如果估分不是太高，中专最好报市内的中专，录取的概率会大一些。"懵懵懂懂地报了一些，医生呀、会计呀都报了，觉得不与人打交道就行。最后听从了老师的建议，报了一些师范类学校。不知是冥冥之中有安排还是真的有上帝之手，我考上了廊坊师范专科学校，一个无奈的与我性格极不相称的职业选择就这样确定下来了。

在第二个教师节来临之即，我们入学了。三年的大学生活，在知识的海洋中遨游，在大学老师的精心安排下，我们积极抢座上课，快乐地完成各种实验。完成了植物学、动物学、植物生理、动物生理、生物化学、遗传学、育种学、生态学、统计学、教材教法等的学习。那时的实习是去北戴河、北京香山、北海等地，那些都是我们同学共同的美好的犹如昨天的回忆，后来每每去这些地方，青春的影子总是在脑中闪现。那些年的一群人，那些年的那些事，李老师带领我们在海边寻动物、在联峰山挖植物、同学们每次考试前的拼命复习，一起走好远的路去市里逛街，牵着手看星星，……师生情、同学情永难忘。

求学的经历是人一生中最纯粹的一段历程，从懵懂到从容、从青涩到成熟、从模糊到清晰，我们一路蹒跚走来，我们很自豪，为事业奠定基础的大好年华我们不曾虚度。坚信没有被世界改变的我们正在改变着这个世界，让这个世界越来越美好。

长大后，我就成了你

河北唐山外国语学校　张淑伟

说起我的教师梦想，不得不提起我小学二年级的班主任王彩凤老师。20世纪80年代初，自行车是普通百姓出行的最好工具，一次母亲骑车带我外出时不小心把右脚卷进后轮里，去医院缝了10多针。那时候的人都比较皮实，在家休息一周后我就去上学了，父母工作忙早上给我准备好午饭在学校吃。班主任王老师给了我无微不至的关心，专门安排同学帮我打热水陪我去厕所。那是早春时节，中午放学后我正要吃饭盒里已经冰凉的饭菜，教室门一响王老师急匆匆走进来："别吃凉的了，趁热吃这盒吧！"看着热气腾腾的饭菜，我激动得不知道说什么。那个时候没有外卖，餐馆也很少，王老师回家后亲自给我做好饭菜送到学校来。"还愣着干啥，赶紧吃饭，一会儿凉了，我得回家了两个孩子还没吃呢。"看着王老师亲切的眼神，我激动得热泪盈眶……就在此刻，王老师在我幼稚的心灵埋下一粒种子——"长大后我要成为你"，那一学期虽然行走不便，但是王老师的叮咛让我倍感温暖，期中期末考试成绩都很优秀。王老师和蔼可亲的样子永远印在我的脑海里，永远激励我做一名好老师，珍爱我的每一位学生。

激发我教师梦想的另一位好老师是我的初中语文老师，他原是一位才华横溢的报社编辑，80年代初由于政治原因被下放到中学做语文老师，有中国文人的气质，因为境遇不佳，眼里写满淡淡的忧郁。他的语文知识渊博，不像其他老师一样只注重基础知识的讲授，更关注我们语文素养和能力的养成，诗词歌赋，在他那里都是美的感受，高度重视作文的批阅和讲评，而我的作文也曾受到他的点评，有优点有不足，还有改进意见，以至我参加工作后都受益匪浅，常常有同事怀疑我一名理科生居然也有一点点文采，用最新的课程理念来衡量他绝对是一位超级优秀的语文老师。给我印象最深的是他的敬业精神，做中学老师，对他来说也许有很多无奈并非内心所愿，但是他依然兢兢业业，对待学生充满爱心与耐心，不厌其烦地解答我们幼稚的问题，引领我们遨游在国学魅力天地，课堂上滔滔不绝神采飞扬。在他那里我学会了“责任”，教师之于学生的责任，以至于影响到若干年后作为教师的我。

在师范学院教育实习期间，我又遇到一位好老师，她的父亲也是一名中学生物教师，出身于资深生物学教学世家。在实习期间她给了我很多中肯的指导，既有生物学教学方面的又有班级管理方面的，使我很快成熟起来，比其他同学少走了很多弯路。

一位好老师可以改变人的一生，我幸运的是：一路走来遇到这么多好老师，不仅教会我知识而且给了我很多人生的引领，丰满了我的人生理想，是我在不知不觉中选择了他们的职业，长大后我就成了你——我的老师。

黑发不知勤学早，白首方悔读书迟

小学毕业时，我以全校第一名的优异成绩升入初中，本可以考入全市最好的初中，但是1987年9月秋季入学唐山市取消重点初中，实行就近划片入学，我就近分配到唐山市第十二中学，初一、初二是平行班教学，按照学习成绩好中差一条龙分班，年幼无知的我学习上不够勤奋，稍稍努力就能考到班级第二名，而且担任班长，因为有些调皮的同学无心学习。直到初三年级，学校分出两个快班，第一快班是全年级前40名，每次考试之后这个班都要调整人员，考试成绩在40名之外的同学要到第二快班学习。这时候我的学习还是比较用心的，因为考入第一快班后不想被调走，唯有发奋学习，才能保住名次。每一次考试都殚精竭虑、如履薄冰，生怕考到40名之后，庆幸的是通过自己的努力一整年都没有离开第一快班，但是前两年的荒废使我始终保持在年级20名左右，没有大的改观。

中考时考入唐山市第八中学，当时初中毕业生还有分流读技校、读中专的，高中生人数少，一所高中一个年级也就四五个班，200人左右。也许是初三一年太累了吧，到了高中又开始放松，当然不是不学习，但是绝对不是全力以赴地学习，成绩稳定在前十名。那时候没有家教辅导，家长工作忙学习大多是孩子们自己的事，1993 年高考，又恰逢改革，当时年幼对政策知之甚少，只知道没有达到本科线，母亲不愿我一个女孩走得太远，就近报考唐山师范专科学校化学系生物教育专业，觉得这个专业不会太累，很快收到录取通知书，成为一名师范生。

或许我是晚熟型的，读了大专以后才知道思考人生和未来，学习有了动力，成绩一直很好，毕业时评为优秀毕业生，直接定级没有实习期。系里化学专业的学生前两名可以保送河北师大继续读本科，而生物专业是小专业，没有保送的专接本，当时我郁闷坏了，只好参加工作。我心心念念着完成本科的学业，但是当时的条件是必须工作满两年后才允许参加成人高考。1996 年河北师大招收自学考试考生，仍然没有生物专业，我报了化学专业，开始了艰辛的求学之旅。自学考试在当时声誉很高，由于它的严苛，远胜于成人高考；加之跨专业学习，大学里我只学习了有机化学、无机化学和分析化学，自考时的物理化学学得我直想吐，就这样跌跌撞撞地完成了化学专业的学习，每一门课程都是一次性通过考试从未补考，很多大学同学笑话我没有等两年之后通过成人高考轻轻松松拿到本科学历。自学考试着实锻炼了我的自学能力，多难的知识都要静下心来自己慢慢研究，弄懂弄通才能顺利通过考试。

2000 年 5 月，我怀孕参加英语考试准备学士学位，但是因为妊娠反应强烈学习时间太少，没有达到合格分数线。而唯一的补考时间是当年的 10 月份，但是儿子是 9 月 21 日出生的，家人们都反对我在月子里再去考试，只能作罢，留下遗憾只有本科学历没有学士学位。雪莱曾说：读书愈多，愈感腹中空虚。2009 年，学校下发通知具有本科学历的可以参加教育硕士入学考试，我听后甚是欢喜，终于可以圆了我的学位梦。教育学、心理学、政治、英语和生物专业课，我认认真真地学习起来，经过半年的准备，和学校里 30 多人一起去保定学院参加全国统一的入学考试。结果只有我和另外一名年轻的政治老师被录取，去河北师大参加面试。我的导师是河北师大生命科学学院深受学生爱戴的三级教授夏晓烨老师，脱产面授和远程学习相结合，2013年终于取得教育硕士学位。望着那张学位证书，我百感交集，真是“黑发不知勤学早，白首方悔读书迟”，如果读高中时好好规划自己的人生，认真读书考入理想的大学，一步到位，就会省去很多的烦恼，参加工作或成家之后再读书要付出更多的精力，要克服更多难以想象的困难——我经常以此来劝诫我的孩子和我的学生。

别样的大学生活

河北省迁西县第一中学　徐志彦

一、大学我是被选择

“女孩子嘛，将来当个老师稳稳当当的，毕业了直接分配，找工作还不用发愁，挺好的……”当父亲和他的一个教育系统的朋友一起为我参谋填报高考志愿的那一刻，我心里便已有了预感：“未来的我很可能要当老师了！”而当时的我从内心来讲虽不完全排斥教师这个行业，但也并不真心喜欢。事实上那个年代，生长在各种信息都相对闭塞的小山村的我们，每个人都藏有一颗要去远方看看的心，向往着去远方走一走、闯一闯。外面的世界有太多的魔力吸引着懵懂的我们。我是多么渴望有机会一边坐着火车慢慢欣赏着沿途的美景，一边去上学的日子啊！

记不清当年的志愿书上还填报了哪些志愿，在经历了许多个炎炎夏日翘首期盼的日子后，我“如约”地被唐山师范高等专科学校生物教育专业录取了。结果完全背离了我的期望。“唐山”——一个近得只需要坐长途汽车两个半小时就可以到家的地方，硬生生地打碎了我的火车梦；“生物”——一个在当时那个年代高考都被取消、不受重视的所谓“副科”专业，接到通知书那一刻，心里不禁一片茫然，面对未来，我将何去何从？我没了期待被录取的那份喜悦，反而在心里暗想：“报到的时候再看看情况吧，大不了回来复课，重新考。”

父亲其实早就猜到了我的心思，假期里不断给我渗透未来当老师的诸多优点，为我矛盾的心理清除阴霾。到了报到的日子，父亲亲自和朋友一起开车送我去报到，还特意陪我逛了逛了唐山，给我讲离家近的诸多好处，拖过最后一趟可以回家的长途汽车，使我不得不放弃逃回家去的计划，因为他深知我是一个虽有反叛的心，但还没多大胆量，又能够很快适应新生活的孩子。

就这样，我被放到了唐山师专——一个开始我并不真正喜欢的学校，开始了我的大学生活，接受了我要当老师的事实。

二、初识 96 生物班

报到的那天，父亲和他的朋友到校后先一起去找校领导咨询看能否换到英语专业（那个时候我学的理科，英语专业是只有文科生才可以填报的专业，而且那个年代换专业本来就没有先例，是不可能实现的事，天真的我真是为难我的老爹了），留我自己一个人在生物班的报名处徘徊着。看着身边的同学在家长的陪同下开心地在桌前签字、咨询、交流，我的心里一点儿都不着急，还幻想着："我还不定准来这个班呢。"观望之余，我被一个女孩子发现了。到现在还记得那是一个叫张震的热情的师姐，她主动走到我跟前，询问我为什么不快注册报到呢？我简单地说明了一下原因，她开心地笑着，叫来了她们班的班长和几个学生干部一起给我做工作。给我分析英语专业的活动太少了，非常枯燥，一点儿意思都没有，每天都是背单词、背课文，充其量组织一下表演类的活动而已；换专业是不可能实现的事，真的是在为难自己的父母。生物专业就不同了，他们你一句我一句地抢着给我介绍，生物课上有各种各样的生物实验可以动手操作，非常好玩；还有老师会不定期地带着学生们去户外实习考察，他们在这个暑假里系里就组织全班的师生一起去了大连、千山等地进行了 10 天的野外实习活动，爬山、下海、采集制作标本，特别有意思，还给我介绍下个学期还准备组织学生一起再去雾灵山的计划。天性贪玩爱动的我一下子就来了兴致，这种生活不就是自己内心一直向往的日子吗？我开心地和学姐、师兄们聊了起来，情不自禁地对生物开始喜欢了。一分好奇，一种躁动充满了我幼小的心胸，张震师姐陪同我快速地找到了父亲，打消了换专业的念头。注册报道，安排宿舍，看了未来学习的教室，就这样，我走进了 96 生物班，成了 96 生物班 40 人中的一员。

三、享受独立　爱上大学

开学第一天报到注册完毕，父亲说要带我熟悉一下市里的环境，我就匆匆地将行李甩到宿舍，当时已经有几个同学收拾好物品后和父母暂时离开宿舍了，但没有碰到面，直到晚上快上课前我才回来，特别记得当时的一个宿舍的其他 7 个姐妹都已收拾妥当，就等着到时间去教室上晚自习了。大家彼此都在闲聊着，已经熟悉了很多，终于见到了宿舍里最后一个露面的我，很兴奋地询问着我的情况，进行宿舍成员的排序，按照年龄大小我被排到了宿舍的老五，更巧的是我被分到的也是 5 号床和 5 号橱，一切都那么的有缘分，因为我在家姐妹 5 个也是排行老五，这是多么的巧合啊。大家看我一个人，没有家长帮我收拾行李，替我担心，我一边和大家聊着，一边罩被罩，铺床，归整个人用品，用了短短不到 10 分钟的时间就迅速把自己所有的用品都收拾妥当，大家一下都被吓倒了。对我来说这其实根本不算什么，因为从初中就在外住宿生活，家中姐妹多，父母无暇照顾，早已锻炼了我独立生活的性格，而同宿舍的姐妹们高中阶段几乎都不住宿，再加之家中孩子少，父母照顾的周全，不用自己操心这些，反倒突显了我的独立。就这样大家开心的相识在第一个晚上。

八姐妹一起去教室上课，开始了大学军训前的动员培训课。由于军训期间有拉歌比赛的任务，班主任老师需要挑选一名合唱指挥，也许是报道的第一天，大家彼此都不熟悉，不好意思的缘故吧，在鼓励了许久之后也没人主动出来，老师把目光落到了当时随便坐到第一桌的我的身上，我是会一点点的，初高中阶段歌咏比赛中担任过指挥，但是当时心里也是有所顾忌的，不愿太出风头，在老师的热情邀请之下，我就试试吧，就这样我第一天就被老师认识了。在短短的 7 天军训时间里，大家一起站军姿、踢正步、练队列，都非常积极地参加训练，休息之余，我和其他几名班委组织大家一起拉歌和其他班级 PK，活跃的气氛驱散了同学们训练的疲惫，最后经过全体成员的一致努力，我们班最后取得“军训优秀班集体”的荣誉称号，而我也因在军训中表现突出，当选为“军训优秀标兵”。我非常幸运地收获了大学时代的第一份殊荣，很快适应了新生活，假期里对未来的迷茫与烦恼已渐渐消散。我张开双臂，大声地向世界告白：“师专，我来了，大学真好！”

人的一生中如果让你选择最快乐的一段时光是什么时候？也许有人会选择童年时光，因为童年是天真无邪、无忧无虑的；也许有人会选择高中阶段，紧张而又忙碌，目标明确；也许有人会选择辉煌的中年，事业有成，职场上呼风唤雨，家庭中和和美美。而我最是怀念我的大学生活，短短两年，收获颇丰，却一直记忆犹新。

四、累并快乐着

我们大学在读期间沿用的是唐山师范高等专科学校的校名，校址位于建设路华北煤炭医学院的对面。唐山师专虽为一所专科学校，但在各师范类院校中治学却是非常严谨的。“学高为师，身正为范”，每天映入眼帘的是高高悬在教学楼顶的学校校训，它时刻鞭策着我们。

我们的课程也安排得满满的，说是专科，事实上除了不用学习本科的英语四六级和高数之类的部分公共课的内容外，生物专业类要求学习的内容一样也不少：植物学、植物生理学、动物学、微生物、人体解剖学、人体生理学、遗传学、基础化学、生物化学、细胞学等。作为师范生除了要学习本专业类的基础知识外，还必须学习教育学、心理学、教法学、普通话、规范字等与教师职业直接相关的内容，为更好地适应未来教师职业打好坚实的理论基础。当然还有一些体育、法律、政治类等方面的公共科目和一些自主选修的科目。两年的大学时间里，除了一些特殊的校里和系里开展的活动外，每天大家都像高中生一样忙碌，早早起来集体跑操或做广播体操，匆匆吃饭、整理内务，然后就奔向教室开始一天 8 节课外加 3 节晚自习的紧张学习生活。

人忙碌点是充实的，我喜欢这种生活。每天接受着各类学科带来的新奇，至今还记得植物学课上李金良老师在实验室里带领大家在显微镜下辨识植物内部的微观结构；曾宪峰老师带领我们走出教室，校园内、公园里教我们认

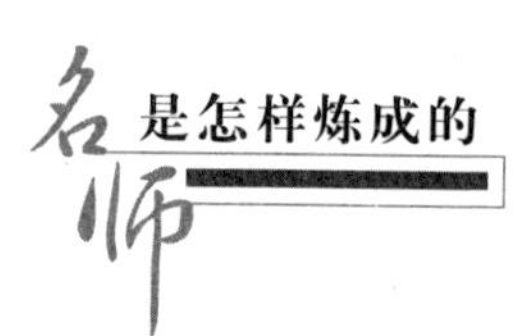

识了紫叶李、日本樱花、荠菜、大蓟、小蓟等好多身边熟悉的植物；动物学王亚亚老师绘声绘色地为我们讲述各种动物的分类，教大家绘制各种动物的生理结构，每类动物学习完毕都会带领我们动手做各种解剖实验。最难忘的还有上完解剖蛔虫的课后，大家都集体放弃了午饭吃馒头的计划；胆小的女生看着蹦来蹦去的青蛙、蟾蜍无从下手急得直叫的样子让人忍俊不禁；一群饿狼般的男生在解剖完对虾后，悄悄地收集对虾的残体，带回宿舍偷偷煮了吃的“馋猫”形象；还有那次哺乳动物实验课上我亲手注射空气杀死一只兔子，眼睁睁地看着那只兔子在我的面前挣扎着死掉后，我就再也下不去手继续解剖了。（尽管是为了学习，但仍感觉自己是那么的残忍，那么的罪恶感。）一幕幕实验课上的场景像放电影一样至今历历在目。我还比较喜欢上人体课，教我们的老师是学校的一名校医，当时她年事已高，我们是她教的最后一届学生，课间闲聊中得知她是“文革”期间北京医科大毕业的高才生，是她渊博的学识，深深地吸引我对人体结构及生理学内容的求知，老师课上每讲一个内容我都会赶紧和自己联系一下，真是学以致用呢，庆幸自己学的是生物学，这要是学了医还不得“走火入魔”啊。生物化学李春香老师是历届男女同学一致公认的“女神”，一言一行，一颦一笑，举手投足间是那么的优雅，令人着迷，都说生物化学这门学科很不好学，也许是由于“亲其师，信其道”的缘故吧，我一点儿都不发愁，相反却总盼望着老师早早到来，好有机会能跟老师多说说话。

站讲台是从事教师职业的最终归宿，老师也是要求“台上一分钟，台下十年功”的。既然选择了当老师，就要当一名称职的老师。我想这应该是每一老师的初衷。整个大学期间各种有关教师素质的训练活动似乎都没有间断过，坐立行走，都要经过严格的训练、打分评价。作为教师，普通话、规范字书写等基本功更是必备课程，每日的朗读、书写训练是大家能够顺利通过基本功过关考试的根本保障。从开始上课起，班主任马作东老师就要求我们充分利用晚自习的第一节课的时间开展试讲活动，题材内容不限，锻炼的是每一位学生的讲课组织和表达能力。还记得当时我比较喜欢摄影，从图书馆借来有关摄影的书籍，精心准备，连续一段时间内讲解的都是有关摄影方面的内容，大家听得津津有味，为后来大家在野外实习中的拍照留念起了不小的指导作用。这些内容都是小练兵，没老师在现场，每一个人讲起来相对都不怎么紧张，边玩边锻炼了自己。真正到了专业教法课上，老师坐镇指导生物讲课方法时，还是很令人紧张的。还记得第一次生物教法课上我试讲的内容是《家鸽》，当时自以为准备很充分的我，站到众人面前，还是非常紧张的，拿着教案的手有点发抖，口头语“是吧”不断重复，家鸽的气囊开闭问题讲着讲着突然不知怎么搞得居然倒腾不清了，那叫一个“急”啊，课后王亚亚老师针对出现的问题一一耐心地为我指导，一节课下来就使我深深懂得了“要给学生一碗水，教师要有一桶水”的道理，大学时代的每一门课程都需要我们认真学习，都不是白设的。

五、七彩大学风

开学之初我在军训中的出色表现给系里的领导和老师留下了不错的印象，正式进入系统学习阶段后，我被系辅导员老师推荐到校里参加全校的学生会干部竞选。全校各系大概有百余名的候选人要一起参加的竞选，最终能入围的也就 20 余人，我很幸运地被选入到学生处的自律部，分管全校的学生纪律工作。在上届师哥师姐短时间的带领下，我和物理系的申斌、数学系的张彩军同学很快就熟悉了工作任务。自律部的工作任务主要是每周负责宿舍的晨起出操，熄灯后学生的就寝情况，不定时地检查各系各班的晚自习情况。期间遇到各种各样的学生问题，在老师的指导引领下，大家互相配合，都得以及时、正确处理，为维护同学们良好的学习和生活环境做好有力的保障。

当时的校党委副书记郑禾的话至今仍启迪着我：“学生会的学生干部就是沟通学生和老师的纽带，在师生之间起到桥梁作用，学生干部就应该像冰箱里的灯随时需要随时亮，服务好每一位学生。”秉承着这一理念我们每一位学生会的同学都很自律，全心全意地为学生们服务。学校里经常举办各种大型活动，在完成好各自本职工作任务的同时，大家都会通力合作，在学生处和团委老师的带领下，将各项任务处理得井井有条。最有幸的是我们赶上了学校建校 40 周年庆典活动，会前各项工作的安排、布置、环节的设置，我们都有机会和学校团委、学生处的领导、老师一起谋划，在大家的努力下圆满举办了这次具有历史意义的活动。通过全程参与此次活动，我们的组织协调以及与师生的沟通能力都得到了极大的锻炼。

令人终生难忘的是 1997 年的暑假生活。学校组织了一次校学生会和全校各系的优秀学生干部的夏令营活动，由于一年里大家出色的表现，我们 10 多名校学生干部都有机会入选参加这次活动，有幸参加的同学都兴奋极了。行程安排得满满的，从北京出发，首先到中央电视台参加了当时青少年们都非常喜欢的一档节目——《十二演播室》。这是一期关于百年师范纪念的节目录制现场，通过节目的录制使大家领悟到了师范教育百年来的发展历程，作为未来从教者的责任使命任重道远。近距离接触了中央电视台节目的录制过程，使大家的视野得到了极大的拓展，原来一直搞不懂的节目录制过程的神秘面纱一下就被揭开了。在中央党校做短暂的一夜停留后，早早起来又观看了天安门神圣的升旗仪式，看着仪仗部队整齐的队伍从身边走过，肃然起敬，五星红旗冉冉升起的那一刻激起我强烈的爱国情怀。接下来我们的队伍开赴北京的金山岭长城，讲解员为大家讲解长城的历史，激励大家“不到长城非好汉”，令初次登长城的我们兴奋不已。

年轻的人们一路上笑声歌声不断，盛夏里久违的阴雨天，在雨滴点缀下欣赏着去往往承德路上的沿途风光，群山似披着轻纱的美女，婀娜多姿，一路的美景驱散了大家一天的疲惫。傍晚时分，我们的大巴抵达了承德民族师范学校，一下车就被校园古香古色的文化气息吸引。活动小组在各自老师的带领下参观了避暑山庄、外八庙等名胜古迹，品味了承德悠久历史文化，爬磬锤峰、钻蛤蟆洞，承德独特的地质风光令人流连忘返。活动中校学生会的干部负责协助带队老师组织整队，清点人数，及时汇报活动中出现的问题。同学们白天活动、晚上小组交流汇报，尽管行程满满，但每个人都无比开心。

短暂的几日停留后，我们又驱车前往丰宁坝上，车子在蜿蜒的公路上绕来绕去，海拔不断攀升，当时的草原游可能还不是很火的缘故吧，少见有车经过，一路上难得的清静，司机师傅也开心地哼起了小曲。成片成片金黄色的油菜花看得我们兴奋不已，郑书记看到大家羡慕的眼神，就爽快地答应我们半路稍作休息，我们有机会近距离接触那种曾经在电视中才能欣赏到的大自然的美景，那种被美景陶醉的感觉至今记忆犹新。午后我们抵达了坝上草原，7 月底正是炎热的盛夏季节，可是一下车，厚厚的牛仔裤却抵挡不住阵阵的凉意，这里真是一个避暑的好地方。一片风吹草低见牛羊的草原美景深深吸引了我们，放眼望去，整个草原像一块巨毯铺展在大地上，成群的马儿悠闲地在草原上吃着草，远远的地方一棵矮矮的小树眺望着远方，一幅静谧安详的优美画卷深深刻进我的脑海。草原上放牧的牧民得知我们是来夏令营的学生，友好地为我们提供了马匹让大家体验，看着男同学们骑马的帅气模样好生羡慕，遗憾的是我没有骑马驰骋的勇气。女生们虽不能骑马但也纵情地在草原上追逐打闹，采一把野花，开心地在软软的草甸上跳来跳去，选着最佳角度为将美景收进自己的镜头，也是无比开心的。那时的坝上被开发的痕迹几乎没有（我们相机的电池没电了，找了好久才在一个小小的商店买到）。尽管如此，我却非常喜欢这种淳朴、天然的感觉。

返回的路上，我们的车出现了故障，不知内情的我们还意犹未尽，一路开心地嬉笑打闹，司机师傅却不动声色地小心驾驶，郑书记镇定地坐在前方关注着回程的路况。车子在半夜时分勉强坚持到了北京境内，又赶上了暴雨，不得已选择在一个偏僻的饭店内休息，坐等支援。漫长的雨夜，为了照顾同学们的安危，郑书记和各组带队老师们没有合眼，我们校学生的干部们也自觉地结组，轮流担负起站岗放哨的任务。那一刻我深深体会到了虽然是短短的几日行程，老师们却要为我们的活动顺利开展付出那么多心血，做一名称职的老师要担负的职责有多重。

大学期间通过参加校内外的各种活动任务的整体设计和现场的布置安排、组织开展，活动中接待各级领导、老师，使自己在待人接物、与人的沟通交流、各种事情间的相互协调统筹安排等方面得到全面的锻炼，为日后我在工作中能够快速胜任教师工作打下了坚实的基础。

六、阳光下挽起手臂，一路同行

马克思曾说过："人的生活离不开友谊，但要得到真正的友谊才是不容易；友谊总需要用忠诚去播种，用热情去灌溉，用原则去培养，用谅解去护理。"在人生最美好的年龄段，我用我的热情收获了人生中最珍贵的友谊。

冥冥之中的缘分吧，同舍最小的（也是班里最小）宋今从第一天见面起就有种亲切的感觉，"歌颂今天"，名字特殊、好听，圆圆的大脸，大眼睛忽闪忽闪的，非常清纯可爱，很自然地从军训开始我俩就玩到了一起，训练中一起努力，休息时一起吃零食；进入正轨后一起结伴学习、吃饭、逛街，形影不离。那时的我们没有任何电子产品的吸引，彼此间的交流是坦诚自然的，每天开开心心地谈天说地，我俩就是大家眼中无忧无虑的一对姐妹花。

开学的第一个秋季运动会中，体育项目都不是很强我俩，为了班级不空项，配合体委工作我俩报了大家都不乐意报的项目，我挑战了 1500 米，宋今选择了 400 米跨栏跑。在我进行的比赛的过程中，宋今一路陪伴为我鼓劲，使本来没有信心能跑到终点的我，硬是咬牙坚持到了终点。她在跨栏跑中一路领先，正当大家都很高兴时，她却在还剩两个栏时的地方突然摔倒，正在终点等候她胜利闯线的我们都愣住了，以为她会中途放弃，可是远远地见她爬起来后又迅速追向其他同学，坚持到了终点，她的这一行动赢得了全场的掌声。跑完后我们立刻扶她活动，感觉她的脚肿得不对劲，就马上送到医院，发现她的脚踝处骨折了。宋今的父母都在开平的医院工作，离市里很近，当晚就把她接回家治疗了，我们都以为出了这大事身为独生女的她会被很娇惯的养起来，可是第二天早晨到教室，居然发现她坐在了教室（她的父母为她打好石膏后，准备了双拐，送她来上课了）。当时我们上课的教室在主教学楼的五楼，她是自己单脚跳上来的，我被她坚强的毅力折服了，主动承担起了照顾她的任务。每天早起我去食堂买好早饭，回到宿舍一起用餐，然后带上我们的餐具和她要用的东西，扶她从三楼的宿舍一路穿过校园到五楼的教室，我帮她拿着拐，她一个一个台阶地跳着，累了稍作休息，就这样每天早上跳上，下晚自习了再跳下来，回到宿舍寝室的姐妹们再帮忙打水洗漱休息。坚持了一周多的时间后，班里的男生们看到宋今每天跳楼梯实在不容易，而我每天除了自己的学习，跑上跑下地照顾她外，还有频繁的校学生会的工作，就主动过来帮忙。晚上下晚自习后主动背她下楼，送到宿舍楼口，早晨上课前来女生宿舍楼前，等我们出来，接她去上课。他们的帮忙节省了我俩很多时间。渐渐地班长王云龙、体委张久权、生活委张建我们5个关系越来越铁了。我们的互助小组那时就是校园内的一道风景线，迎来了各系同学们赞许的目光。

团结就是力量，他们的加入使我轻松了很多，我有更多的时间全身心地去参加校内外各种活动，而他们也经常为我出谋划策，工作中给我了很多建议，通过大家的集思广益，我的工作每每都很顺利的完成。在我俩的心目中，他们三个就像大哥哥一样照顾着我们，也让我们由衷地尊敬。不知不觉，我们5个就形成了学习和生活中的“铁哥们儿”，大家彼此真诚相待。大哥张建是昌黎人、二哥王云龙是滦南人，他们方言中的z、c、s和zh、ch、sh是不分的，普通话考着很费劲，课余时间我俩就主动承担起训练他俩普通话的任务，找各种文章和绕口令让他俩练，起初他俩怎么也说不清“十四和四十”，他们哥俩那副认真学习的模样常常逗得大家哈哈大笑。张久权是另外一个男生宿舍的，年龄介于他俩之间，没办法打破他们内部的排序，就被我俩封了个“一个半哥”，他是体委，很能跑，每天中午和晚上帮我一起爬五楼为宋今买饭，跟我们一起吃完，还得抓时间去照顾他的女朋友（也是我们一个班的女孩，但很腼腆不好意思跟我们一起），那段时间可是够他忙的呢。时间一点点地过去了，三个多月的时间转瞬即逝，宋今的腿慢慢地好起来了，一点点地脱离了拐杖。1997年的元旦到了，班里同学集体包饺子，布置教室，以宿舍为单位表演一个又一个节目，开心之余同学们笑得前仰后合，精彩之处掌声雷鸣，半年的学习、生活中同学们都已互相了解，大家一起开心的生活，40个人形成了一个团结的大家庭。第一场雪，还是跨年的雪，洋洋洒洒的漫天飞舞，为节日装点盛装，同学们兴奋至极，男生们彻夜不眠，疯狂地闹着，女生们暗藏着兴奋，第二天一早约起齐聚凤凰山公园打雪仗、滑冰，我们搀扶着刚刚脱离拐杖不久的宋今，一起愉快地享受着快乐的时光，用我们彼此的真诚浇灌了属于我们的友谊之花。

忘不了暑期里全班一起去大连进行野外实习互相照顾的日子，老师为了训练大家的毅力，为我们设置了从黑石礁徒步二三十里前往老虎滩的拉练项目，炎热的天气，一路上大家互相交换背负行装，节省着彼此的体力，互相鼓励坚持全程步行到达目的地，参观海洋生物馆，在老虎滩的礁石上采海葵，捉小蟹；在夏家河海滩边，我一心想捉一条颚针鱼做成标本，拉着宋今追着小鱼，结果却不熟悉涨潮规律的我们差点被困在海中，幸得大哥二哥们及时发现把我们从已快没到胸口的海水中快速拽回；千山采集植物标本时，需要爬上爬下，恐高的二哥，在我们的鼓励帮助下，顺利地爬下长长的台阶。

专科的大学生活是短暂的，只有两年，短短的实习后，好像还没有学够似的，就迅速地迎来了我们的毕业季。在大家的互相帮助下，我每次成绩还都算不错，连续获得了三个学期的奖学金；毕业前还有幸成了班里唯一一个被发展的入党对象，顺利通过两年来的党组织的各种考验，加入了中国共产党；在最后的毕业季又幸运的被评为“河北省优秀毕业生”和“唐山市的优秀毕业生”双优毕业生，带着满满的收获，告别了和我一起玩耍嬉闹的好朋友们，告别了时时处处鼓励我、鞭策我进步的老师们，告别了给我无限快乐和美好回忆的大学校园，也同时告别了进校园时那个有很多幼稚想法的我，两年的大学生活造就了一个积极向上、永不服输的我。短暂而丰富的日子里，我们简单快乐地生活着，明媚的阳光下，青葱岁月中的青年男女，挽着手臂，笑着、叫着、奔跑着，奔向理想的远方。

喜欢孩子，选择了当老师

河北省香河县第一中学　翟艳

我家有姐妹四人，我排行老大。虽然出生在物质条件比较匮乏的时期，但因为是爸爸妈妈的第一个孩子，再加上姥姥姥爷只有妈妈一个女儿，我作为他们的第一个外孙女，我可以说是在蜜罐中长大的。有句话说得好：童年生活在幸福家庭的人，长大成年后自身的幸福感会更强，也会把这种幸福感传递给他人。我就是那个走到哪里都把幸福和快乐带到哪里的人，自己的三个妹妹，同龄的伙伴都喜欢和我玩，我成了“孩子王”。与人交往的快乐、一呼百应的感觉都让我非常享受，喜欢孩子是我做教师的动力源泉吧。

我小学毕业于后独立中心小学，中学就读于香河四中，高中在香河一中学习，随着年级的提高，逐渐意识到当老师真好：站在讲台上，娓娓道来，那么多人认真倾听；当老师真好，那么多人在老师的指导下整齐划一的行动；当老师真好，天天能跟孩子在一起。于是高中毕业那一年，没有来得及参加高考我就用凭考成绩被廊坊师范学院录取。

小学时候印象最深的是我的刘瑞霞老师。印象深不仅仅是因为她人长得漂亮，更因为她的爱和包容。记得有一次老师在班内辅导学生作业，当时桌子上放着一瓶钢笔水，那瓶钢笔水没有盖紧，同学不小心把钢笔水瓶碰到了地上，正好钢笔水溅到了老师那雪白的球鞋上，全班一下子安静了。我当时看到老师那脸上的神情好像一下变得很严肃，马上去拿纸擦。那位女同学知道自己犯了错，神情变得更严肃，手足无措，很怕老师批评她。这时那个女同学对老师说：“老师，我……我不是故……意的。”老师看了看这位同学，轻轻地摸了摸她的头说：“老师知道你不是有意的，老师不怪你！”这时老师脸上没有了什么异常，笑容依旧那么灿烂。老师的善良和宽容让我感到温暖。

教师对学生的爱和宽容，胜过千次万次的说教。从此我懂得了教师对学生的爱是一种责任，教师必须严格要求自己，用心去爱每一位学生，使教师成为学生学习与成长的伙伴。在我担任教师后，可以说我把全身心的爱都投入到了学生身上，我体会到教师一贯是只讲付出不计回报，以爱心抚慰学生的心灵，以耐心期待学生的进步，用自己的爱和包容，在成就学生的同时完善自己，享受从教的幸福和快乐。

进入四中，给我印象最深的是学生昵称为“老母鸡”的班主任孙德才老师。作为团支书，我发现老师最大的特点就是“勤快”。首先从他“嘴勤”说起吧！“嘴勤”主要体现老师在平时对学生的关心和思想教育上。比如，天气凉了经常嘱咐我们注意添衣服；感冒发烧了提醒我们按时吃药、多喝水；劳动或体育课时提醒我们注意安全；放学送学生出校门时提醒我们回家的路上注意安全等。这些虽然都是小事，可是就是这些简单而又不经意的举动，却是最能够让我们感受到老师对我们的关爱。这也是让我们信任他喜欢他，喜欢听他的课，喜欢听他的教诲的原因。

其次是腿勤。老师作为老班主任，不管是早晚还是课间常常到学生中来。他不但平时到班，就连体育课也会到操场。很多时候我们都奇怪，老师怎么有这么多时间和我们在一起，班里的事还什么都知道。老师总是会出现在我们最需要的时间和地点。我曾经听到有同学在背后议论我们班主任像一只老母鸡天天“叽叽咕咕”说个不停还到处转个不停。后来我体会到如果没有老师像老母鸡看护小鸡似的看护着我们，也许有些同学已经受伤或者偏离正常轨道了，还能这么好的健康成长吗？

老师教会了我班级工作中需要勤快，要有耐心和细心。在我当班主任后，我会利用早晚自习、班会甚至专门抽出时间带领学生学习学校规章制度。在日常生活学习中时刻注意观察学生的行为，常检查，常落实。我体会到如果班主任工作细一点、深一点，往往能将问题消灭在萌芽状态中，避免重大事件的发生。有些学生在学习和纪律上所养成的坏习惯由来已久，不是做一两次工作就能解决的，需要我多次反复做工作，要有将顽石化玉的耐心。

在求学的过程中，有许许多多的老师为我的成长付出了辛勤的汗水，恩师的教诲、恩师的影响，让我终身受益。

1997 年 7 月，回到母校香河一中任教，见到我的恩师魏庆友校长，从那时起，他带我走上了教育之路。

为梦想努力

河北省香河县第一中学　赵静

我出生在香河县的一个普通家庭，父母都是农民，但是父亲是一位勤奋好学、积极向上的人，家里有一些名人自传小说，农闲时，偶尔还会捧起书本去阅读，所以父亲非常渴望他的孩子们能够在大好的时代努力读书，能够学到更多的知识，那时父母对我的期望，就是能通过高考这条路，改变我的前途命运。

高考之后，就要填报志愿了，同学们都在为自己选择大学，选择专业，而忙得不亦乐乎。我根据高考前的模拟排名情况，结合自己的想法，我没有任何矛盾，果断地选择了师范专业，我给自己填报了两所大学——河北师范大学和廊坊师范专科学校，至于说起当老师这件事的原因，源于我的一位小学老师，她对我的影响比较大。那时她刚毕业后就分配到我们这的一所村里学校教书，当了一名全科老师，就是我们这个班级的课，都由她一个人来完成，那时的她年轻有活力，知识广博，和蔼可亲，不仅交给我们学习上的知识，还能够教我们做人做事的道理，而且每天都能给我们带来很多新鲜的东西。记得有一次老师给我们布置了一篇作文，想了解一下我们对自己未来的一种设想，题目是“假如我是一名……”，那时候的我，对外界了解得比较少，也就经常跟老师接触，所以很羡慕老师这个职业，它是博学和无私的象征，将来长大，也能从事教师这个职业该多好啊！于是我完成了这篇作文，题目就是“假如我是一名老师”，这样的想法一直陪伴着我，而且越来越强烈。当时报志愿时我选择了师范院校的生物专业，是因为理科的专业中物理、数学，知识太难了，我有点畏惧了，化学学科又太枯燥无味了，当时都说 21 世纪是生物学的世纪，所以生物学科就成了我的首选。

新生报到，这是我有生以来第一次步入大学校园，那个时候，心中产生的第一个反应就是学校真的很大，真的是那种让人心胸开阔的感觉。当我来到邻近图书馆设置的新生接待处，许多和我一样的新生，将录取通知书交到老师手中的时候，一段崭新的，决定我一生的学业与事业的路程，宣告开启了。

人都说大学阶段是人生最美妙的时光，这话一点儿也不假。在大学中，我结实到了多位直到现在还保持密切联系的挚友；见识到了藏书百万的，真正意义上的图书馆；见识到了真正意义的实验室，并能够亲自完成实验操作内容，锻炼自己的实际操作能力，学习到了更深奥的专业知识，见识到了学识与共性并存的大学教师，拓宽了以前我对这个世界的狭隘认知。进了这所大学就意味着将来得从事教师职业。既然选择教师职业，这个地方的老师就是我学习的榜样，包括他们的做法、言传、身教。

在大一、大二学习期间，我不忘自己的本职任务，以学习为主，图书馆、实验室、计算机机房里经常能看到我的身影，我积极参加学校开展的各项活动，锻炼自己，充实自己，因为我知道“学高为师，身正为范”，只有我拥有了一桶水，我才能给我的学生一碗水，才有可能给他们一个源头活水。经过自己的努力，每学期的专业课考试成绩都能达到优秀以上，基本上每学期都能得到一次奖学金。金额虽然不是很多，但它是对我付出的一种肯定，对我付出的一种回报。

升入大三的我，开始谋划未来的人生走向。当时寒假前，摆在我面前的路大致有两条。第一，继续专业学习，毕业后回家参加教师招聘考试。当时自己已经联系了大厂县第二中学，这是一所初中学校。经过了该校的考核考试，并被初中部录取，毕业后即可参加工作，满足了父母的期盼，实现了进了大学门就是国家人的愿望，将来自己也可以有了一份安稳的工作。第二是，在大学三年级的上学期期末，省里发来了一个文件，总体意思是说，即将毕业的三年级的同学，成绩优秀者，可以经过系里的推荐，去参加河北师范大学组织的专科升本科的考试，录取之后可以进入河北师范大学继续学习两年，取得本科学士学位。由于我当时还是憧憬着能够去更好的大学拓宽眼界，于是我进入了开始疯狂的复习阶段，对课本中的内容逐字逐句地解读，平时不太明白的那种，自己也有了钻研的精神，直到弄懂为止。随后我参加了专升本考试，并被河北师范大学录取。

2000年9月份，我自己坐着火车从北京出发，来到了河北师范大学生命科学学院生物学教育专业，继续学习。河北师范大学是河北省人民政府与教育部共建的省属重点大学，历史悠久，文化底蕴十足。师大校园中的学习气氛很浓，树荫旁、操场边，图书馆到处都可以见到校友们学习的身影。上自习课时，还要同学帮忙占座，否则去去晚了就没有地方去上自习了。学期初开始，生命科学学院的教授专门为我们专升本的同学，做了一场非常精彩的报告，鼓励我们这些学生，努力学习，增长知识。并组织我们参观了孙大业院士课题组的细胞信号转导实验室，我再次感受到了学习的重要性。旁边的同学，都忙着过英语四、六级，计算机二级；考研的同学，更是忙得不亦乐乎。我被他们的学习热情感动了，他们都那么优秀了，还是那么努力，那么我呢？自己也开始紧张起来，投入到学习中，经过自己的不懈努力，这一学期结束之后，我的英语也过了四级，计算机也过了二级，并且专业课选修课成绩名列前茅。同时还参与了高中会考生物试卷的阅卷任务以及石家庄市中考的实验操作的评委老师。考入师大的一段时间里，我体会到了不能做坐井观天的青蛙，应该开阔眼界，增长见识，我延续了读书时的勤奋，每日与图书馆、实验室为伴，广泛地汲取专业知识，做好专业课程的学习研究。

又到一年毕业实习的时候了，教育实习能检验我们所学的知识，加强理论与实践的结合，又能使我们更加了解和熟悉教师工作，加强我们的综合能力，为我们走上教师岗位打下坚实的基础。在实习开始之前，指导老师就要求我们在做好知识准备的同时也要做好心理准备，特别要注意角色转换，一言一行都要以教师的标准来要求自己。

在大学积累了这么多年的师范技能终于有机会得以实践。我在廊坊六中做实习老师，这是一所初中学校，我们有4个实习生来到这里参观学习，我担任初二年级的实习老师，那时我的心情很复杂，既兴奋又恐惧。兴奋是我终于站在了讲台上讲课；恐惧是我担心，自己能否把课上好，担心学生是否会喜欢我。初上讲台的我，刚开始是紧张的，但经过反复备课、试讲、修改，以及指导老师的帮助，我也渐渐适应着这种角色的转换，我认真地对待每一次上课，珍惜每一次上讲台的机会。备课的时候，我总是先通过熟读教材，教参，整体把握知识的结构，再与其他老师进行知识分享与交流，做到取长补短，实习工作，让我收获颇多。

一个月的实习经历，使我踏上教师岗位的先前准备，为我成为一名真正的生物教师积累了经验。在此过程中，有欢笑，有泪水，有孤单，有感动。欢笑是学生们都很可爱。有的时候觉得自己没有能力管住学生，产生了一种无助感，也会有很多的不适应；感动是学生说很喜欢这个学科，很愿意聆听我的课程。在教学方面，初次完成了从理论到实战的演练，这次的教育实习让我受益匪浅，我感觉我在实习的过程中成长了很多，自身的能力也有了很大的提高。

因为毕业时正好赶上高考改革，生物学科、物理学科、化学学科合并成理综学科，生物也不再是一门公认的副科了，这样大多数的高中学校都缺少生物老师，所以那一年我们这一届学生找工作就比较容易了。在招聘会上，当我得知香河一中的学校领导也来时，我就决定重回到一中，继续奋斗。毕业后我回到了我的母校——香河一中开始了我的教学工作。

我已离开校园，却又身处校园；我已告别稚嫩，却又心怀返璞归真的向往。我已不再是那个每天穿梭于校园的学子，却又每天面对着一群担负着国家与民族未来命运的我的学生。现在，我已成为一名人民教师，却又依然以学子的心态，继续行走在不断学习与成长的路上，教师，是博学和无私的象征，教师这一职业，不仅仅是个技术活，更是一种良心和道德使命，我必须尽快适应这一角色的转变。

我的梦想——漫漫求学路　拳拳教育情

河北丰润车轴山中学　韩志海

我在求学的过程中，既咀嚼了艰辛中的苦涩，也品尝到了成功中的喜悦；既有过震撼心灵深处的觉醒和启示，也感受了不忘初心、坚守梦想的真谛。在求学的旅途中，苦与乐总是如影随形，伴随着我成长的每一步。这些苦与乐既浸透了我的心灵，也实现了我的教育梦想。在我求学的历程中，有数不清的记忆和说不完的感受，它们千姿百态，我愿将这些珍藏在心底值得细细回味的片段呈现出来，与大家共同分享。

怀揣教育梦想　走进初中校园

年轻的少年，策马扬鞭，匹马单枪，凭着胸口的一股热情，总是被各种五彩缤纷的梦想包裹着：虽说处于“刀枪入库”“马放南山”的和平年代，但每一个热血少年内心深处都有一个绿色的军营梦；20 世纪 90 年代，改革开放初期，物质没有极大丰富，每一个有担当的男子汉都有一个商业梦想，渴望创造更多的财富，让自己的父母亲人过上富裕的生活；书生意气、挥斥方遒，好男儿就应求取仕途，造福一方百姓，成就一番功业，实现自己的建功立业的梦想……而在这些形形色色的梦想中，我却唯独钟情于平淡朴实的教育梦：做一名平凡的教师，俯首敢为孺子牛，让每一位有理想的青年踩着自己的肩膀去拥抱理想。

1990 年 9 月，怀揣着这份单纯的理想和对未来美好的憧憬，我满心欢喜地走进了初中校园。

但面临新的环境、新的老师和新的同学，在学习上有些“水土不服”，加上从小没有远离过家人，也没有现代化通信工具，感受不到家人的关心，时常会想到父母和家人。这时，成长的烦恼伴随着繁多的学习内容和陌生的学习环境扑面而来，让我手足无措，不知如何是好，更无暇顾及自己的教育梦想。初中刚接触英语，怎么都没感觉，作业也是一塌糊涂，生活更是一团糟。幸运的是我的英语老师刘老师——一位中年女老师洞悉了我的困惑。她找到我，耐心地告诉我英语入门学习的技巧，细致地教给我对有限时间的有序安排，统筹好学习和生活的节奏。庆幸的是，在老师的关心和帮助下，经过短暂的调适后，我跟上了初中的学习节奏，适应了初中的生活，在多年的今天想起刘老师，她的容貌和声音依然会清晰地出现在我的脑海里。而在初中的三年时光里，不同风格的老师展现了不同的学科风貌和人格魅力，让我不禁心生敬佩。到了初三，在 20 世纪 90 年代，中专、中师、高中都是选择；当时很多人都选择中专、中师，然后就业。就在彷徨和迷茫之间，到了初三的寒假，我的班主任另一位英语老师，一位多才多艺的青年张老师跟我交谈时提到，他说如果你想做一名出色的教师，你去读高中吧，你的成绩可以考入一中，经过努力，继续进入大学学习，掌握更多的知识，你有机会做更好的教师。我非常感谢张老师的指点，每次回忆自己能上大学，毕业后能做一名高中教师，我都会想起初三的班主任张老师。初中的生活体验，成为一名教师的想法执着地成了我内心深处的愿望，想象到自己以后也会成为一名像我的老师们那样能让学生敬佩的教育者，认真地对待每一个孩子，让他们更好地成长，我更是充溢着学习的热情。中考结束后，我的成绩远远超出了一中录取分数，如愿进入一中学习。

坚定教育梦想　拼搏高中校园

1993 年 9 月，经过努力，顺利进入一中校园继续学习。高中的学习内容更深、知识面更广，学习难度加大，已不是初中能比。高中生活里，我们的意识趋向成熟，梦想的支配力量更为强劲，我在学习上也投入了更大的精力。“三更灯火五更鸡，正是男儿立志时”，每天都是夙兴夜寐，奋战在题海中，

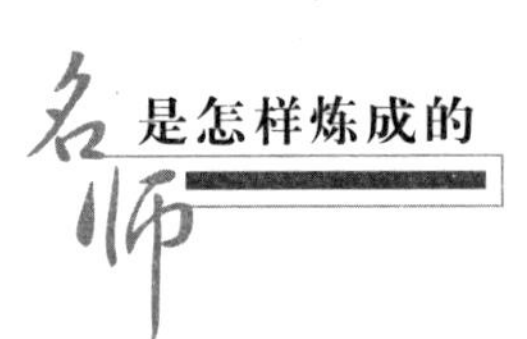

徜徉在知识里。学习虽然辛苦，但每当面对向往已久的美丽校园，面对教室张贴的“攻城不怕坚，攻书莫畏难”“世上无难事，只要肯登攀”等励志警句，面对博学的老师和初识的同学们，我就心情舒畅，学习上倍感精力旺盛，每天都在全力以赴，乐在学习之中。高中生活是苦涩的，也是多彩的，除了学得比较辛苦外，我也积极参加兴趣活动，体育运动。在这段日子里，令我最难忘怀的是老师们的谆谆教导和严厉鞭策，以及考上了大学的师兄们的来信鼓励和关心，在忙碌劳累的高中生活中，他们的帮助就像曙光一样指引着我，激励着我。这些让我几乎没有感到思想上的负担以及精神上的压力，只感觉曙光就在眼前，心里一片光明。正是诸多老师、新老同学的这些关心、厚爱与鼓励，给了我极大的支持与帮助，更加坚定了我攻坚克难的信念，激发了我努力学好每门功课实现自己憧憬已久的教育梦想的豪情。由偏远的农村学校进入一中就读，很多的不习惯，很多的不适和都被压制了，学习成绩稳步前进，到了高三的寒假期末考试，我的成绩稳定在班级前几名。

20 世纪末，随着改革开放的不断深入和社会主义市场经济的不断活跃，下海经商一度异常火爆。这时，教师职业遭受世人的冷眼相待，当时很流行的一句话是，教师凭工资挣不过卖茶叶蛋的老奶奶。但我自己心里清楚，正因为有了父母般的老师们的辛勤培育和指引，我才有了进入一中学习的机会，我的知识才不断地长进；我的梦想才圆满地如愿实现。所以“母校与恩师”一直镌刻在我心灵的深处且影响着我。因此，无论世事如何变迁，我都要坚守自己的教育梦想。我要把教师作为自己终身职业的首选，我要像我的老师指引、培育我一样去引导帮助那些孩子们，以偿我感恩老师和崇尚人类灵魂工程师职业的夙愿。在填报志愿时，看着别人阅读招生简报，几个人难以确定的商讨要去哪里，学什么专业，哪个学校这个专业更好。我在估计自己的高考分数，当分数感觉超过了河北师范大学的往年录取线时，我毫不犹豫地在表格上工工整整地填上了“河北师范大学”这几个令我激动的大字，这是我当时，也是几十年来写得最舒畅、最漂亮的 6 个字，更是我人生最重要的选择——坚持做一名光荣的人民教师。

放飞教育梦想　畅行大学校园

时光流转，历经十年寒窗苦读，终于圆梦大学校园。走在河北师范大学安静的校园小径上，我既有夙愿以偿的激动，又有即将走上教师工作岗位的忐忑和不安。我思考着如何为走上三尺讲台做最后的准备和努力。

进入大学，我的人生目标更明确。非常清楚自己该做什么，该放弃什么。因此，在大学的 4 年里，首先要认真学好专业知识，功底要硬。在学好生物学科专业知识的同时，也做好生物教育的准备，即认真领会生物课程的基本理念，正确把握生物教育的特点，了解生物教学的目标，掌握生物学的基本技能等。当然，立足当下还要放眼未来。我也会经常去图书馆阅览一些教育期刊，以便使自己能充分地认识并正确地把握今后教育教学的特点，了解未来教学的目标。从而为自己进入工作岗位能更好更快地适应教师这个角色做准备。

为了能够成长为一名合格的教育者，我在教育学和教育心理学等方面也花费了大量精力。当时有一句很流行的话：要给学生一杯水，教师自己要有一桶水。我毅然放弃了很多游玩的时间，埋首于书海，涉猎更广阔范围的生物知识和相关学科的知识，师大北院的图书馆二层阅览室，是我每个周末的必去之处，现在想起来，那是一个奋斗的青年的必需的足迹，也为我日后教学中的游刃有余打下了基础。为了全面锻炼自己，我还参加了各种社团活动，多方面地锻炼自己的能力。

为了更好地了解教育对象，也为了能提前进行职前热身、提前演练，大一开始，我就利用周末和寒暑假的时间去做家教。因为我年轻，初高中的孩子愿意跟我这个小老师亲近，上课时很活跃，积极问问题，课后也愿意找我聊天。我非常认真地对待每一个孩子，课前检查上节课内容，课后留作业，还面批面改。在别的同学都在享受假期的放松和愉快时，我却天天需要备课到深夜，需要认真判作业。但却毫无怨言，因为这些经历让我开始真正地以一种人民教师的视角来审视自己。

大二和大三暑假，继续我的教育实践，又是满满的收获。经过这些历练后，在大四开始参加学校组织的教育实习，进入真正的中学校园，我更加体会到责任、担当等的含义。我讲课讲到声嘶力竭，给闹小矛盾的学生缓和紧张关系，给学历压力大的学生做心理疏导……累，很累，但是每当学生们每天见到我就跟我兴高采烈打招呼的时候，我就重新振奋了。同组的同学都在热烈地探讨今天小孩子怎么怎么样了，大家都热情高涨。我把自己以前跟孩子们相处的经验跟大家分享，找到了更多处理实际问题的办法。这一年，我的教育实践成绩受到了所在学校的好评。有了一年又一年的实践、塑造，我愈发发现自己 4 年多的时间，4 年多的实践，学习了很多，成长了很多，虽然仍有很多不足，但是至少长久以来的教育梦想已经触手可及。

在踏入河北师范大学校门的那一天起，我就把立德树人和教书育人看成为自己的事业，而不仅仅是种职业，并从心底里焕发出要做一名与母校恩师们一样的好老师。因为这样的想法，使我在立教与兴教的道路上有了很多快乐和感动，也有不少的困惑和迷茫。快乐和感动的，是我拥有了一定的学科专业知识，懂得了一些教育科学常识，掌握了一些教育学心理学规律，感悟到了一些与学生相处的实践经验，在传道、授业、解惑过程中实现了自己的梦想。困惑和迷茫的是，作为师范院校的一名青年学生到底应该怎样成长为一名合格的人民教师。要解决这些困惑和迷茫，只有不断地探索，从实践中获得经验。

一个人至少拥有一个梦想，有一个理由去坚强。我的梦想一直是做一名优秀的中学教师。在走上三尺讲台的漫漫求学路上，我有过犹豫，有过彷徨，有过苦闷，但更多的是对梦想的坚持与守护。正是这个永不言弃的教育梦想，让我坚强而充实地走过了 16 年的风雨求学路。

漫漫求学路，悠悠教学梦，拳拳教育情。十几年来的求学历程，就像一坛老酒，越藏越醇，历久弥香。从怀揣教育梦的懵懂少年，到坚定教育梦想的蓬勃青年，想起这一段段心路历程，好像又经历了一次次成长。

刻苦学习，练就教学本领

河北省张家口市第一中学　张志高

1964年8月，我出生在一个充满了温暖与爱的家庭，在这里，我懂得了尊重、关爱与帮助，这是我受益一生的财富。我的小学与初中均在自己家乡的学校就读，学校离家只有500多米，由于学校教学资源有限，一般上学年龄比现在晚很多。记得刚上小学，每天放学后都有丰富的课外生活，玩伴们一起打草、游戏、看电影、钓鱼、游泳、收秋、拾柴火、采野果、挖野菜、挖药材、过六一儿童节、排练节目等，童年的每一个生活场景大多历历在目，回顾起来非常美好、幸福。然而，对于读书记忆却较少，直到恢复高考，村里的一个本家侄子考上了河北交通学校，成了全村的榜样，于是，我们才知道念书才可以走出去，才可以接触到更广阔的天地，这时才懂得了学习。我的初中班主任老师教我们的物理和化学，工资待遇不高，但是很敬业，讲的知识很有条理，也很吸引人，对我以后的学习帮助很大。记得最清楚的一次是，我们几个同学到老师的果园里压水，浇园子里的果树，一起吃水果，而后我们席地而坐，老师给我们补起了物理和化学课，完全没有感觉到学习的枯燥乏味，在这样轻松愉快的氛围中爱上了学习，也学会了学习。那时的冬天好像特别冷，寒假期间村子里总是覆盖着一层厚厚的雪，直到春天才慢慢化掉。即使是这样，而且是假期，老师也会鼓励我们到学校去学习，老师觉得班集体的学习氛围会更好一些。记得有一次刚刚下了一夜雪，雪很厚，早晨整个村庄被雪包裹住，白茫茫的一片，雪景非常美，树上也挂满雪，去学校500米的距离，需要用扫帚扫出落脚的雪坑才能前行，但我丝毫没觉得冷，硬是扫出一条路来到学校，坐在教室里，这时会更加珍惜学习环境和学习时间，慢慢体会到学习的快乐和充实。那时虽然物质相对贫乏，可我们的业余生活很丰富，每年寒假春节期间村里都要组织文艺会演，学校是需要出一些文艺节目的，我当时是在乐队，吹笛子，拉二胡，负责伴奏，其他文艺骨干负责演出。其实，比起学习文化，这些活动是真的开心，也是自己最愿意参与的，比起现在的孩子们确实有更多的童年乐趣。1977 年恢复高考后，最初的高考是在 12 月份进行，升学考试也是在年底，是按年度来运行的。随着时间的推移，实施了夏季高考，我们现在实施的是学年度，比如高三一年，是跨两个年度的。我的初中升学考试已经调整到夏季，当时的高中分为国办中学和乡中，国办中学师资和学校的建设相对于乡中要好些，考上国办中学需要转粮食关系，学校按国家规定的粗粮细粮比例准备膳食。当时我们的目标就是考上国办中学，村里每个年级开设一个班，人数均达到了 30 多人，没有复式班，小学和初中一共 7 年，其中小学 5 年，初中 2 年，这些同学 7 年均在一起读书，男生一起玩，女生一起玩，男女生如果同桌，中间是画有“三八线”的，而且，男女生几乎是不说话的。我们班考上国办中学的有 4 位同学，我也很荣幸地考上了。公布榜单的时候记得一夜无眠，非常激动，家长也很高兴，亲戚朋友也刮目相看。但是，第一次离开家乡读高中，而且还要住校，各方面有诸多的不适应，就连饭菜都不如家里的，加上初高中知识层面的变化，都让我有些措手不及。高中的知识结构与初中有了很大的差异，我的初中基础较差，读高中时感觉很吃力，就越发不愿意读高中了，所幸有老师和父母的鼓励总算是坚持下来了。回想起来，那时各种条件都相对落后，自己确实也是非常吃苦的，当时学校管理与现在差异很大，自己的学习积极性主动性很重要，学生起真正的主体作用。周六下午放学，每周休息一天半，没有早读，早起可以到校外农民的菜地边、柳树林去背书，晚自习上到晚上 9 点，而且没有老师跟班，全部是自修，而且，到点就熄灯，为了多学一会儿，大家都准备了蜡烛，学校停电熄灯后都点起蜡烛，纪律很好，几乎没有逃学情况。高中阶段假期很长，假期总是满满的计划和希望，把课本都带回家，教辅书很紧缺，哪位同学有一套《中学生数理化》是很让人羡慕的事情。随着时间的推移，书店中的参考资料逐渐多起来，我比较喜欢的是北京海淀区进修学校教授编写的教辅。回到家里学习松懈了不少，不过，总是不忘学习，开学后总会进步一个台阶。当时高考科目理科为语文、数学、英语、物理、化学、生物和政治，共 7 门功课，文科为语文、数学、英语、政治、历史和地理共 6 门功课，文理科均考政治。在高考前需要参加预选，预选划出一定的比例，预选不合格的学生不能参加高考，预选会刷下好多学生来，庆幸的是，我顺利地通过预考，最终在高考中考上了河北师范大学生物系，学校地址在石家庄市裕华中路 1 号，现在搬迁到了新校区，河北师大旧址变成了省政府。坦诚地说，一直以来，我的理想是从事金融业，做一名教师并不是我的初衷。当时填报志愿是分数还没有下来就提前报志愿，记得当时报的是保定金融专科学校和张家口财贸学校，由于估分不准和爱好的原因，报了一个大专和一个中专，高考成绩公布后，老师觉得我的分数高，走了大专和中专很可惜，出于好意，于是增加了一些本科师范类学校，当时河北师范大学是提前批，于是被提前录取了。20 世纪 80 年代没有现在的通信手段，通知书是一封挂号信，你是否被录取并不清楚，一直等到 9 月底（当年不知什么原因河北师范大学开学比其他学校都晚），终于村里的大喇叭通知带上印章来取挂号信，第一感觉是大学通知书来了，一看是河北师范大学生物系，觉得很是奇怪，记得没有这个志愿啊，不过当时张家口师范专科毕业的学生就业很容易，河北师范大学毕业的学生可以说供不应求，而且均由国家包分配，发派遣证。自己感觉还是认可这个学校的，于是张罗开学的一切准备，准备被褥、衣服、学习用品、购买车票等。我们当时上大学家里没有人去送，都是自己或和同学一起，从家乡乘坐汽车到宣化，然后坐火车到北京，北京中转签字等约 3 个小时，然后转乘北京到石家庄的火车，大约凌晨 5 点到石家庄，一路非常辛苦，整整一个昼夜才能到达石家庄。河北师范大学在火车站负责接站的师哥们也是不停地忙碌，早 6 点到校后，下着毛毛细雨，负责报到的工作人员还没有上班，等到 8 点开始办理入学手续，不过 7 点多来了好多老乡，整个手续都是老乡们帮办理的。入住宿舍后，昏昏沉沉睡了一上午的觉。这样就正式步入到大学阶段，大学四年的学习为今后的教学打下了坚实的基础，除英语外其他学科均在 90 分左右，每年均获得学习单项奖。学习生物专业最幸福的事情就是野外实习和各种实验，不是那么枯燥无味。大一是植物采集，大二是动物采集实习，大三是扶贫实践，大四是教育实习。植物专业实习在石家庄灵寿县国营漫山林场，来回共80里山路，上山的过程中在下起了毛毛细雨，走到接近山顶时，雨越来越大，有两位同学淋雨后生病了，肌肉痉挛，记得大家就地取材做成了担架，抬着他们继续前行，因为山路很陡峭，抬担架的同学每走一步非常艰难，大家把干粮提供给他们，上山容易下山难，不能原路返回，只能前行，而且还有大型野生动物，100多位师生团结硬是到了山顶。到了山顶是高山草甸，植物种类特别丰富，特别是还有多种兰花，恰好雨停了一阵子，着实体验了大自然的美丽，也采集了许多标本。修正一段时间继续前行，道路相对好走了，下山的半道上，雨越来越大，不过终于有了一户人家，学校决定把两位生病的同学安置到老乡家，其他同学返回基地，当时河北师范大学校校报还专门报道了我们实习的过程，对大学生助人为乐的事迹进行了表扬。动物学实习是在山东烟台，在烟台八中有实习基地，在烟台实习大约两周时间，领略了大海的宽广，陶冶了情操，宽广胸怀，学到了很多动物学知识。教育实习是在保定实验中学，我当时是教育实习队的队长，两位指导教师，十几位同学。指导教师对我们的要求非常严格，每一节课必须试讲，老师认为合格后才能去上课，我们分为初二组和初三组，初二讲动物，初三讲生理卫生，我的一节“人类ABO血型系统”课还做了保定市公开课，带的班级学生也有很大进步，实习结束孩子们精心准备了小聚会，确实给了我一个惊喜，烛光下一张张稚嫩的脸纸，充满了对老师的留恋，这时起更坚定了我教书育人的信念，直到大学毕业还有一些同学一直在联系，而这些同学在当时往往是最难管理成绩较差的学生，这些成绩后进生需要老师真心对待他们，帮助他们突破成绩提升瓶颈，一旦取得进步，他们都怀有一颗感恩的心，会更加感激老师曾经对他们的帮助，所以，在以后的工作中我一直秉持这个观点，善待所有学生，工作中转化了大量的成绩后进生，也可谓桃李满天下了。

植根于心底的梦想

河北省廊坊市第七中学　张云敏

1990年高考结束，那时候是高考成绩公布之前报志愿，也就是自己对照答案，估分报志愿。我把估计的分数与往年的录取分数进行对比，报重点大学没有把握，于是在一般本科大学中选择适合自己的，感觉自己的化学学得还不错，也比较喜欢医学，就报考了医学院。但心里还是没底，想听听他人的建议。因为父母都是农民，在这些事上是帮不上忙的，说只要你自己喜欢，将来能有个稳定的工作就行。于是，去征求老师的意见并请老师指导。班主任老师看完我填的志愿，问我怎么只报普通本科，重点院校一栏空着，我说感觉自己可能考不上重点，老师建议无论能不能考上都填写，估分可能与实际分数有差距。并建议填写河北师范大学，女孩儿当老师真的挺好的。我也确实感觉教师这个职业神圣、受人尊敬。我的老师们有的博学，有的幽默，有的严格，有的慈爱，无论是教学还是做人都让我佩服敬仰。尤其我初中的班主任，教学上一流，生活上关心照顾我们，在我心里把他当自己的父亲一样看待。于是在重点院校一栏填写上河北师范大学，希望自己能像我的老师们那样，教好课，管好学生，成为德高望重、受大家喜爱和尊敬的一名老师。专业选择了生物系和化学系。

接下来是假期里漫长的等待，一边帮家里干农活，一边听消息。那个年代通信不发达，一般靠书信联系，而全村的书信都放到村委会，大喇叭广播收信人姓名，听到自己名字的去村委会取。一天结束农田里的劳动，走在回家路上，听到大喇叭喊道我的名字，心想会是录取通知书吗？一进家门，母亲已经把它取回来了——录取通知书。父母的脸上笑开了花，全家人都为我高兴，街坊邻居也来祝贺。

开学时间到了，第一次出远门，姨家的哥哥送我到河北师范大学。一路上嘱咐我注意安全，好好学习，团结同学，我一一答应着。河北师大位于石家庄东部，在体育大街和育才街之间，共有三个院，北院在裕华东路北侧，中院在裕华路与槐北路之间，南院则在槐北路南侧。我去的是北院。校园门口是宽敞的裕华路，路旁是两排法国梧桐，树干粗得一个人都抱不过来，隔离带是雪松和黄杨。师大的校门算不上气派，和现在的一般学校比甚至是有些简陋和寒酸。门口竖着挂着一块牌子——河北师范大学。走进校园，笔直的道路尽头是图书馆，高大宏伟，道路两旁是两排油松，油松向里有加拿大毛白杨，向两旁的道路都影印在绿荫中，满眼的绿色，绿树掩映下有一些灰墙建筑，左侧是宿舍、食堂等生活区，右侧有各系的教学楼是教学区。生物学的教学楼看着很古老，共四层，楼前有一个大花坛，花坛两侧还是法国梧桐，东西两侧是篮球场，篮球场周围种着核桃树，篮球场与楼房间的路旁是圆柏和大叶黄杨等。我喜欢这一园子的绿色。

报到结束去宿舍，宿舍离教学楼有步行 10 分钟的距离，宿舍楼和教学楼应该是同一个时代的建筑，风格也类似，共三层，也算不上宽敞明亮，筒子楼。我的宿舍在三楼，同宿舍 8 个人，来自河北省 8 个不同的地市。开始时大家有些拘谨，不过很快就熟悉了。没多久都有了绰号，这样叫起来方便、亲切，大家像姐妹一样，一起去食堂吃饭，一起去教学楼上课，我的大学生活开始了。

大课大学里，学习的自觉性靠自己，大学老师们不像中学老师那样印篇子给学生留作业，晚上自习课没有老师值班，大学老师以传授知识为主，管理放在其次，大概认为大学生已经是成年人，具备了自我管理能力，能对自己负责了。师大生物系每届学生有 100 人，平时上课在一间大教室，我们叫上大课。需要提前占座才能有好位置，去晚了的只能坐在角落里。教我们专业课的老师都业务精湛、博学、严谨，给我印象深刻的有几位老师。教植物学的张老师就是其中之一，张老师是一位满头银发、一般个头、身材瘦瘦的、但声音洪亮的老爷子。学植物分类时需要记植物的拉丁名，我们记起来非常困难，因为与英语不同，但张老师能把每种植物的拉丁名记得滚瓜烂熟，我们听得目瞪口呆。还有让同学们佩服的是，我们见到的每种植物，张老师都能叫出它的名字，说出分类，凡我所见没有他不认识的，所有同学发自心底的尊敬、佩服他。教我们植物生理学的马老师，30多岁，讲课条理性强，而且熟悉植物生理学发展史和新动态，不但讲课吸引人，自己还潜心研究专业，据说在当时著名的刊物上多次发表过文章，是个做学问的人。生物系像张老师、马老师这样的优秀教师很多，当时我多想成为像他们那样的老师呀。

实验课生物系的实验室不算大，容不下100人同时做实验，所以实验课要分小班教学，将100人分成三个小班，时间安排在下午。刚看到课程表很高兴，大学课程比高中轻松，不是从早到晚排满课，上午上课，下午不全有课，有的时候是实验，只是做实验而已，美！高高兴兴地来到实验室，开始实验，才发现实验课并不轻松。首先，课前准备，按照老师的要求，不能带课本进入实验室，不允许边看书边操作，必须把本节实验的操作步骤等相关内容熟记于心，然后听老师讲操作注意事项等，再自己动手进行实验，最后完成实验报告，如果与预期结果有出入还要分析原因。

有一次实验的内容是制作蛙的骨骼标本，进入实验室，每人抓一只属于自己的蛙。看到它们的时候都害怕，第一次摸到它的时候，起了一身鸡皮疙瘩，有什么办法，既然选择了这个专业也只能完成任务。从解剖到去皮肉、获得骨骼、漂白、组装，最后一只雪白、完整的蛙的骨骼蹲在眼前，终于长出一口气，如释重负，看着自己的作品心里很满意。从实验室走出来才发现，天早就黑了，已是晚上了。

像这种加班做实验的情况并不少见。学习“人体解剖”时，实验的任务之一是在显微镜下认识人体不同的组织细胞。实验的考查方法是：在规定时间内用显微镜找到老师临时写在黑板上的结构。因为同学们不知道老师会出什么题，必须把所有学过的结构都掌握才能应对。所以我们大多利用晚上时间去实验室练习，大家全神贯注、熟练地操作着显微镜，观察、识别所有学过的组织结构特点。那时解剖实验室的晚上通常是灯火通明的，同学们的显微镜操作技术就在那段时间稳步提高，熟练操作，考试也是百分之百通过。

印象深刻的实验课还有很多，其中遗传实验的老师要求严格、规范，因

为有一点儿疏忽可能导致实验失败。小到载玻片清洗都必须按照程序来，自来水冲洗→加洗衣粉洗→自来水冲洗→蒸馏水冲洗，一个环节都不能少，同学们逐渐养成了科学严谨的学习态度和学习习惯。

实习生物系的课程中会有野外实习，去认识动物、植物、生态系统，去采集制作标本。近郊实习去植物园、黄壁庄水库、滹沱河，再远一点儿的，去苍岩山、嶂石岩，还有一次更远的去山东烟台。同学们像一群小鸟飞入大自然，欢呼雀跃。对于我，一个一直生活在平原的人来说，更是新奇，第一次见到山，并爬上山顶；第一次见到海，并真正下海。欣赏着高山大海的壮观，认识、采集各种生物，在活动中学习知识，累并快乐着。

记得到烟台的第一个夜晚，实在太累了，躺在大通铺上就睡着了，一觉睡到天亮，醒来的时候还是昨晚躺下的姿势，连身都没翻过一次。第二天按时起床、吃饭、集合、出发，那种集体生活太爽了，像是进入了共产主义时代。大家同坐一辆车，共乘一艘船，一起去捉海参、螃蟹，还有各种螺、蛤、扇贝等。我们展开双臂去拥抱大海，海水映着一张张青春洋溢的笑脸，每天返回时，各小组都圆满甚至超额完成标本采集任务，满载而归后，回到住处要对采集的标本进行分类、制作、保存。结束后集体用餐，没有餐桌、餐椅，大家就在露天的院子里端着碗吃饭。带队老师系主任王老师将自己碗里的鱼分给我一块，他走后，我转给了其他同学，他转回来看我碗里空了，以为我特别爱吃鱼，又要把自己的分给我，我连忙道谢说不用了。老师像对待自己的孩子一样关心、爱护着他的学生们，我们也在学习知识的同时感受着大家庭的温暖。

师大给了我太多美好的回忆，四年的大学生活结束时，我特别不舍，不舍我的老师、我的同学、我的校园，我的大学生活。我毕业了。

我的教师之路

河北省蔚县西合营中学　刘志敏

我出生在一个特别偏僻的山村，山村的学校绝对是全村的公共场所，写对联、借桌凳、“耍船灯”（我们对正月社火的土称）……当然，每年对学龄儿童的疫苗注射也是乡卫生院派医生到学校进行，当时称“打预防针”——也就是在 7 岁打预防针时，我被当时的贾老师“逮住”夹在双腿之间“命令”——“能数到 100，我就放你！”我快速地数到 100，然后被贾老师在头上弹了一个脑瓜崩说：“这是个好货！”——这话传到了我父亲耳朵里，他着实高兴了一阵子，因为当时村里只有两种人，一种是土里刨食的农民，另一种是四人一校的老师（村里当时有张老师、刘老师、陈老师和贾老师四人，负责本村和附近三个村的一至六年级孩子的全部教育），尽管当时搞不清楚我们村的老师到底是“代课”还是“民办”抑或“正式”，但是小村的教师也绝对是全村的核心，他们不仅仅承担了对孩子们的教育，还为人们写信、读信、算账等，他们受到的尊重是人们发自内心的——村里给老师分配的地有人给种，哪家有新鲜的吃的一定送到学校或者叫上老师一起吃，各家院里的菜都争着给带到学校——不管自己的孩子是否上学……

所以，我这个“好货”便一直被父母教育“好好念书，长大当个老师，不用锄地，吃皇粮，有文化”，再加上上次贾老师的话，让全村人都觉得我肯定是念书的料，将来肯定能当老师……带着对教师行业无比的崇尚，我“半农半学”地上到了五年级。1993 年，我很荣幸地考上了我们乡的“马宝玉小学”（狼牙山五壮士之一马宝玉是我们乡下元皂村人，所以当时下元皂村的小学被我们称为是“马宝玉小学”，1993 年陈家洼乡中心小学首次在马宝玉小学设立“集优培训”加强班，从全乡五年级毕业生中选择成绩较好的同学到马宝玉集中学

习，以冲刺当时的“国办中学、重点中学”），临行之前，我的班主任陈万智老师——其实教我们的就那一个老师，对我说：“老师舍不得你，但是去吧，那里更适合你，一定要坚持！先考上国办中学，以后才可能考上师范！”当时记得自己立刻就不想离开村子了，抱着老师痛痛快快地哭了一场，直到被陈老师“喝令”：“不去马宝玉你就别念书了！”擦干泪，回到家就是父亲忙着给我碾米磨面——去上学必须给学校交粮食然后兑换成“饭票”才可以打饭，再然后还有许多亲戚到我家坐坐，问长问短，看看明天去新学校有没有什么可以帮忙的，缺钱缺粮不……就这样，13 虚岁的我带着全家的骄傲和几乎是全村的希望来到了蔚县陈家洼乡下元皂村上六年级。

在集优班里，我的成绩很差，但是善良和蔼的班主任李福老师（当时已经接近 60 岁）很看得上我，因为我学习很努力。有一次，学校宿舍门口有被倒掉的黄糕（我们蔚县地区农村人每日的主食）和方便面——在当时，方便面是农村孩子很少见到的最最好的零食了，我震惊的同时内心被深深地刺痛，瞬间我感到我和同学们生活在两个世界，再加上我对家的浓浓思念，一下子我就想起了我的陈老师，想起了我以前村子里的同学们，想娘，想家，双袖不断抹去充满眼眶的泪水，眼眶却又瞬间被充满。我们的伙食师傅（一个很严厉，特别爱惜粮食同时又心疼我们的老头儿，负责给我们所有的师生约 30 人做饭）和亲爱的李老师发现，和我谈心之后一个个排查，找出浪费粮食的同学严厉批评，同时与我进行了深刻的谈心，从此个人感觉老师对我特别关心，甚至达到一种“溺爱”，在老师的“溺爱”下，我刻苦努力，超过了我们班的“数学大王”“语文大王”最终以 194 分（满分 200）的成绩远远超过了心中的目标、当时最厉害的国办中学——蔚县西合营中学 176 分的录取线。

记得当时，一个乡中心校所属的所有大小学校、教学点的老师知道我被西合营中学录取，村子里所有的人好像都跟着我光彩了似的，当然我也成了不少人、不少老师教育孩子们的榜样——“好好学习，你看某某村的某某，当年一下子就考上了国办中学……”当然，我的父母在村里也着实光彩了一回，每位乡亲见面都会说：“这么好的学校，以后考个老师没问题，好好供吧！”——这个封闭的山村，这是最高的祝福，当然这些也是我选择教师行业的进一步启蒙。

终于等到了通知书，乡中心校派人到村里“捎信儿”，村里大队用“大喇叭”（村委会的广播扩音器）吆喝：“刘某家的渤海（我乳名）——乡中心校让你去取通知书啊——西合营中学的——”

…………

50 多里崎岖的路，一辆大 28 自行车，一个 1.4 米的我（一个乡镇一天一趟汽车，4 块钱的车费不是每个家庭都能坐得起的）。1994 年秋，就这样我踏入了梦寐以求的蔚县西合营中学，离家更远了，要一个多月才能回家一次，学校更大了，一个年级居然有 4 个班！而且，第一次我见到了也感受到了一个班级有好几个老师教，那么多科目，每个科目都有一个专门的老师！带着对知识如饥似渴，带着对各位老师的无限敬仰，我上完了我的初中，准备报考我心目中的中师专业，可是就在 1997 年春季，同学们紧锣密鼓地备战中考的时期，我突然跌断了胳膊，不得不休学，一直到中考前，没能上课，在班主任朱老师的鼓励下参加了当年的中考——但我的成绩已经无能力考上中师了……迫不得已，我才上完高中，在高考结束后，毫不犹豫地填上了师范——当时我所了解，也仅限于师范，当然，这也是我的愿望。

二、磨砺篇

彼时披星戴月，此时云淡风轻

河北唐山外国语学校　张淑伟

1995 年 7 月，我刚刚步入工作岗位，在那个时代，大学毕业生由国家统一分配，我被分配到唐山市第八中学任初中生物教师。我在办公室里年龄最小，每天上班打开水、扫地、收拾办公室，样样事情争先恐后地去做，生怕老教师不满意。与我同头的老教师是外地人，老家有事需要请假，我便责无旁贷地去代课，而且不去计较有没有报酬。70 后的一代人比较能够隐忍，顾及别人的看法，宁可委屈自己。如今当我在学校里也熬成一名老教师，现在的大学毕业生 80 后、90 后们活得非常自我，初入职场很少有人会像我们当初那样了，他们只顾料理好自己的事情便是，其实想一想有些好传统还是需要传承的。

若没有年轻时努力打拼，哪有老教师的坐享其成？若没有历尽沧桑，哪里懂得云淡风轻？若不是跋山涉水，哪里会珍惜柳暗花明。新教师每一天都是充实的，忙着备课写教案做习题批阅作业，稍有空闲还要练习粉笔字。刚刚参加工作时，一个简单的想法就是尽快掌握初中生物教学的要领，每天认真备课，不仅备知识备学生，那时候没有普及电脑，所谓的多媒体教学就是使用幻灯机，需要手绘幻灯片，生物学中生理过程多是动态的，制作幻灯片就更加辛苦，我至今清楚地记得绘制“蛙的血液循环系统”两心房一心室及其与心脏相连的肺动脉、肺静脉、体动脉、体静脉，如何表示蛙心脏跳动，心房心室的交替收缩，制作多张幻灯片重叠使用表示蛙的血液循环途径及过程，全部是手绘制作过程慢慢，但是印象深刻。仅仅从生物学教学来看，科技的确改变我们的生活，现在使用电脑制作课件，方便快捷，各种生理过程除了制作 PPT 课件，还可以使用 Flash，效果更佳逼真，但是教师制作时很难留下深刻的记忆。

经过这样的摸爬滚打，自己慢慢成熟起来，从最初听老教师的课到自己驾轻就熟地讲，从听别人的讲座到自己独当一面在全市研讨会上分析教材、讲解疑难知识点，从最初参加教学比赛做分母到教案设计、讲课比赛获得市级一等奖……2003 年 10 月，参加教育部义务教育《课程标准（实验稿）》征求意见会，会上第一次见到中学生物学教学领域重量级的人物：刘恩山、赵占良、汪忠，聆听他们对课程标准的讲解，使我受益匪浅，之后也让我对生物学教学有了新的站位。参加教育局教研室主持的《初中生物备课方略》《初中课时训练》等多本教辅材料的编写，同时担任样张的以及稿件的校对工作，北京师范大学出版社的编审对我的工作都表示非常满意。后来南京“春雨集团”邀请我参编他们的一些金牌书目。被聘为教育局教研室兼职教研员，参与全市联考试题的命制，不局限于成题的改造，搜集资料自己命制原创试题。尝试参与课题的研究，关注初中生物教学中的体会与困惑、经验与不足。几乎完全胜任了初中生物教育教学的各项工作，包括班主任工作。

2006 年 8 月，时值暑期，我在外地度假，因为高中生物教师临时变动，学校领导电话通知我马上返唐教授高中生物课程，身边的好朋友都不支持我临危受命，理由是初中教的游刃有余，有更大的发展空间，何必去高中受苦一切从头再来。但那时的我却不以为然，做高中生物教师是我大学毕业时的理想，我被分配到的学校虽是一所完中，但是初高中教师轮岗很少，毕业后我一直在初中部，即使有再多困难我也想试一试。何况这些年初中的课程已经烂熟于心，感觉没有挑战没有前进的动力了。所以我毅然决然地接受了学校领导的安排，回家第二天就开始了暑期补课。因为缺老师我一人教四个理科班，每班四课时，不算周末，每周 16 课时。高中生物课程与初中学段大不相同，毕业 10 年大学学的知识有些已经忘得差不多了，备课时辛苦可以想见。知识点重新梳理，题目从零开始，白天忙着上课，晚上常常备课至深夜，虽然勤奋努力但是结果依然不佳，以前在初中上课不用看教材，内容都在脑子里；学生问问题，拿过来看一眼便知考点，对于一些错误答案立即更正。高中试题难度大，加之我对教材和知识点不熟悉，哪里敢贸然开口评价试题答案正确与否？看着不对也得回去仔细斟酌才敢下结论。一同合作的老教师是一位保守固执的人，不愿意我去听课，遇到问题也不肯指导，连往年同时期的教学进度都不会告诉。我可是吃尽了苦头，没有人商量，没有现成的经验可以套用，想一想当初真应该听朋友的劝告——轻轻松松教好初中的课，开弓没有回头箭，已经退不回去了，只能硬着头皮上了。学校里不能听课就到外校，找有经验的老师虚心请教，还有大学同学已毕业就分到高中的此时也已是成熟了，只要我有时间他们都不拒绝听课，最远跑到外县听课学习。交给学生一碗水自己没有一桶水的捉襟见肘，着实让人痛苦。以前初中生物教学的行家里手，现在变成小学生，没有发言的机会只有学习的份儿，写书不行了，命题不去了，突然之间好像清零了，做教师的自信与成就感荡然无存。那好吧，就踏下心来坐好冷板凳，“雄关漫道真如铁，而今迈步从头越”。直到 2012 年我送走河北省第一届新课改高三毕业生，因为学生高考成绩优异，我获得“高考先进个人”的称号，我才又开始参评优质课、编写资料、培训会做课介绍经验，重新找回做教师的自信。

记得联合国教科文组织做过的一个调查：刚走上工作岗位的 5 年之内，教龄与教学效果成正比，曲线呈上升趋势；第五年至第八年，普遍出现一个平稳的发展趋势；8 年以后，教师群体逐渐出现分化：5% 通过再学习、再创造，教学水平得到升华，教学效果出现第二个上升期，逐步发展成所谓“专家型”教师；95% 教学水平和教学效果先后开始下降，虽然降的幅度和速度不同，但一直是平平的“教书匠”。所以某种意义上我要感谢学校对我初高中工作的调整，恰好在我参加工作 8 年以后的职业倦怠期，给了我再学习、再创造的机会，让我的教学水平得到升华，向“专家型”教师发展。如今回望中学生物教学我有了更深刻的理解与感悟，教育局组织的全市生物教师培训或者唐山师院的骨干教师培训以及河北师大的省培、国培项目经常邀请我去做讲座，我就把自己的经验与体会和同行们分享，我们的每一件事情都不仅仅是为学校做的，同时都是为自己在做，所以请珍惜学校安排的每一项工作。

初登讲台，初为人师

河北省香河县第一中学　赵艳红

那是1989年如火的7月，毕业之后，回到自己的家乡香河县，来到教育局报到。分配到了香河县第五中学任教。初出茅庐，学校、老师、学生、领导，一切都是陌生且新鲜，那是一个远离县城的初中校，全校三个年级，每个年级四个班，初一年级学植物学，初二年级学动物学，初三年级学生理卫生。那个年代中考是考生理卫生的，印象中占到40分吧。整个学校只有两个生物老师，另一位生物老师是早我三年毕业的大师兄。当年的校长真是有胆量，师兄教初二4个班动物学和初三两个班的生理卫生课，我教初一四个班的植物学和初三另两个班的生理卫生课。刚刚从学校毕业就教毕业班，虽然4月份在香河二中实习了一个月，但可想而知压力也是相当大的。

一、初登讲台这块面积不大，但神圣无比的领地，是在香河五中。记不清是9月的哪一天的早晨了，我和太阳一起起身，来到学校，推开教室的门，发现孩子的眼睛被阳光照得无比澈亮，我在那一刻被孩子求知的眼神感染，忘记了慌乱与忐忑，竟那么平静与坦然地开始了我的第一课。学校对新教师是关爱的，两三个人一个宿舍，那一年差不多来了10个新老师，晚上经常备课到很晚，设计教案、批改作业、在师兄的带领下编写复习资料，用铁笔在钢板上刻写蜡纸，再油印出来，辛苦自不必说，付出总有回报，在1990年7月的中考中，我们五中的生理卫生中考成绩位列全县第二，仅比第一名的平均分少了0.4分。这个成绩对于我来说是想都不敢想的，1990年的暑假，我已调到了一中工作，师兄把60元的奖金骑车送来，那份激动与兴奋，直到今天还记得。

二、初为人师当时是懵懂的，现在想来，只觉得："闲云潭影日悠悠，物换星移几度秋”，如今的第一届学生都已踏入社会的各行各业，有参军留在了部队的，有经商打拼创办企业的，有考上师范成为我同行的，有成为公务员的，有当医生的，总之，他们都已成为各行各业的中坚骨干力量，30 年过去了，我为我的第一届学生取得的成就，为他们对社会做出的贡献，感到骄傲与自豪！

作为老师，这不禁让我想起“教育为公，以达天下为公”、知行合一的践行者、著名的教育家陶行知先生。陶行知，安徽歙县人，1891 年生，1946 年去世。他先后在南京汇文书院，金陵大学和美国伊利诺伊大学、哥伦比亚大学求学，主修教育。陶行知 1917 年回国，先后在南京高等师范学院和国立东南大学任教。一个成功的中国知识分子留学回国了，他那个时候并没有梦想着享受成功，而是重新定义何为成功，他要让自己和祖国重新建立关联。那时，先生目之所及，国家贫困到难以想象的程度。陶行知说这病根乃在教育。中国那时有 2 亿文盲，有 7000 万儿童没有任何机会接受教育，那时候的陶行知，以他之所知，本可以转身为人上之人；以他之所学，本可以谈笑于鸿儒之间，而他却把目光死死盯住中国底层社会。陶行知振聋发聩地说，这个国家以农立国，人们十之八九生活在乡下，中国的教育是到农村去的教育，就是到乡下去的教育，因为农村如果没有改观，国家就没有希望。他这么说，然后就这么做。陶行知脱掉西装，辞掉自己大学教授的优渥待遇，推展平民教育，这是什么概念？陶行知在当时一个月的收入是 400 个现大洋，那个时候要在北京买一整套四合院，不过花费他三个月的薪水，而这一切，陶行知通通不要了。他移居到南京郊外的晓庄，这是极为落后贫困的普通村落。他住到牛棚当中，和老乡们相识，他渐渐有一个看上去不可实现的愿望，那就是为中国培养 100 万农村教师。在晓庄，陶行知带领学生们自己耕作，自己劳作，自己修建校舍，他说：“流自己的汗，吃自己的饭，自己的事就得自己干。”陶行知不是要培养那些高高在上的知识分子，而是那些在人民之中的老师，他邀请自己的朋友、学者到自己的晓庄授课，传播新的知识和观念。渐渐地，这个在晓庄极不起眼的大学堂，从几十人发展到数百人之众，陶行知行走在世俗乡里之间，他要帮助最普通的中国人，那些年迈的爷爷奶奶、那

些富人家里的用人、那些财主家的帮工、那些街头的打杂的、那些货场的脚力、那些拉洋包车的师傅们，让他们都识字。他一个人在努力，他的这个梦想的芽破土而出，我们眼见繁花就要开到树上。是的，有陶行知所在的地方就有平民教育的希望，在武汉，在重庆，在上海，在南京，他为中国教育的崛起一直在路上，而最后先生死在路上，1946 年 7 月 25 日，陶行知皆因积劳成疾，突发脑出血，在上海逝世。那一年，他 55 岁，12 月 1 日，先生的灵柩回到南京，南京城里的老百姓自发为先生扶灵，他们要送先生，送他回他的晓庄。沿路上的人们唱着、哭着：你去了，我们穷孩子的保姆，我们的朋友，人民的导师。挽联在飘，上面写着“行之先生千古”，而旁边是宋庆龄亲笔题写下的四个苍劲大字“万世师表”。

先生说：“我带一颗心来，不带半根草去”，“我就是中国一介平民，几十年的学校教育，让我把西方贵族的方向渐渐拉近，而经过一番彻悟，我就像黄河决了堤，向中国平民的道路上奔涌回来了。”

30 年的教育生涯中，如果以先生之精神来审视自己，想凌空从先生那里借来浩然之气，让它如火，让它如光，让它重新照亮每一个为师者心中那种知行合一的实践精神，以及对祖国的赤子热爱。希望多少能延续先生的光，把它变成隽永的亮。云山苍苍，江水泱泱，先生之风，山高水长。先生的一生温润过中华，他是人民的导师，是我之辈为师者的楷模，可以活成的大写的模样！

怀着对大师的景仰，开始了我的教学之旅。1990 年的暑假，我调入了香河中学，也就是现在的河北省香河县第一中学，开始了我的高中教学。在实验室工作一年，到 1991 年暑假，进入学校办公室开始，在学校办公室和教务处工作到 1998 年才又登上讲台，六年的雪藏，是因为生物这个小学科没有了高考，很多很多的高中生物老师都转行干了其他。还算幸运，我又回到了老本行，重新开始，在一年后的全国中学生生物学联赛中，就有三个学生拿了国家一等奖、国家二等奖、省一等奖，很是骄人的成绩。2000 年，参加了廊坊市优质课比赛，获得了一等奖，进而参加了河北省优质课比赛，获得了三等奖。从此之后，我从事高中生物教学，一路走了过来。

初登职场

河北省迁西县第一中学　徐志彦

1998 年 8 月，我到了一所全新的学校，但是自己人生舞台上的角色却发生了彻底的转变，从一个曾经天真烂漫、不谙世事的学生摇身一变成了一名教书育人的老师。初为人师，一切都是那么陌生，未来的生活该如何面对，心中一片茫然。

那个年代大家是从哪儿来回哪儿去的分配方式，受政策的制约，每个人都没有自主选择的权力，我又回到了自己所在的县城，和同年一起毕业的各类师范生进行全县统一分配，我被分到了三屯营镇初级中学，这是一所乡镇级别的基层学校。1998 年正在进行全国范围的义务教育阶段大检查，学校生物和化学实验室当时无老师管理，这次检查需要好好准备，可能考虑到我的专业与之有关吧，就安排我负责管理两个实验室兼教初二年级前四个班（共 6 个班）的生物课。

对我来说，刚刚走上工作岗位就要同时管理两个实验室，还要肩负这么重要的检查任务，这和心中预期的走上讲台去面对学生的情景相差得有点太远了，这要是在检查中给整出漏洞可怎么办啊，心中不免充满担心，一点头绪都没有。生物实验室原来一直形同虚设，连个具体的屋子都没有，而且和化学的各种仪器、用具混在一起。化学实验室内一大堆的瓶瓶罐罐在老师学生们用完后都没及时清理，新来的仪器、设备散乱一地，各种实验记录没有收集，无从下手。一个人在规定时间内是绝对完不成任务的，初来乍到，所有的师生都不熟悉，我该怎么办呢？

那个时候初中学校之间的评比主要参考的是中考科目（语数外物化政），像生物、地理、历史、音乐、美术、体育这些都是纯粹的副科，下面的初中学校都不会派专门的老师来上课，每个老师的教学分工正常情况下都是一主一副，大多数的副科要么画画书背背题，要么干脆就省掉了改为上主科。教师来源大部分都是初中毕业生中相对优秀的那部分考上中专学校毕业的师范生，他们在中师学校里学得很广，但具体的某一学科学习得不够深入。有的老师得知我是生物专业毕业的，正好开学初涉及显微镜的使用，不是太会用，闲聊中被我发现后，我就主动指导大家正确的使用方法，并牺牲自己的休息时间义务替大家完成这节内容的讲解，并为学生合理设计了动手实验内容，老师们都开心地给我提供了上课的机会，学生们能够有机会亲手动手做实验，都特别高兴，对生物产生了极大的学习兴趣。由于我的热情，老师们很快地接纳了我，给我的实验室工作提供了极大的方便，同时由于我主动为学生们开设生物实验，孩子们都非常喜欢我，课余时间都主动过来帮我干活，成了我的得力小帮手。在师生们的共同帮助下，我的两个实验室的重建工作短时间内顺利完成。尽管重建过程中我的生物实验室被数次调换房间，但从搬家、做卫生到物品的安置，每次都能迅速完工。在物理实验员的帮助下，加班加点科学规范地整理好账目等各种需要检查的文字材料，成功完成了检查任务，得到了检查领导和老师的好评，后来作为示范又吸引了其他学校的参观和学习，我成功地迈出了工作的第一步。

第二个学期刚开学，由于一名初二年级的物理老师要休产假，没有替补老师，本来非常不擅长物理的我，被校长做工作，不得不接过两个班的物理教学任务。我深知自己在这方面才疏学浅，自是诚惶诚恐。第一节物理课讲的是“压强”的内容，接到教学任务的我，来不及跟其他老师请教，只能自己准备了，苦心钻研了整整一个晚上，第二天准备去上课，心里还是那么的没有底，办公室的同事们主动提出组团去给我加油助阵，陪我一起上课，其实他们是特别好奇“小徐讲物理会是什么样子”，我欣然地接受了大家的好意，那就一起去吧。突然来了一大排的老师，本来就没底的我一下子更紧张了。40 分钟的一节课，我像开机关枪一样，居然用了 20 分钟时间就给讲完了，看着台下孩子们一脸蒙圈的眼神，心想:“坏了，没给学生们讲明白。”怎么办呢，还有半节课呢，我稍稍稳定了一下情绪，果断地说:“同学们，没听懂是吧，那我再给大家讲一遍！”于是，我又认真地讲了一遍。下课铃声响了，看到大部分的孩子还是似懂非懂的样子，一种从来没有过的失败感不禁油然而生。同事们回到办公室后已被我的“再讲一遍的精彩表演”逗得哈哈大笑，尽管都是善意的，但我还是那么的无地自容。接下来同组的几个物理老师很耐心地为我进行了指导，公式如何讲解学生易懂，练习如何操作学生能掌握，难点如何通过实验来突破等，真的非常感谢同事的毫无保留的传授，我虚心地再次当起了“学生”，课间主动为老师准备好实验材料，和老师们一起钻研实验的设计（那时没有多少课外资源可以借鉴参考，全凭老师自己的生活经验结合教学内容自己设计），跟踪学习概念的讲解，题目的解题技巧，渐渐地步入教物理的正轨。那一段时间我深深地感觉到了“隔行如隔山”，教师需要有深厚的知识内涵和文化品位，要想给学生一杯水，自己必须得有一潭鲜活的水。凭借自己年轻精力旺盛、和学生易沟通的优势，我课上认真引领学生，课下耐心地为学习有困难的学生辅导，尽可能把课本内容改变成小实验，让学生有更多的感悟过程，用自己的关爱和鼓励去感化每一个孩子。经过半年的不懈努力，在学期末本来垫底的班级总成绩居然发生了逆袭，让领导和老师们刮目相看。

一年的时间，经历了不同教师身份的转换，对我的成长是一种磨砺，更是一种考验，初为人师虽然遇到了一些困难，但在这个过程中，我认真、努力，用自己的热情感化着身边的每一个朋友和学生，收获了同事们的信赖和同学们的爱戴。在这片天地里，初为人师的我，需要比别人多一份努力，多用一点心，多吃一点苦，但是我很享受这种快乐。初为人师，只能踏踏实实地、一步一脚印地走好每一步。通过自己的努力，我能够尽快成为一名合格的人民教师，走上讲台，教书育人；走下讲台，为人师表。

感悟初登讲台的瞬间

河北省香河县第一中学　翟艳

刚步入高中教学，自认为有满腹的知识技能，又有新的教学方法，还愁讲不好一堂课吗？谁知这三尺讲台，踏上容易，走下去就那么难？一难教学理论与教学过程的有机结合；二难师生双边交流的默契配合；三难小组合作探究新知过程的顺利再现……这样的事情有可能许多新到岗的教师都遇到过。新学年开学的第二周，学校组织评委听新上岗教师的课，我讲了高一的一堂语文课。这节课上得“糟糕透了”，它与我事先预设的目标效果简直大相径庭。学校评课组有意在评课前，让同年级课改能手刘老师又上了这节课，他上得的确“精彩极了”。同样一节课，为什么会出现两种迥然不同的效果？待学校评委点拨交流后，我才恍然大悟。校评委对比评课，言语委婉：“刘老师的课，精彩之处可供你借鉴，第一是‘学习目标明确’，而且能够紧紧围绕目标进行因材施教。怎样确定一节课的学习目标呢？刘老师讲了三点：第一要依据‘课程标准’明确提出三条教学目标：目标一、基础知识与基本技能；目标二、学习数学的过程与方法；目标三、情感态度与价值观。第二要结合每节课的教材内容。第三要了解每一个学生的实际知识水平。”并且他对每一条的解释还加入了不同的实例。

刘老师的讲授，让我陷入了沉思。新课的导入也是一门艺术。常言道：“万事开头难”，开好了头就等于成功了一半。这句话一点儿都不夸张。这节课一开头就忘却了设计精彩的课堂导入这一环，这算不算课堂教学始点的败笔？板书课题后，出示本节课的“学习目标”，让学生都明白尤为重要。课前明确目标、过程围绕目标、落实目标、检测达标，只要这样做了，就有可能确保一堂课始终如一不偏离“目标”轨道。教学过程只重视对学生“双基”的教学而忽视了过程与方法的指导，这与传统的教学又有什么本质的区别？“授人以鱼，不如授之以渔”，“教学有法，教无定法，贵在得法”，多尝试，多听课，多交流，多借鉴他人的成功经验，便可填补自己的空缺。

教学“新兵”上岗，对学生已有的知识水平还不了解，怎能谈得上因材施教，因人而异？更谈不上怎样来确定课时、学习目标了。因此，了解学生也是制定教学目标与学习目标的重要依据之一。学校数学课改带头人针对我讲课过程中存在的突出问题，先同我交谈了学生学习语文的基本方式。

在大学学习教育学、心理学、学科教学法等教育理论，只能达到一个了解的作用，真正的学习还是在实践中的再学习。进入实际的工作岗位以后，在工作中会遇到一系列的问题，例如，如何备课？如何讲解一个概念、规律？如何当班主任？各种教学方法如何运用？记忆、想象、思维、注意规律在教学中如何运用等，这些问题都是在教学中遇到的问题，这些问题的解决作为一名新教师就只能到书中去寻找答案。把自己在书中找到的解决问题的方法在实践中去实施，在实施中去完善，能用理论指导实践，很好地解决教育教学实际问题之时，就是成为合格教师之日。

根据教学内容选择恰当的教学方式，是“有效课堂”教学的捷径。让学生主动学习是学生探究新知的重要途径。学生自己获取的知识记得最牢，也不容易遗忘。高中学生已具备了独立自主学习的能力，课堂中要放手让学生先自学教材内容，剩下的疑难问题，通过小组讨论或教师启发点拨来解惑，打开学生思维的闸门，拨开学习中的“迷雾”。课堂教学过程中，教师的“精讲”也是很必要的。精讲，讲什么？讲重点，讲难点，讲易混点，讲遗漏点，讲规律，讲联系，讲迁移……只要吃透了讲什么，就会胸有成竹地把握主讲的切入点，课堂教学就能精讲到点子上，就会收到事半功倍之效，也自然杜绝了满堂灌的弊端。语文教研组组长评课时重点对我谈了课堂“达标检测”题的设计。她一连串地追问道：“一节新授课，课堂练习空白，怎么体现‘练’这条主线？怎样检测当堂达标？练什么？怎么练？为什么这样练？如何设计一节语文课的练习题？”这样的问题点评，启人深省，发人反思。

让学生当堂独立完成课堂任务，是检验课堂学习效果的重要标志，也是衡量一节课优劣的重要依据。课堂达标练习，练什么？练解题思路、练解题方法技巧、练解决实际问题的能力。对于《六国论》的教学，首先要加强诵读和背诵，让学生“走进文本、走近作者”地诵读，读出作者心声，做好课前预习的朗读布置要求，课中的朗读指导，课后的诵读和背诵安排和检查。事实证明，文言文教学运用诵读法确实是行之有效的好方法。读中能够认字，读中能够会意，读中能够悟情，读中能够明理，读中能够知法，读中能够鉴赏，总之，一切的教学任务都能够透过读来实现完成。教师要对读的方式深入研究，什么时候读，怎样读，读哪里，针对不同的文本，都就应有各自最好的处理，读的天地大有可为。要求学生读好，教师要先读好，教师要读得洪亮，读得激情，读得自信。本节课，教师如果能领读一遍，读的效果可能会更好。多种形式的诵读，多种方式的诵读有利于加深学生对文本的把握。比如，齐读在整体感知上很重要，默读对于没预习的学生很有好处。还有，不同的段落要读出不同的情感所在，个性是最后两段的议论，要读出情感。知识点能够让学生自己去归纳，但教师要做好引导，同时注意启发学生相关的联想。教师还要指导学生学会整理笔记，鼓励学生在必需的积累基础上，针对某篇文言文，指导学生从通假字、古今异义、一词多义、词类活用、文言句式和与本文或作者有关名句和成语典故等方面进行整理，要求所有的例句资料都出自课本。

人常说，良好的开端是成功的一半。一个新教师到一个新学校、新岗位，一切都是新的，你在师生中的形象、修养、能力都是从零开始，所以每一个“第一”对你来说都很重要。要给师生一个富有朝气，充满活力的第一印象；认真对待教学的每一个环节，备好第一节课，上好第一节课，上好第一节辅导，批改好第一次作业；开展好每一项活动，开好第一次班会，讲好第一次话。

要自信，而不傲慢。新同志都备受关注，一般情况有些新教师过于自信，有时给人一种傲慢的感觉；而大部分新教师缺乏自信，处处谨小慎微，缩手缩脚，不敢大胆工作，因而影响工作。一个新教师应该不夜郎自大，也不妄自菲薄，虚心请教，大胆工作。

记住，以勤补拙。新教师一般都存在教学质量差的问题，其原因是教材、学生不熟，缺乏教学经验，更重要的是教学组织能力差，管不住学生，这些问题不是短时间所能解决。所以新教师只有以勤补拙，多投入时间和精力，多查阅资料，认真备课，勤下班，勤辅导，多了解学生，弥补能力的不足。

回忆起初上讲台，教训颇多，反思颇多，但我感谢那段青葱的岁月，感谢那些在我初为人师时给予我帮助、给予我指导的领导和老师们。

迈好青春的步伐

河北省香河县第一中学　赵静

2002年8月，我怀着激动的心情回到了香河一中，回到了自己曾经熟悉的地方，成为一名新任生物教师，由原来的受教育者——学生，变成了现在的教育者——教师。

在岗前培训时，校长对我们这些新任教师寄予厚望，鼓励我们力争在三年内，要站稳讲台，做出成绩，成为学校、家长认可的好老师，当然还要有一颗热爱教育的心，它是我们激情的源泉和职业素养的要求。怎样才能让自己尽快适应这一角色的转变？

第一次上课前夕，我对即将要讲的内容，翻来覆去地准备，一遍又一遍地将课堂上的情景想向出来，设计好每一步该干什么，但是演练终究不是实战，紧张得不行，生怕有学生站起来提问，自己解答不了，这样一节课下来，手心里都是汗。

俗话说“打铁还需自身硬”，只有苦练内功，不断强化自身，才能让教学变得得心应手。所以我认为提前备课，钻研教材，研究教法，是站稳三尺讲台的重要保证。

教师这一职业需要不断学习，不断在教学实践中摸索，总结经验教训，在刚开始从教两年来的摸爬滚打中，我深刻认识到新老师要想在讲台上站稳脚跟，赢得学校领导、老师以及学生家长的认可，除了具备责任心和热情之外，最重要的是把课备好、上好，把学生调动起来，让学生主动去学习。

对于老师来说，“课大于天”，要想当一名优秀的好老师，必须上好课。课讲得出色，学生就会从心里面尊重你。但上好课绝对不是一件简单的事。一节课能否上好不是偶然的，它在很大程度上取决于教师的备课。在备课上花一分精力，在教学里就有一分的效果。一些优秀的教师，他们的教学之所以新意迭现、鲜活生动，细细品味之后我们又会发现这一切又在情理之中。为什么会这样？除了因为他们具有厚实的学术修养外，还因为他们大都是“功夫在课前”，在课前做了大量的准备工作。

备课是教学的重要环节，是教师上好每一节课的前提。因此，上好每一节课之前必须从有效备课入手，备课需要备教材、备教法、备学法、备学生，以及对本节课的教学反思的内容。

当时教育资源有限，条件简陋，教室里没有多媒体等现代化的教育工具，所以需要老师手写板书内容。当时生物组老师有一个优良的传统，就是上课时从来不用看教案，这样的功夫不是一朝一夕就能完成的，因此就需要深入了解教材内容，熟悉教材，钻研教材，把握教材的精髓，才能够把课讲得精彩、充分。为了不给大家拖后腿，也为了自己尽快地成长起来，我也是拼起来了，准备了很多的纸张，在每一次备课时默写这节课的所要讲到的内容。之后再打开课本对比一下，看是否有内容被遗漏了，接着再继续补充，直到真的把全部内容烂熟于心，我的心里才踏实下来，这样的工作得重复七八次，才不至于有什么遗漏的地方。当时离家比较远，住在学校的宿舍，每当下班后，其他教师回家了，办公室里只剩下我一个人，这时候我就开始模拟上课的情景，自己给自己上课了，每一节 45 分钟，被我划分成三段，前 5 分钟复习上节课内容，最后 8 分钟复习巩固时间，每一节课只讲 30 分钟左右，什么时间做什么，应该怎样去把握呢？刚开始时，我心里还是没有底，总怕时间掌握不好，最后办公室成了我的演练得基地，演练次数多了，逐渐地可以把握好时间了。高一刚一开始，一周安排了两节新课。所以所教的班级比较多。这样的话，我就可以有充分的时间完成备课，从默写备课稿，到课前的演练，无论是对教材的理解，还是对重难点的把握，都是非常熟悉的。由于基础打得很牢，做题讲题，都能够游刃有余。最后教案的真正定稿成形，是在我上完班级教学内容之后再做的事情，除了再写一遍教学内容之外，还要把这节授课感想及教学反思附在后面，直到现在我还保留着当初自己写的教案，它是我成为一名优秀教师的宝贵财富。

苏联教育心理学家维果斯基提出了“最近发展区”的思想，他认为教学必须考虑到学生已达到的水平并要走在学生发展的前面。因此，在确定学生的发展水平及其教学时，必须考虑学生的两种发展水平：一种是学生现有的发展水平；另一种是指在教师的帮助下可以达到的水平。这两者之间的差距就是“最近发展区”，只有在“最近发展区”内进行的教学才最符合学生的认知规律，教学效果才能最好。老师事先考虑学生在什么地方容易犯错或可能犯错，这就是备学生；学生在某个地方可能会有疑问，这是备学生；针对老师的提问，学生可能出现的答案，这也是备学生。教师对自己学生了解得越充分、越细致、越有针对性，教学效果就会越好。由于生物学教学带有很强的连续性，而学生的学习心理的发展又往往建立在“累积学习”的基础上，所以只有从了解学生现有的状态出发，教师才能更有效地确定新学习任务的起点、范围、性质、重点、难点；同时，还可以减少教学中的“无效劳动”，提高教学实效。由于对学生了解不够充分，总觉得讲得越多效果越好，导致讲解习题就缺乏针对性，学生也累，自己也累，效果还不好。发现问题后，我及时地总结，尽量把课堂还给学生，经常有老师说，不在于我们教给了他们多少，而在于他们到底学会了多少。老师只有清楚了学生在学习过程“应该做什么”“能够做什么”“怎样做”和“做得怎么样”，才能有效地设计教学过程。

教学方法多种多样，我常用的教学方法就是启发、提问式教学，可以通过生动形象的语言，引出教学内容。上课时我喜欢提问，每堂课都会设计出一些问题，或简单或复杂，要求班上的每名同学都要积极答题，这样可以促使学生积极地思考，注意力容易跟着老师的思路走，避免混混沌沌地听课。高中阶段是学生逻辑思维发展趋于初步定型或成熟的时期，在概括能力、空间想象能力和推理能力等方面开始出现质的飞跃。这一学习阶段，可以适当增加理论讲授的比例，也可以同时采用体现学生独立发现和创新要求的方法，如讨论法、问题解决法、发现法等。再如，当教学中发现新旧知识因衔接不良而难以迁移时，应多用归纳法和练习法等进行复习，同时配合口头检查、书面检查、补充实验等形式。

为了尽快提高自己的业务水平，我常常搬着凳子去听课，听课学习一条公认的快速成长的途径。抱着学习的态度，我经常去听王加森教师的课，虚心向他请教，学习他的敬业精神，学习他在长期的教学中留存下来的好经验，好方法，即便是周六、日补课期间，我都去听课。当时学校规定，新参加工作的教师，每周至少听两节课，并做记录。这项任务我完成得很好，因为我在上新课之要去听课。为了把自己的课准备得更好，所以我适当地放慢了进度。听不同班级的课，自己还专门准备了一个听课记录本儿，并用复写纸记录上听课的内容，一份留着自己使用，一份交给学校。听课的时候主要听老教师们的课程思路设计，重难点的突破，以及前后知识之间的联系，还有就是与现实生活的联系。遇到问题多向老教师取经，可以避免很多弯路，也许有的弯路我们走走也无妨，但要尽快地成熟，有的弯路不走会更好。

当然我还会邀请其他的老师去听我的课，他们通过听课，能够指出我在教学当中存在问题，对我提出宝贵的意见。如语速过快，与学生进行交流探讨的时间问题，对提问要有恰当的评价，一堂课不能满堂灌，要有学生自主消化和总结的时间等。听课与被听课的经历，对我的快速成长起了重要作用。

我是一个努力的任课老师、爱在“车中”

河北丰润车轴山中学　韩志海

有人说教育是“叶”的事业，但我更愿意将它扮成“花”的事业，浪漫中激荡着我的心灵。冰心曾赠给她的老师葛洛这样一段话：爱在左，情在右，在生命的两旁，随时播种，随时开花，将这一径长途点缀得花香弥漫，使得穿花拂叶的行人，踏着荆棘，不觉痛苦，有泪可挥，不觉悲凉。我喜欢这段话中的“穿花拂叶”“花香弥漫”“一径长途”，每个人对这份“花”的事业会有不同维度的理解，我是一个用心的花匠，最想浪漫相随……

经历了从梦想走入现实，从 2000 年工作到现在，整整 18 年的时间，很庆幸当初那个怀揣梦想的青涩努力的自己，看着校园里的活力四射的学生们，教室里一双双求知若渴的眼神，孩子们真是太可爱了，就像小树苗一样在风中摇曳，需要我们去扶正他们的身姿，梦想实现了。刚来“车中”的头三年，我的生活基本就是听课上课，教 8 个班的课，周末上 8 节课，热情足够，每天与学生为伍，不知疲倦，吃完饭就去工作备课、写教案、别人写一遍，我写好几遍，修修改改，然后上课、批改作业，累了就回宿舍睡，睡醒了再去工作，梦想实现的热情支持着我，但技术含量远远不够。我的成长第一要感谢学校的青蓝工程，让我们拜师学艺，有了老教师做师傅指点，不论是从知识的把握和上课的技巧上，更是如鱼得水，那时我们听一节上一节，从不敢含糊，从高一到高三那时的自己只想把课上好，完成第一个循环，每次把备的最好的课拿给师傅看，通过了再去上课。很幸运在努力中收获满满，成绩公布前师傅告诉我，我是青蓝工程综合成绩最优异的，夸了我两句，当时的我就是很开心，我教的班成绩好学生风气正，看来我之前学的知识能力是很对方向的。另外一点我提到的是我感谢曾经的苦难。刚毕业那年，我和另一位老师两个人教高一年级，可是他寒假前就请假了，半年多的课程就我一个人面对一个年级，简直就不能做到。面对为难的领导和即将停课的孩子，我觉得半年可以坚持下来。从那以后，我每天平均6节课。每天除了备课、上课、批改作业，我都不记得那半年我还做过什么值得记忆的事。现在回忆起来，两个字：累，值。真的很累，每天那么多课不累不抱怨是不可能的，但是作为一名教师的夙愿支持着我。同时一轮课上很多遍，不断地修改也就意味着不断地成熟，所以我比同龄的老师成长得更快，更早地担起了组长的担子，备课、组题、印篇子都很熟练，我渐渐地也成了别人口中的师傅，再回到青蓝工程，我也带了自己的徒弟，从他们身上我看到了当年的努力的青涩的自己。

十几年过后的今天再回首，太感谢当初那个努力的自己。也是因为第一个三年循环没敢偷懒，是特别努力，才有了现在相对轻松的自己。感谢在我成长道路上一直给予我指导和帮助的老教师们，是他们的优秀示范和指导才有了我更快的成长，才有了我在教学实践中的底气，上课从不敢马虎，记得当时同一内容我都至少听两个老师的课，汲取营养，做好备课笔记。从2003年到2009连续在高三一线的历练，让我从一个努力的任课老师逐渐变成一个相对成熟的老师，感谢那些年努力的自己！即便是到现在，对于课堂的尊重我未曾改变，知识内容成熟了，但新的课改马上到来，每一种变革不可怕，保持对教学的足够清醒和敬畏，敢于突破，我一直在路上。从教学上的青涩到成熟就像等待花开的过程，所有的付出和努力是浪漫情怀的种子，因为用心，种子充满了力量，蓬勃出希望。

勇于承担，接手年级教研组组长：从班主任到教研组组长，双重任务，不同的方向，开始胆怯过，怕两个维度做不好，但是心中的信念未曾改变：留一种记忆在人生，开创一种实践在车中。学校领导一直提倡走出去，学回来，有新意，能应用的有效性教研思维，取他人之长，补己之短，在教研组建设上毫不马虎。刚开始接手，我就是模仿，很少有创新的东西，半年过后，我们与其他一中联合教研，探讨教材内容的整合，合作出题。我带领全组亲自实践了整合后的可行性与应用程度，务实而有效地应用于“车中”教学，并逐步形成了属于自己所带团队的特色。我们的团队成绩优异，历次联考成绩突出，好的成绩离不开一个团队有效的合作，我们的分工开始明朗化，不再像以前那样随意干。举个例子：理科班这边，我们8位老师共同谋划，比如组题，我们8个都是流水线工作，有选题的，有裁剪的，有贴题的，有印刷的，无论干什么我们的小团队都共同商议，选择最优路径，没有谁去抱怨干得多少，我们更懂得相互给予。我也是团队普通的一员，只是多了一点点的牵针引线，感谢所有的相互给予。在最美的时节拥有了最美的情怀，因为懂得，所以给予，开心工作，洒满阳光！在文科班那边由3位老师，他们比我们付出的要多，但从来没有抱怨。我作为组长两头跑，一个“勤”字抹掉了好多小矛盾。这几年对于打造团队，我有太多感动、感触，经过不断的实践，我们摸索出了一套行之有效的教研流程（案例分析）：

务实、细致、程序化的组教研（决定了我们未来一周的谋篇布局，是多个大脑思维碰撞的最优结果）

1. 校准进度

2. 研“教”、研“学”、研“设计”、研“练习”（小测、周测等）

3. 布置任务分工

（1）分工前置、流水线任务（常态化）

（2）“教研重点”如何简单有效地推送给学生？（组织说课研讨）

①教学内容整合高度、范围

②确立层次化的教学模型，创立要点突出的“教学示例”

（引导学生思维建模，形成关键能力；教学内容的精确定位——知识扎根）

4. 课下辅导、学习小组建设（学习小组的定向内容实施研讨）

既当班主任，又当教研组组长，说不烦是假的，要想将繁杂的工作变得简单，唯有用心，只有努力和勤奋是不够的。我习惯了工作向前赶，绝不拖拉，这样就赢得了更多的自我空间，赢得了思考改变的时间，缓冲中不断努力向前。问题不是用来抱怨的，是用来解决的，我一直在特别阳光的思维中不断修正自己。穿花扶叶间，花香弥漫，缀满一径长途的是感恩、是勇气、是温暖。

教育是什么？教育意味着一棵树摇动另一棵树，一朵云推动另一朵云，一个灵魂唤醒另一个灵魂。细雨湿衣看不见，闲花落地听无声。作为教育工作者的我们静待花开，期盼花香缀满教育的一径长途，浪漫相随；期盼阳光思维洒满校园的每个角落，爱在“车中”的春夏秋冬；期盼有质感的情怀，豁然坦荡，时常“采菊东篱下，悠然见南山”。

深耕细作，千锤百炼

河北省廊坊市第七中学　张云敏

1994年夏天，我恋恋不舍地离开学习生活四年的大学校园，我的学生生活结束了。经过了一个假期的等待，接到通知，到廊坊市教育局报道，被分配到廊坊市第七中学。一所新合并的学校，我来之前的七中只有初中，现在的新七中由来自3所不同中学的高中学生和老师及原七中师生组成，成了一所完全中学，我是新七中接收的第一批分配来的大学生之一。我的工作单位规模不大，初中部每届2~4个教学班，高中部每届4~6个教学班。当时初一年级只有两个班，每班周课时两节，共4节课；初二年级4个班，也是每班周课时两节，共8节课，两个年级的生物课程由一位老师担任。当时生物不是高考科目，只有高一和高二两个年级开设生物课，每个年级需要一位老师，当时教高中的生物老师已经有两位了，校领导找我和另外两位高中生物老师谈话，问我们三个人谁能转行教化学，因为化学老师配备不足，另外两位老师说不会化学知识，教不了化学，我也一样，我们都不想改行，舍不得丢下自己的专业。两位老师已经任教几年，具备了一定教学经验，被任命继续担任高中生物教学，我服从学校安排，来到生物实验室。

实验室的工作比较琐碎，因为是新合并的学校，有些仪器从原学校运输过来，需要整理、上架，贴标签等。还需要购买新的仪器、药品、新设备、新模型、新标本，整理和摆放不说，关键要学记账、入账等。这样的工作持续了一个学期。

在此期间，学校组织开展新毕业大学生的过关课，就是当年毕业的新入职老师每人讲一堂课，展示一下教学的基本功。因为实习时经过实战练习，讲起来也就不会很紧张，结果顺利过关，并被要到初中，教初二4个班的生物课，同时管理生物实验室。终于真正进入课堂了，很高兴。认真备课，上课，批改作业，与此同时，实验室的工作也熟悉了，打扫卫生、准备实验、报表等，逐渐步入正轨。闲下来时看书、写字，积极参加学校组织的活动。当时学校开展实施“一、三、五工程”，一年过关，三年熟练，五年成为骨干。全校开展讲课比赛，我讲的初二年级生物课“生态系统”，从生态系统的概念、成分和结构等方面逐渐展开。那堂课得到校领导和老师们的认可，正赶上高中一位任课老师病了，于是我被调离生物实验室和初中部，到高中部任教。

大学毕业后一年，1995 年暑假结束，新学期开学，我正式步入高中生物课堂，担任高一年级 6 个教学班的生物课教学工作。拜老教师为师，听老教师的课，找自己的不足，虚心学习，听取老教师的意见和建议，不断提高自己。同时和学生了解情况，和他们做朋友，听取他们的反馈，及时调整自己，经过不断努力，得到了领导和同事的肯定和学生的喜爱，并使他们顺利通过了会考。这是我的第一届学生，从高一开始到高二会考结束。

同办公室的一位老师、一位大姐提醒我，不但要把课讲好，把成绩提高，还要学着总结和反思，把平时的经验、教训、感想记录下来，加强理论学习的同时，将理论与实际相结合，以文字的形式表达出来，争取发表出去。真的非常感谢那位大姐，我开始试着写点儿什么，开始也不知道怎么写，多读、多写、多积累，于是写了《加强素质教育，培养创新人才》，这篇文章从三个方面谈了培养学生创新意识、创新精神和创新能力：保护学生个性，培养学习兴趣；传授给学生扎实的基础知识和基本技能；加强思想教育，调动非智力因素。这篇文章在生物学教学举办的第九届全国中学生物学教学论文评选中获奖。

1998 年休产假结束，1999 年年初被安排教高中数学中的几何，因为高考不考生物，而数学教师人员不足，一时没有合适人选，服从学校工作安排，我又开始了新一轮的学习。虽说自己上学时数学基础还可以，但毕竟不是学数学专业的，在其他专业老师面前总觉得底气不足，只有自己加倍努力，才不会被称作误人子弟，才能不愧对学生。那段时间，自己每天看教材，看教参，做习题，总结做题规律，练习一题多解，琢磨着每道题怎么讲学生更容易理解和接受。几何画图很重要，最能直观地反映规律，所以练习画图的准确、美观，得到听课的专业数学老师的称赞。居然学生考试成绩也让我满意，直到 2001 年夏天，送他们参加高考。

2000 年，高考恢复生物了，引起领导的重视，需要的生物教师增加了，我的机会又来了。我申请回到自己的本专业，还教高中生物。2001 年暑假，我终于又回到了自己的老本行，继续教高中生物。从高一开始，新课标，新教材，新学生，拿到新书的时候心里很兴奋。我终于又如愿了，教高一年级 7 个班的生物课。

三、教学篇

为了学生的无限可能，做最好的自己

河北唐山外国语学校　张淑伟

教学是教师职业的生命线，要做一名好老师必须抓好教学环节。“凡事预则立，不预则废”，课堂教学的高效与否取决于备课是否充分。从参加工作之时起我就重视备课，首先自己通读教材组织自己的教学设计，然后再看教学参考书的建议，完善自己的设计初稿。若有同头教师的集体备课，就在备课后再修改教学设计；若没有集体教研则做本章节的习题，检测备课是否有遗落的知识点。课堂教学是我们与学生交流的主阵地，教师一定要有过硬的基本功。备课中还要充分考虑学生的情况，有的班级学生活跃积极参与教师的课堂活动，那么在活动形式上要充分准备；有的班级学生愿意自主学习，教师活动参与度不大，更要精心设计活动内容，吸引学生的注意力。另外，基础好的基础差的班级也要采取不同的教学方法。课堂是一项有缺憾的艺术，尽管课前反复准备研究，但是课堂上总是有很多意外发生，这就考验教师的教学智慧，随机应变的能力。有一次我上公开课，全校的老师来听课，平时不善言语的一位男生想回答问题，我当时心里犹豫了一下，因为他语言表达能力不佳，会不会影响公开课的效果呢？但是难得孩子要回答问题，我就这样扼杀了他的积极性吗？我上课的目的是什么？难道不是为了孩子的终身发展？也许今天的一个机会就可能改变孩子，为了学生的无限可能，我把这个问题留给了他。他吞吞吐吐、断断续续地说着答案，而我耐心地等待着。课后评课阶段，很多老教师指出我用人不善，不该让这个孩子来回答问题，教学节奏过于缓慢成为本节课的一处败笔，我跟他们阐明自己的观点：我的课就是为了学生而上，有不足我可以改进，但是学生的性格发展也就是因为一件小事而改变的，为了这个学生的我宁愿牺牲我的一堂公开课。让我感觉意外的是，这个班的学生们在公开课之后对我格外热情，有学生悄悄告诉我，这源于公开课上我对那名男生的尊重，别看学生们年纪小，他们对老师有自己的评判标准，我因此受到他们的爱戴。

课堂教学中，教师还要能够驾驭课堂，及时调节课堂气氛，调动学生的积极性。相同的班级不同的老师上课效果迥然，英语老师刚刚上完课回来说："学生们太沉闷，有一半人在睡觉，唉！"紧接着就是我的课，学生们上课睡觉听讲效率低，这不行！我要想办法让他们活跃起来，跟着我一起学才有收获。讲课的内容里有基因突变引起的镰刀型细胞贫血症，讲了该病的危害，引起了学生们的关注，我顺势提问：怎样知道自己有没有贫血？这会儿学生们活跃起来，纷纷讨论：看面容，气色的好与坏，有的同学拿出了小镜子照起来。还有精神状态，贫血患者往往会有精神不济，嗜睡，容易疲乏的情况。同学们有这种情况可要注意自己的健康了。还可以仔细观察一下自己的牙龈、口腔黏膜、指甲，有没有苍白的表现。或者去操场跑个 800 米或者爬个高层楼梯，看看自己的呼吸情况，红细胞的生理功能是携带氧气，如果贫血的话，红细胞的携氧能力往往会下降，你需要吸入更多的氧气来满足自己的需要，所以同等量的运动，贫血的时候往往会有呼吸急促，加深加快的表现。经过这个热身活动，同学们已经彻底精神起来了，又拓展了生物学知识，一举两得，接下来进行正常的生物学教学课堂效率能不高效吗？我想这就是所谓教无定法贵在得法，根据学生的情况灵活安排教学活动，提高教学的有效性，是我们每一节课的根本出发点。一堂课上生成性的东西才是课堂的灵魂，抓住这稍纵即逝的灵感会使我们的课堂灵动起来。

高中与初中生物学教学最大的不同是更侧重知识点的讲解，教师必须有扎实的基本功才能胜任高中课程的教学。除了教材中的核心概念、主干知识等，教师还要有必备的拓展知识储备，及时对学生的问题和习题的情境进行讲解，这样才能是一位令学生信服的好老师。几次高三接班的经历告诉我：讲课主次分明、重点突出，适当联系生产生活实际，幽默诙谐，机智灵敏，这些深受学生欢迎的教师品质，也是我们努力的方向。我的同事中有一位教数学的男老师，被学生们亲切地称为"涛哥"，每年回母校的学生们都要特意去看望他，并且以和他拍照为荣。我想主要原因就是他给了学生一段快乐时光，让他们紧张的高中备考生活充满了笑声。他在课堂上给学生起绰号“马帮主”“迈姐”，学生们欣然接受乐得其所，不仅课堂上学习热情高涨，而且下课后还屁颠屁颠追着他问数学难题，他装作爱搭不理，子曰“不愤不启，不悱不发”，说的就是不到学生努力想弄明白却不得明白的程度，不要去开导他；不到学生心里明白却不能完善表达出来的程度，不要去启发他。他的办公桌上经常放着学生送的各种小零食，爱戴之情溢于言表。反思我们大多数高中教师或许是因为知识难度大，或许是由于工作的压力，脸上的表情僵硬，跟学生相处一本正经，原本高深的知识就更加不易理解，这位数学老师不失为我们学习的榜样。老师的脸上多一抹笑容，语言中多一分幽默，学生的学习就增加一点快乐，也会更爱我们所教的学科。

子曰：“举一隅不以三隅反，则不复也。”如果教给学生一个方面，他却不能以此来说明另外三个方面，就不要用同一种方法重复教他了。教师要尝试用不同的方法，点燃学生学习的热情。在教学中，我认真备课，精心讲课，做好教育教学反思，带领备研组的老师探讨教法学法、交流体会、研讨经验，认真备好教案，力求上好每一节课。形成自己的教学风格，尽可能用生动、风趣的语言讲课；细心批改作业，发现问题及时给学生订正。在历次大型考试中所任教班级学生的平均成绩均名列年级前列。

课余时间经常电话或微信与家长沟通交流，及时地向学生家长反映学生在校的表现情况，了解学生的家庭情况等，得到家长的一致好评。负责全校师生的心理健康教育，不仅辅导师生中的个案，而且针对不同年级学生的特点进行专题讲座，如“对懵懂的爱说‘不’”“提升自我 笑迎高考”等。

2013 年 12 月主持市级高效课堂专项课题《使用替代材料与器具进行高中生物实验的研究》，已于 2016 年 3 月结题。2011 年 12 月主持市教科研“十二五”规划重点课题《发挥学生主体作用，提高课堂教学实效性的教学策略研究》，已于 2014 年 7 月结题。

2016 年 4 月在唐山师范学院“国培计划 2015”河北省名师讲学团送教下乡培训中做专题讲座“关注探究学习　落实重要概念”。2015 年 11 月唐山市生物教师培训会上做《初中生物实验技能》专题讲座。2014 年 1 月、7 月作为唐山市第五批骨干教师培养对象培训兼职教师，主讲《生物高考试卷的分析》《高中生物教材的分析》《中学生物（初高中）教材疑难解析》，2014 年 11 月为唐山师院国培计划全省教师做专题培训。自 2005 年开始为唐山师院生物系本科生讲授生物观摩课累计 20 余节次，培训学生达 2000 余人。2007 年起，在唐山师院及河北师大为国培、省市骨干教师培训做专题讲座累计 300 多课时。2007 年 6 月起被唐山师范学院聘为骨干教师培训外聘教师。2012 年 10 月为国培计划河北师范大学研修项目中做专题讲座。2012 年 11 月被河北师范大学生命科学学院聘为“国培计划”生物骨干教师培训项目外聘导师。2016 年 11 月指导唐山师院生物科学系学生获得全国师范院校师范生教学设计一等奖、教学技能二等奖。

多篇论文发表于国家级刊物，多次获得省市级优质课一等奖。《高中生物学试题命制需要避免的三个误区》发表全国教育类核心期刊《生物学教学》（2017 年第 7 期）；《人教版教材中两个“观察染色体”实验的比较》发表于《实验教学与仪器》（2015 年第 7 期）；《人教版高中生物教材中实验的分类》发表于《实验教学与仪器》（2012 年第 12 期）。2016 年 5 月“基因对性状的控制”获省级“优课”。2016 年 12 月“探究环境因素对光合作用强度的影响”获省级说课一等奖。2013 年、2015 年、2017 年获得市级优质课评比一等奖。

“玩”出来的学科教学

河北省香河县第一中学　赵艳红

教与学是灵魂的自由对话、精神的愉悦交往、人格的平等交流、思维的激烈碰撞。教师应以知识传授为线索，开展各种形式的教学活动，在活动中培养学生的观察能力、思维能力、动手操作能力和解决实际问题的能力，帮助学生树立正确的世界观、人生观和价值观。

生物本来就存在我们身边，普通又神秘，参差不齐又不失共性，动静兼备又规律多多，我在教学中深深地认识到高中生物学那点事儿，鲜活、灵动、异彩纷呈，说起来还真是有趣。

大美生物

茫茫宇宙，微微地球，万物生灵赖以生存的家园。小到病毒，大至整个生物圈，无不体现和谐之美、律动之美、高效之美、严整之美、传承之美……大美，高中生物学。

一、和谐之美

生命系统的结构层次：细胞、组织、器官、系统、个体、种群、群落、生态系统、生物圈，从微观到宏观，整个生物界的和谐无处不在。细胞，无论原核的、真核的；不管动物的，植物的；均以大量元素、微量元素去组建，全都以无机化合物和有机化合物去构成，小小的细胞，有微管、微丝搭建的骨架，有尊贵的核糖体不停在忙碌，有细胞膜为其日夜守边防，细胞的分工合作，运转起来的是小小的“生物化工厂”。生物本身的和谐，是以细胞作为最基本的结构单位，是生物几十亿年来进化的结果，高度精密的生物体构造，协调统一的各部分关系，保证着整个生物体的正常运行。同种生物之间，不同种生物之间，生物与环境之间，无不相互适应，和谐相处，正如达尔文所言：“适者生存，不适者被淘汰。”

说来说去，千万不能忘记人家DNA，沃森、克里克两兄弟早已揭示出它的和谐之美，规则的双螺旋结构，成为北京中关村最美丽的地标雕塑之母本。DNA与RNA及蛋白质的关系成为传世之美谈，它们旷日持久的合作，为生命提供了最初的原动力，成就了蛋白质——生命活动的主要承担者，生物性状的体现者。DNA中携带的大量遗传信息为基因找到了最好的载体。不忘的是和谐，不变的是永恒。调节、免疫与稳态，和谐之美尽情体现。

二、律动之美

细胞是开放的系统，生物体是开放的系统，生物圈是开放的系统，在这开放的系统中，动与静，新与旧，永远处在矛盾统一之中。对于细胞来讲，物质的合成与分解，输入与输出，从没停止过。新陈代谢成了生命最基本的特征，自由扩散、协助扩散、主动运输成了最主要的跨膜运输方式，光合与呼吸两项最重要的生理活动就显得异常重要，光合作用作为整个生物界生物生存的支柱。光反应暗反应中，酶与ATP不离左右，色素作为捕获光能的先锋，叶绿素a、叶绿素b、胡萝卜素、叶黄素各司其职，水的光解、ATP的生成、二氧化碳的固定、三碳化合物的还原，忙忙碌碌中酶起的是生物催化剂的作用，使这里的律动更加优美。那些变幻莫测的曲线，如酶受环境条件影响的曲线、ATP在细胞中含量变化的曲线、光合作用的曲线，呼吸作用的曲线、有丝分裂的曲线，减数分裂的曲线、种群增长曲线等，这些数字在曲线中有了不竭的生命力，律动成优美的弧线。

三、高效之美

生命的灵动来自有条不紊，来自高效精准。酶是高效之大英雄，为光合，为呼吸，为细胞的分裂与分化，为生物体的生长和发育、遗传和变异提供了催化剂，其高效性、专一性、温和的条件，使生物体内的化学反应在常温常压下得以顺利、快速进行，是无机催化剂催化效率的107~1013倍。

四、严整之美

生物体都有严整的结构，细胞结构之严整，膜、质、核自不必说，核糖体、内质网、高尔基体、线粒体、中心体、溶酶体、叶绿体、液泡八大金刚形态各异，功能有别，联系或紧或疏，没有关系，结构之严整，与功能之适应，无与之企及者。小小的病毒也不示弱，规整有型的结构，使那些巨大的动植物都不敢小窥，蛋白质居外、核酸居中，遗传物质受到了极大的保护，也是这小小的生物体能在地球上生存之法宝。

五、传承之美

遗传变异、分裂分化、生长发育、生物进化无不蕴藏着传承之美。也是最需浓墨重彩的一笔。

天公造物，奥妙无穷。生物传承之美，让人惊叹不已。遗传学的奠基人孟德尔，总结出生物两大遗传规律，也就是基因的分离定律和基因的自由组合定律。孟德尔为遗传学的发展奠定了基础，人们把他尊为遗传学之父。他对科学坚韧不拔、执着追求、百折不挠的献身精神，激励着一批又一批的学子克服困难，勇攀高峰。请让同学们和我一起运用棋盘法对各种配子的组合情况进行分析，加深个基因组合和性状组合的理解，感受自由组合定律中蕴含丰富的传承之大美。

1．结构美

四种表现型出现在各三角形中，其中最大的一个三角形3条边上的组合正是黄色圆粒表现型中的全部9种基因型，中间的三角形3个顶点上的组合代表了绿色圆粒的3种基因型，而最小的三角形起3个顶点上的组合则代表了绿色圆粒的3种基因型，与右下角组合共同构成了4种表现型的比例：9∶3∶3∶1。这3个三角形上的基因组合体现出一种结构之美。如下图：

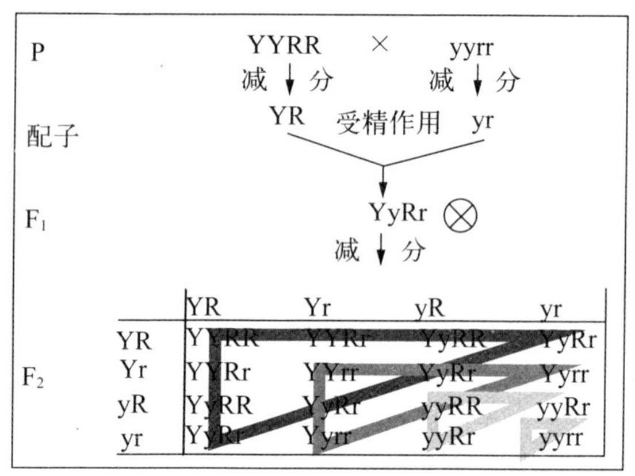

黄色圆粒（Y_R_）出现于最大的三角形的三角和三边上（YYRR、YYRr、YyRR、YyRr）；

黄色皱粒（Y__rr）出现于次大三角形的三个角上（YYrr、Yyrr）；

绿色圆粒（yyR_）出现于第三大三角形的三个角上（yyRR、yyRr）；

绿色皱粒（yyrr）出现于小三角形内（yyrr）。

2．对称美

沿对角线画一条线，立刻会发现整个正是以这条对角线为对称轴。在对称轴两侧基因型对称，表现型对称，体现一种完整的对称之美。基因型：9种基因型中的纯合体（YYRR、YYrr、yyRR、yyrr）与两对基因的杂合体（YyRr）各位于一对角线上，沿对角线画一条线，立刻会发现整个正是以这条对角线为对称轴。在对称轴两侧基因型对称，表现型对称，体现一种完整的对称之美。如下左图：

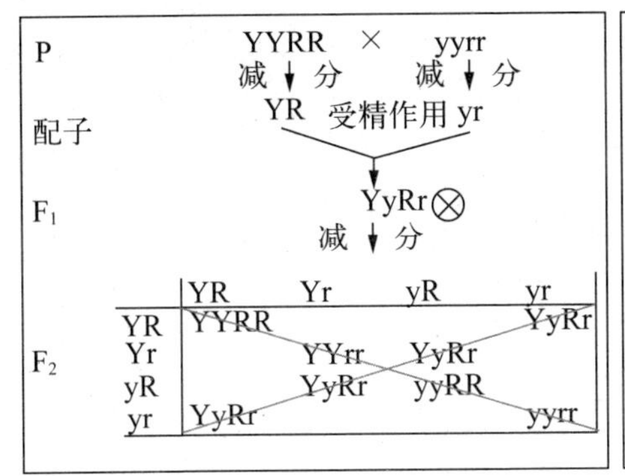

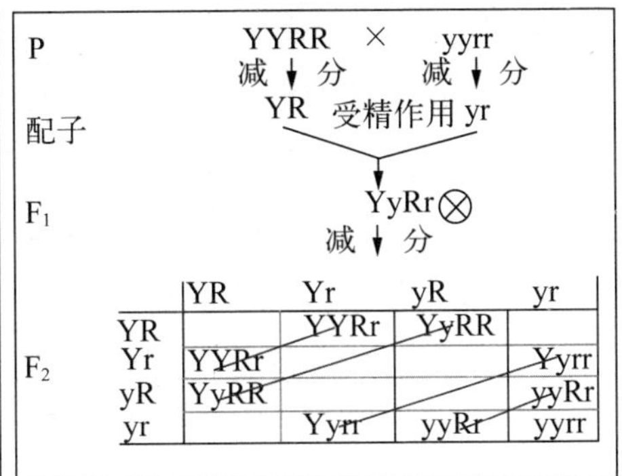

3．平衡美

对角线上的4种基因型均为纯合子：YYRR、yyRR、YYrr、yyrr，对角线上的4种组合均为双杂合子：YyRr，不在对角线上的组合则都是单杂合子：YyRR、Yyrr、yyRr、YYRr。对角线以及对角线两则的基因型均表现出一种平衡之美。一对基因的杂合体以纯合体对角线为轴而对称，见上右图。

4．规范美

9种基因型可作如下规律性的排列，用F2中两对基因组合方式及比率相乘的方法得出如下结果，每种基因型前的系数即为其比例数，见下表。

	1YY（黄） 2Yy（黄）	1yy（绿）
1RR（圆） 2Rr（圆）	1YYRR 2YyRR 2YYRr 4YyRr	1yyRR 2yyRr
1rr（皱）	1YYrr 2Yyrr	yyrr

5．逻辑美

遗传是生物学中的重点和难点，对于高三清北班的学生来说推量不成问题，尝试归纳一下关于中遗传中涉及的比例。

YR：Yrr：yyR：yyrr=9：3：3：1 （Y：yy）(R：rr) = （3：1）(3：1)(3：1) n

AA：A =1：3

AABB∶AB=1∶9

AABBCC∶ABC=1∶27

AABBCCDD∶ABCD=1∶81

n 对等位基因显纯占显性个体的比例为 =1∶3n

通过基因组合的分析体会自由组合规律所蕴含的形式美，提高学生美的感受力和鉴赏力。体现了生命体顽强的生命力和生生不息的传承之美。

高中生物那点事儿，美不胜收。在生物知识的海洋里，在生物课堂上，就是要让学生在摄取生物知识的过程中，去发现美、感受美、表达美，让学生深刻感受到生命是美好的，从而产生对生命的热爱和敬畏。

有趣的生物实验记忆法

经过长期的生物教学，使我深深地体会到生物学科是理科中的文科，学生在学生物时也很苦恼。我尽全力让学生明白生物的理科特性。在当年，河北省在高考中取消了生物，我们只有会考了，所以只教高一、高二就可以，这样我们就有一个人教 6 个班，每周 6 节课或 12 节课。我和王晓玲老师一起，在没有实验员的情况下，做了几乎课本上要求的所有学生实验。学生在实验课上异常兴奋，即可动脑又可动手，一个小组中有分工又有合作，实验的效果出人意料地棒。

随着时间的推移，越来越多的生物学问题困扰着我和学生们，我除了查阅大量书籍帮助学生排忧解难，学生对基础知识理解是足够理解了，但问题又接踵而来。生物教学中，有一个很致命的问题，就是生物知识点细碎、繁多，记忆难度大，并且容易忘记，多年的教学实践中总结出了许多帮助记忆的方法，起到了一定的作用，如原核生物，用“细线织（支）蓝衣”即细菌、放线菌、支原体、蓝藻、衣原体，学生把大多数的原核生物记住了；如叫菌的生物与细菌易混淆，用“真叫（酵）没（霉）用”，学生记下了真菌是真核生物，包括酵母菌、霉菌、大型实用真菌等。如有丝分裂各时期的特征的记忆：前期膜仁消失现两体，中期形定数晰赤道齐，后期点裂数加均两极，末期两消两现建新壁；有丝分裂前期，核仁逐渐解体核仁逐渐消失，从细胞两极发出纺锤丝，形成一个梭形的纺锤体，染色体零散乱分布在纺锤体的中央。染色质丝螺旋缠绕，缩短变粗，成为染色体。

中期，每条染色体的着丝点的两侧都有纺锤丝附在上面，纺锤丝牵引着染色体运动，使每条染色体的着丝点排列在细胞中央的一个平板上平面上，这个平面与纺锤体的中轴相垂直，类似于地球上的赤道的位置，称为赤道板，中期染色体的形态比较稳定，数目比较清晰，便于观察。

后期，每个着丝点分裂成两个，姐妹染色单体分开，成为两条子染色体，由纺锤丝牵引着分别向细胞的两极移动。这时细胞核中的染色体就平均分配到两个细胞的两极。使细胞的两极各有一套染色体，这条染色体的形态和数目完全相同，每一套染色体分开与分裂前近代细胞中染色体的形态和数目也相同。

末期，当这两套染色体分别达到细胞的两级以后，每条染色体逐渐变成细长而盘曲的染色质丝，同时纺锤丝逐渐消失，出现新的核膜和核仁，核膜把染色体围绕起来，形成两个新的细胞核。这时候在赤道板的位置出现了一个细胞板，细胞板由细胞的中央向四周扩展，逐渐形成了新的细胞壁，最后一个细胞分裂成两个子细胞，大多数细胞进入下一个细胞周期的分裂间期状态。

把上述大段大段的内容，浓缩成了短短的几句顺溜，好学易记朗朗上口。

组成细胞的元素中微量元素不好记，“铁锰碰（硼）新（锌）木（钼）桶（铜）”即铁、锰、硼、锌、钼、铜等，形象且好记。

在复习高中生物实验时，我创造了一个记忆方法，左手实验定位法。把抽象变成形象且定位在手上，将五处用到酒精的实验定位在左手五根手指上，将 NaOH 溶液定位在左手中指由指尖到指根的四个指节横纹处，将盐酸定位在左手食指三个指节，将 CuSO4 溶液定位在拇指的两个指节。

用一个等式 9–3=6 来表示一下溶液数量，翻译成：酒碱酸等于硫，酒（酒精）对应 5 个，碱（NaOH 溶液）对应 4 个，酸（盐酸）对应 3 个，硫（CuSO4 溶液）对应 2 个，顺序对应 5、4、3、2。如果这个方法只用于实验中易混溶液的记忆，也可叫“一把溶液”。

酒精的定位（5 个定位）

酒精（体积分数）	左手手指定位	作用原理	相关实验
50% 酒精	拇指	洗去浮色	检测脂肪（必修一 P18）
70% 酒精	食指	杀死并保存土壤小动物，消毒	土壤中小动物类群丰富度的研究（必修三 P75）
95% 酒精	中指	与质量分数 15% 的盐酸按 1:1 混合用于解离，使组织中的细胞相互分离	观察根尖分生组织细胞的有丝分裂（必修一 P115） 低温诱导植物染色体数目的变化（必修二 P88）
95% 酒精	无名指	冲洗卡诺氏液	低温诱导植物染色体数目的变化（必修二 P88）
100%（无水乙醇）	小拇指	溶解、提取色素	绿叶中色素的提取和分离（必修一 P97）

NaOH 溶液定位（4 个定位）

NaOH 溶液（质量浓度 / 质量分数）	左手中指指尖及横纹	作用原理	相关实验
0.1 g/mL NaOH 溶液	指尖	斐林试剂的甲液、双缩脲试剂的 A 液（甲 A）	检测还原糖、蛋白质（必修一 P18）
0.1%NaOH 溶液	第一横纹	遇酚酞呈紫红色	模拟探究细胞大小与物质运输的关系（必修一 P110）
5%NaOH 溶液	第二横纹	营造碱性环境	探究 pH 对酶活性的影响（必修一 P84）
10%NaOH 溶液	指根横纹	吸收（除去空气中）CO_2	探究酵母菌细胞呼吸的方式（必修一 P92）

盐酸定位（3 个定位）

盐酸溶液（质量分数）	左手食指三个指节定位	作用原理	相关实验
5% 盐酸	食指第一节	营造酸性环境	探究 pH 对酶活性的影响（必修一 P84）
8% 盐酸	食指第二节	①改变膜的通透性，加速染色剂进入细胞；②使染色质中 DNA 与蛋白质分离，有助于 DNA 与染色剂结合	观察 DNA 和 RNA 在细胞中的分布（必修一 P26）
15% 盐酸	食指第三节	质量分数为 15% 的盐酸和体积分数为 95% 的酒精按 1∶1 混合成解离液，使组织中的细胞相互分离	观察根尖分生组织细胞的有丝分裂；（必修一 P115）；低温诱导植物染色体数目的变化（必修二 P88）

$CuSO_4$ 溶液定位（2 个定位）

$CuSO_4$ 溶液（质量浓度）	左手拇指两个指节定位	作用原理	相关实验
0.01 g/mL $CuSO_4$ 溶液	拇指第一指节	双缩脲试剂的 B 液	检测蛋白质（必修一 P18）
0.05 g/mL $CuSO_4$ 溶液	拇指第二指节	斐林试剂的乙液	检测还原糖（必修一 P18）

这么多的实验中多次用到的不同浓度的溶液，记起来易混易乱，利用世界记忆大师周强老师教授的方法，我把它用在了我的高中生物教学中，记忆效果非常好，并且可以反复检查，重复记忆。

我又突发奇想，剩下的两根手指不能闲下来呀，要充分利用。正好还有

7 个探究性实验，无名指的指尖外加三道横纹，共 4 个位置，小拇指的 3 个指节，一共 7 个位置，用在这 7 个实验的变量定位。

定位手指	手指位置	相关实验	自变量	因变量
无名指	指尖	探究温度对淀粉酶活性的影响	不同温度（至少 3 个）	酶活性（加碘液后溶液颜色的变化）
	第一横纹	探究 pH 对过氧化氢酶活性的影响	不同 pH（至少 3 个）	酶活性（气泡的数量或带火星的卫生香燃烧的猛烈程度）
	第二横纹	探究酵母菌细胞呼吸的方式	氧气的有无	CO_2 生成量（澄清石灰水的混浊程度）；酒精的产生（用酸性重铬酸钾溶液检测）
	第三横纹	探究培养液中酵母菌种群数量的变化	时间	酵母菌种群数量
小拇指	第一节	模拟探究细胞表面积与体积的关系	细胞体积的大小（琼脂块的大小）	物质运输的效率（NaOH 扩散的体积 / 整个琼脂块的体积）
	第二节	探究生长素类似物促进插条生根的最适浓度	不同浓度的生长素类似物	扦插枝条的生根数量或长度
	第三节	探究生态缸中群落的演替（生态系统稳定性）	时间	群落的演替

这样一来，手指都用上了，还有手掌呀，好，有了，洋葱、菠菜、苹果（梨）、豆浆、花生米要拿在手里呀，这些都是能吃的，我们的口腔上皮细胞派上用场了。

<table>
<tr><th colspan="2">取材部位</th><th>实验名称</th><th>取材原因</th></tr>
<tr><td rowspan="6">洋葱</td><td rowspan="3">洋葱鳞片叶（外/内表皮）</td><td>观察植物细胞的质壁分离和复原</td><td>外表皮细胞含紫色大液泡</td></tr>
<tr><td>观察 DNA 和 RNA 在细胞中的分布</td><td>内表皮细胞近于无色</td></tr>
<tr><td>使用高倍显微镜观察多种细胞</td><td>细胞较大，外表皮细胞有大液泡，内表皮细胞有明显的细胞核</td></tr>
<tr><td>洋葱管状叶</td><td>绿叶中色素的提取和分离</td><td>光合色素含量多</td></tr>
<tr><td rowspan="2">洋葱根</td><td>观察根尖分生组织细胞的有丝分裂</td><td>材料易得，且分生区细胞分裂能力强，染色体数目少，易于观察</td></tr>
<tr><td>低温诱导植物染色体数目的变化</td><td>材料易得，且低温（4℃）下根尖也能分裂生长，诱导染色体变异率较高</td></tr>
<tr><td colspan="2" rowspan="3">菠菜叶</td><td>绿叶中色素的提取和分离</td><td>光合色素含量多</td></tr>
<tr><td>（稍带叶肉的下表皮）
观察叶绿体</td><td>叶绿体含量多</td></tr>
<tr><td>淀粉的鉴定</td><td>光合产物丰富</td></tr>
<tr><td colspan="2" rowspan="2">人口腔上皮细胞</td><td>观察 DNA 和 RNA 在细胞中的分布</td><td>无色，染色易观察</td></tr>
<tr><td>观察线粒体</td><td>无色，染色易观察</td></tr>
<tr><td colspan="2">苹果（梨）</td><td>检测还原糖</td><td>无色，还原糖含量丰富</td></tr>
<tr><td colspan="2">豆浆（稀蛋清液）</td><td>检测蛋白质</td><td>无色，蛋白质含量丰富</td></tr>
<tr><td colspan="2">花生</td><td>检测脂肪</td><td>无色，脂肪含量丰富</td></tr>
</table>

把握教材中涉及的研究方法和技术手段，总结了一下共 24 种，我把它与一昼夜 24 小时对应起来，从凌晨 1 点开始，顺序记忆下来。

一昼夜时间	研究方法或技术手段	教材中涉及的实验
1 时	假说—演绎法	孟德尔两大定律的发现，摩尔根证明基因在染色体上（以白眼雄果蝇为材料），DNA 半保留复制方式的证明，温特生长素的发现实验
2 时	类比推理法	萨顿提出“基因在染色体上”
3 时	创立假说	膜的成分和结构的初步阐明，达尔文提出植物向光性假说
4 时	模型构建法	构建细胞亚显微结构物理模型，构建 DNA 双螺旋结构物理模型，构建减数分裂物理模型，血糖调节过程物理模型；构建光合作用、种群特征、细胞分裂等概念模型；构建种群增长两种数学模型（公式、“J”型与“S”型曲线）
5 时	显微观察法	观察多种多样的细胞、观察线粒体和叶绿体、观察细胞的有丝分裂、减数分裂、观察质壁分离、观察染色体变异等
6 时	差速离心法	分离各种细胞器、制备细胞膜等
7 时	对比实验法	探究酵母菌细胞呼吸的方式，酶作用特性相关的实验
8 时	密度梯度离心法	用 ^{15}N 标记DNA，证明DNA半保留复制（重带、轻带、中带等）
9 时	细胞染色法	活细胞染色（健那绿染色线粒体）；碘染色法，证明光合作用产生淀粉；死细胞染色（醋酸洋红液、龙胆紫溶液、改良苯酚品红染液、吡罗红甲基绿染色剂）
10 时	荧光标记法	细胞融合实验，确定基因在染色体上的实验
11 时	放射性同位素标记法	分泌蛋白的形成；光合作用 $C^{18}O_2$ 探究 O_2 中放射性；$^{14}CO_2 \rightarrow {}^{14}C_3 \rightarrow ({}^{14}CH_2O)$；噬菌体侵染细菌实验（$^{32}P$、$^{35}S$）；基因诊断等
12 时	纸层析法	绿叶中色素的提取与分离

续表

一昼夜时间	研究方法或技术手段	教材中涉及的实验
13 时	浓度梯度设置实验	探究生长素类似物对插条生根的最适浓度，探究酶活性的最适温度和最适 pH
14 时	样方法	估算植物及活动能力弱的动物（如蚯蚓、蚜虫、昆虫卵）等的种群密度
15 时	标志重捕法	估算活动能力强、活动范围大的动物种群密度
16 时	黑光灯诱捕法	有趋光性的昆虫
17 时	抽样检测法	探究培养液中酵母菌种群数量变动
18 时	取样器取样法	土壤中小动物类群丰富度的研究
19 时	人群中随机调查遗传病	调查遗传病的发病率
20 时	患者家系中调查遗传病	调查某种遗传病的遗传方式
21 时	遗传杂交法（包括正交、反交、测交、自交、回交等）	确定显隐性、基因位置、遵循的遗传规律
22 时	横缢法、切割法、嫁接法、核移植法	探究细胞核的功能
23 时	暗盒开孔法、云母片插入法、旋转法、遮盖法	探究植物的向性运动
24 时	系谱图分析法	确定遗传病类型

学生徐云飞、邱楚月看过上述的方法后，觉得仍是不好记忆，特点不明显，他俩自告奋勇要编一套方法，让我大吃一惊，谐音法、联想法、抽取信息法等全都用了起来，对徐云飞、邱楚月刮目相看，真是青出于蓝而胜于蓝呀。

把握教材中涉及的研究方法和技术手段（记忆方法由徐云飞、邱楚月原创，表示感谢），如下表所示。

序号	记忆方法（谐音、联想、抽取信息等）	研究方法或技术手段	教材中涉及的实验
1	一与遗的读音相近	遗传杂交法（包括正交、反交、测交、自交、回交等）	确定显隐性、基因位置、遵循的遗传规律。
2	两个去对比	对比实验法	探究酵母菌细胞呼吸的方式，酶作用特性相关的实验
3	3 与伞音近，伞藻做细胞核实验用材	横缢法、切割法、嫁接法、核移植法	探究细胞核的功能
4	4 与死音近，70% 酒精杀死并保存小动物	取样器取样法	土壤中小动物类群丰富度的研究
5	五点取样法是样方法中的一种	样方法	估算植物及活动能力弱的动物（如蚯蚓、蚜虫、昆虫卵）等的种群密度。
6	6 与硫音近，^{35}S 标记蛋白质	放射性同位素标记法	分泌蛋白的形成；光合作用：$H_2^{18}O$、$C^{18}O_2$ 探究 O_2 中放射性；$^{14}CO_2 \rightarrow {}^{14}C_3 \rightarrow ({}^{14}CH_2O)$；噬菌体侵染细菌实验（$^{32}P$、$^{35}S$）；基因诊断等。
7	七擒孟获	标志重捕法	估算活动能力强、活动范围大的动物种群密度。
8	联想两个细胞融合（人与鼠细胞膜荧光标记后融合）	荧光标记法	细胞融合实验，确定基因在染色体上的实验
9	ρ 与 9 长得对称吧	密度梯度离心法	用 ^{15}N 标记 DNA，证明 DNA 半保留复制（重带、轻带、中带等）
10	十旋转成“×”	差速离心法	分离各种细胞器、制备细胞膜等
11	11 平行比较	类比推理法	萨顿提出“基因在染色体上”

续表

序号	记忆方法（谐音、联想、抽取信息等）	研究方法或技术手段	教材中涉及的实验
12	中午12点钟，用用黑光灯（一种相斥的极端情况）	黑光灯诱捕法	有趋光性的昆虫
13	13与失散音近	抽样检测法	探究培养液中酵母菌种群数量变动
14	14与“已死”音近，联想到患者	患者家系中调查遗传病	调查某种遗传病的遗传方式
15	15与“实物”音近，实物联想到模型	模型构建法	构建细胞亚显微结构物理模型，构建DNA双螺旋结构物理模型，构建减数分裂物理模型，血糖调节过程物理模型；构建光合作用、种群特征、细胞分裂等概念模型；构建种群增长两种数学模型（公式、“J”形与“S”形曲线）。
16	9:3:3:1的和是16	假说—演绎法	孟德尔两大定律的发现，摩尔根证明基因在染色体上（以白眼雄果蝇为材料），DNA半保留复制方式的证明，温特生长素的发现实验。
17	17与Π相像，联想到胚芽鞘或暗盒	暗盒开孔法、云母片插入法、旋转法、遮盖法	探究植物的向性运动
18	祖宗十八代	系谱图分析法	确定遗传病类型
19	19与显微镜的目镜相似	显微观察法	观察多种多样的细胞、观察线粒体和叶绿体、观察细胞的有丝分裂、减数分裂、观察质壁分离、观察染色体变异等

续表

序号	记忆方法（谐音、联想、抽取信息等）	研究方法或技术手段	教材中涉及的实验
20	细胞膜磷脂平铺在水面是原来细胞表面积的2倍，0联想到细胞	创立假说	膜的成分和结构的初步阐明，达尔文提出植物向光性假说
21	21三体综合征是遗传病	人群中随机调查遗传病	调查遗传病的发病率
22	类胡萝卜素2种，叶绿素有2种	纸层析法	绿叶中色素的提取与分离
23	人体细胞中有23对染色体，联想细胞染色法	细胞染色法	活细胞染色（健那绿染色线粒体）；碘染色法，证明光合作用产生淀粉；死细胞染色（醋酸洋红液、龙胆紫溶液、改良苯酚品红染液、吡罗红甲基绿染色剂）
24	2、4-D是一种生长素类似物	浓度梯度设置实验法	探究生长素类似物对插条生根的最适浓度，探究酶活性的最适温度和最适pH

教材所涉及的科学史汇总了10个部分，为了便于记忆，双手十指定位，具体如下表。

十指定位	教材所涉及的科学史	科学家及事件
左手拇指	(1) 细胞学说的建立	①虎克——细胞的发现者和命名者； ②列文虎克——用自制显微镜观察细胞； ③施莱登和施旺——建立“细胞学说”； ④魏尔肖——总结出细胞通过分裂产生新细胞。
左手食指	(2) 流动镶嵌模型的建立过程	①欧文顿——用500多种化学物质进行膜通透性实验——膜是由脂质组成的； ②罗伯特森——电镜下观察细胞膜看到暗—亮—暗的三层结构，将细胞膜描述为静态的统一结构； ③桑格和尼克森——提出细胞膜的流动镶嵌模型。

续表

十指定位	教材所涉及的科学史	科学家及事件
左手中指	(3) 酶的发现过程	①巴斯德——酿酒中的发酵是由于酵母细胞的存在（无活细胞参与，糖类不可能变成酒精）； ②毕希纳——将酵母细胞中引起发酵的物质称为酿酶； ③萨姆纳——提出并证明脲酶是蛋白质； ④切赫和奥特曼——发现少数 RNA 也具有生物催化功能
左手无名指	(4) 光合作用的发现过程	①恩格尔曼——用水绵和好氧细菌证明光合作用释放 O_2 及光合作用需要光； ②普利斯特利——植物可更新空气； ③英格豪斯——植物体只有绿叶才能更新污浊的空气，指出普利斯特利实验只有在光下才能成功； ④梅耶——植物在进行光合作用时，把光能转换成化学能储存起来； ⑤萨克斯——光合作用的产物除氧气外还有淀粉(叶片产生淀粉需光)； ⑥鲁宾和卡门——用 ^{18}O 分别标记 H_2O 和 CO_2，证明光合作用释放的 O_2 来自 H_2O； ⑦卡尔文——用 ^{14}C 标记 $^{14}CO_2$，证明 CO_2 中的碳在光合作用中转化成有机物中碳的途径[卡尔文循环：$^{14}CO_2 \rightarrow {}^{14}C_3 \rightarrow ({}^{14}CH_2O)$]
左手小拇指	(5) 遗传规律的发现史	①孟德尔——用豌豆作遗传材料，利用“假说—演绎法”提出基因分离定律和基因自由组合定律（关注孟德尔成功的四大原因)； ②萨顿——用类比推理法提出基因在染色体上(关注假说—演绎法与类比推理法差异)； ③摩尔根——用假说—演绎法证明基因在染色体上（用白眼雄果蝇作遗传材料)； ④道尔顿——第一个提出色盲问题

续表

十指定位	教材所涉及的科学史	科学家及事件
右手小拇指	(6) 遗传本质的发现史	①格里菲思——通过肺炎双球菌的体内转化实验证明加热杀死的S型细菌中含有某种“转化因子”； ②艾弗里——通过肺炎双球菌体外转化实验证明肺炎双球菌的遗传物质是DNA不是蛋白质（转化因子为DNA）； ③赫尔希和蔡斯——用放射性同位素标记法（^{32}P、^{35}S）分别标记噬菌体，证明噬菌体的遗传物质是DNA； ④沃森和克里克——构建DNA双螺旋结构模型（克里克还提出中心法则： RNA 蛋白质）； ⑤富兰克林——DNA衍射图谱； ⑥查哥夫——腺嘌呤（A）的量＝胸腺嘧啶（T）的量，胞嘧啶（C）的量＝鸟嘌呤（G）的量
右手无名指	(7) 生物进化的发现史	①拉马克——第一个提出进化学说（中心思想：用进废退、获得性遗传）； ②达尔文——自然选择学说（四个要点：过度繁殖、生存斗争、遗传变异、适者生存）
右手中指	(8) 动物生命活动调节机制的发现史	①贝尔纳——动物的生活需要两个环境：机体细胞生活的内环境和整个有机体生活的外环境； ②坎农——提出稳态的概念； ③沃泰默——促胰液素分泌只受神经调节； ④斯他林和贝利斯——促胰液素可存在“化学调节”（并命名该调节物为“激素”）； ⑤巴甫洛夫——建立了条件反射学说，但对失去促胰液素的发现深表遗憾
右手食指	(9) 植物生长素的发现史	①达尔文——植物向光性实验，验证金丝雀草胚芽鞘感光部位在尖端，尖端可向下面的伸长区传递某种“影响”造成单侧光下背光面比向光面生长快； ②鲍森·詹森——胚芽鞘尖端产生的影响可透过琼脂片传递给下部； ③拜尔——胚芽鞘的弯曲生长是由于尖端产生的影响在其下部分布不均匀造成的； ④温特——胚芽鞘的弯曲生长确实是一种化学物质引起的（并将该物质命名为“生长素”）

续表

十指定位	教材所涉及的科学史	科学家及事件
右手拇指	(10) 生态学的发现史	①高斯——证明大小两个种的草履虫间存在着竞争关系； ②美国生态学家林德曼——对赛达伯格湖的能量流动进行了定量分析，发现能量流动的两大特点：能量流动是单向的、能量在流动过程中逐级递减

我的说课稿

“生命活动的主要承担者——蛋白质”说课稿

各位专家评委上午好，我是来自廊坊香河一中的生物教师赵艳红，今天我说课的题目是“生命活动的主要承担者——蛋白质”。

一、教材分析

“生命活动的主要承担者——蛋白质”是新课标人教版必修1第2章第2节的内容，在考试大纲中是Ⅱ水平的要求。在课标中的表述为：概述蛋白质的结构和功能。“概述”属于理解水平，高于了解水平，低于应用水平，在教学中要注意把握难度。蛋白质是必修1重点知识，对理解细胞的结构基础有着重要作用，为后面学习载体蛋白、酶等知识做铺垫，为必修2第4章《基因的表达》部分奠定基础。起承上启下作用。教学大纲要求本节授课为1课时。

二、教学目标及重、难点

知识目标：说明氨基酸的结构特点，以及氨基酸形成蛋白质的过程，概述蛋白质的结构和功能。

能力目标：培养学生动手操作、小组合作能力，培养学生的观察、分析、读图、归纳、处理信息的能力。

情感态度与价值观目标：认同蛋白质是生命活动的主要承担者，建立结构决定功能的生物学观点，关注蛋白质研究新进展，培养爱国主义情感，增强民族自信心和自豪感。

重点：氨基酸的结构特点，氨基酸形成蛋白质的过程，蛋白质的结构和功能

难点：氨基酸形成蛋白质的过程，蛋白质的结构多样性的原因。

三、学情及教、学法

学情：高一学生还没有学习有机化学，缺乏有关氨基酸和蛋白质的化学知识，而细胞的分子组成是微观、抽象的内容。对于氨基酸的结构通式以及氨基酸如何脱水缩合等理解起来有一定困难。所教班级虽为尖子班，但仍有分层现象，故需要联系初中化学知识、生活经验、因材施教。

教法：情境教学法、活动探究法、归纳总结法等教学方法

本节课氨基酸的脱水缩合的过程，抽象难懂，需灵活运用教学方法，仔细设计教学过程，培养学生的观察能力、读图能力、理解能力，尤其是分析图中关键信息的能力。具体做法：

1. 设计问题情境，层层设疑。

2. 运用多媒体技术，适时展示动画过程，起到穿针引线的作用。

3. 通过场景演示，化难为易。

4. 将抽象复杂的过程及时进行比较、归纳和总结。

学法：探究性学习、合作性学习。

蛋白质的知识既是重点，又是难点，内容比较多。在学习时介绍甲烷的结构式，从甲烷的分子式进行推导分析出氨基酸的结构通式。学生通过动手组装氨基酸模型，体验氨基酸的结构特点；学生通过观看 FLASH 动画及场景模拟，组装二肽，体会氨基酸脱水缩合；学生通过动手改就英文字母的位置，并折叠代表肽链的卡纸条，领悟蛋白质分子结构多样性的原因。

根据学生的认知心理，从易到难逐步培养学生的分析能力，更好地促进学生理解脱水缩合反应。再由结构到功能循序渐进，从而逐步理解掌握蛋白质的知识。

利用导学案帮助学生理解书本知识及知识点的联系；帮助学生正确阅读和分析图表，提高分析问题的能力；指导学生逐步养成认真观察事物的习惯。通过设计不同层次的习题，逐步提高学生的发散思维能力和解决问题的能力。

四、教学过程

（一）创设情境、导入新课

“大头娃娃”事件，就是因为部分婴儿食用了蛋白质含量严重不足的奶粉引起的，由此让学生明白蛋白质是许多食品的重要成分。激发学生的学习兴趣，很自然地从熟悉的事物过渡到抽象的蛋白质，通过提问富含蛋白质的食品引出本节课的标题：生命活动的主要承担者——蛋白质。

（二）逐层深入，突破新知

1. 直观演示，问题引导，小组合作

通过甲烷分子球棍模型的组装观察课本 20 页的四种氨基酸结构，抛出问题链。由于高一新生缺乏相关的化学知识，抽象思维能力不强，以形象思维为主，学习这部分内容有一定困难，我做了如下处理：通过小组组装模型、讨论、交流、阅读、观察、对比，学生总结出氨基酸分子的结构通式。同时为学生插上想象的翅膀，把人体比作氨基酸，躯干是中心碳原子，左臂是氨基，右臂是羧基，腿是氢，头部是 R 基。

氨基酸的不同在于 R 基的不同，正如每位同学都有一张与众不同的灿烂的笑脸。组成蛋白质的氨基酸有 20 种，通过课件展示、步步追问，学生总结出氨基酸的结构特点。强调“至少”和“同一”。同时拓展共价键知识，C、N、O、H（4、3、2、1）。

通过直观演示、问题引导、小组合作、观察讨论的方法，不仅使学生主动获取了知识，也使学生学会了归纳、总结的方法，突破了本节课的第一个教学重难点，为下面脱水缩合做好了铺垫。

2. 游戏诱思，模型建立，合作探究

氨基酸形成蛋白质过程是本节第二个教学重难点，我采取了以下策略突破：阅读课本脱水缩合内容，设计问题链和游戏诱引，进行场景模拟，训练学生的思维能力，鼓励学生概括、交流；动画演示脱水缩合动态过程，加深理解，激发了学生学习的积极性。

两位同学演示形成二肽，将手中湿纸巾挤出水来，强调握手的位置，脱去的 H_2O 分子中 H、O 元素的来源，化合物的名称。

三位、四位、多位同学连成的称为什么？同时观察一些数量关系。

这样形象直观的模拟，学生对二肽、多肽、肽键、肽链、脱水缩合这几个概念有了较深的理解，学生容易归纳总结出脱水数 = 肽键数 = 氨基酸数 – 肽链条数，将抽象难懂的脱水缩合过程具体化、简单化，学生积极参与游戏的过程，体验主动获取知识的快乐，互相交流、共同提高。这一部分的拓展内容为蛋白质的相对分子质量的计算，构建了数学模型；思考环状结构的情况及多肽中氨基、羧基的数量及位置，细化了知识点。

蛋白质结构多样性，通过字母 S、T、O、P 组成不同单词（spot\stop\post）的游戏、血红蛋白和胰岛素两种蛋白质结构对比、肽链折叠图片及组成蛋白质的四种图示的分析，使学生直观感受蛋白质结构多样性。

通过游戏活动，学生亲身体验和领悟氨基酸脱水缩合成多肽的过程；通过对比、分析，归纳总结蛋白质的计算及蛋白质结构多样性的原因，这种学生通过主动学习得出结论的处理方式，是新课标的特点之一，也是落实探究型学习课程理念的具体体现。

3. 自主阅读，归纳总结，获得能力

蛋白质功能及其多样性，是本节最后一个重难点，可利用初中生物知识，结合图文并茂的教材内容，我设计为学生带着问题自主阅读。

通过自主阅读，锻炼了学生分析、处理信息的能力，学会了归纳总结的方法，同时也实现了教学目标：认同蛋白质是生命活动的主要承担者，并建立了结构决定功能的生物学观点。

（三）课堂小结，形成网络

（四）课堂反馈，学以致用

（五）布置作业，查漏补缺，利用导学案精选习题，分层训练，做到因材施教。

（六）板书设计，强化重点

生命活动的主要承担者——蛋白质

一、蛋白质的基本单位——氨基酸

1. 种类：约 20 种

2. 结构通式：

3. 特点：①至少；②同一

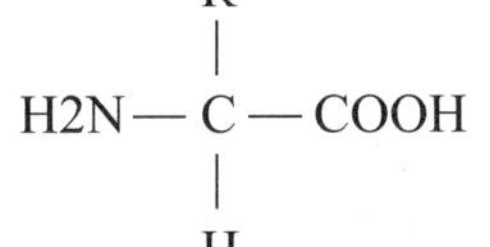

二、蛋白质的结构

1. 脱水缩合

（1）产生的水分子中 H、O 原子的来源

（2）二肽、多肽、肽链

（3）肽键数目 = 失去的水分子数目 = 氨基酸数 - 肽链条数

（4）多肽中至少含氨基和羧基数 = 肽链条数、多余的氨基和羧基位于 R 基中

（5）蛋白质相对分子质量 = 氨基酸的相对分子质量 × 氨基酸数 −18 × 水分子数

2. 蛋白质的空间结构

3. 蛋白质的结构层次

构成脱水缩合盘曲折叠

C、H、O、N 等 ——→氨基酸 ——→肽链（一条或多条）——→蛋白质

三、蛋白质结构的多样性

1. 氨基酸方面：种类、数目、排列顺序

2. 肽链方面：空间结构

四、蛋白质功能的多样性

1. 结构物质　2. 催化　3. 运输　4. 调节　5. 免疫

五、教学反思

通过设计一系列学生活动，使学生始终处于主动探究地位，以学生为主体、教师为主导、训练为主线，合作探究，在探究过程中，学生获得的不仅是知识经验，更重要的是学习方式和思维方式的转变，对学生发展终身受益。联系生活实际，体现了新课标倡导的注重与现实生活联系的理念，通过科学史、科学前沿的阅读，对学生进行爱国主义教育，培养学生关注科学发展的良好科学素养。

不足之处：

1. 最好在老师提问题学生回答的基础上再增加学生自己提问、自己解决的环节，真正做到把课堂还给学生。

2. 同时教学时间偏紧，不利于学生对问题的深入探讨，建议 2 课时。

结局的质量在于过程，过程的质量在于细节。对细节问题的深入研究，是决定教学成败的关键，也是最能体现教师“功底”的地方。

我的说课结束，谢谢各位专家评委。

可不要小看我的这篇说课稿，这是我评正高级教师时为过市里这一关而准备的，当然到省就不一样了，要抽签决定说课题目，那都是要有平时的基本功，还要有临场发挥，同时还有现场答辩。

我的备课组

好了，言归正传，说教学。教学与科研密不可分，2006 年高级职称评过之后，很多老师都会觉得功成名就了，在教育科研上偃旗息鼓、刀枪入库、马放南山，也会失去进取的动力。恰在这个时候，我当备课组长的这个组正值高三，要一轮复习，2007 年下半年开始，我们以组为一团队，在高三教学异常紧张的情况下，团结全组的力量，同时利用家属的优势，如王秀芹老师的丈夫才志刚老师电脑比较精通，他帮了我们很大的忙，在大家的共同努力下实现了学案的电子化。

2008 年的暑假开学，我们接手高二年级，当年是高二高三循环，高一年级不开生物课。一个组有 7~8 个教师，生物挂图一下子就显得不够用了，跟学校申请购买，但迟迟也不见动静，老师们为了争抢生物挂图，如果下午有课，中午就早早地到学校，就为了能抢个挂图课上用。我为老师们的敬业精神感动着，作为备课组组长，看在眼里、急在心上，这个时候就不能再等、靠、要了，一切都来不及，只有组织大家自己动手，丰衣足食。当时的每一个教室里都装有多媒体设备，每个老师做课件就提到了议事日程，一帮二、二帮多、互相督促、互相鼓励，这项工作就这样慢慢地开展起来了。现在说说容易，当时做起这件事可是遇到了许多的困难，每个人都有熬过午夜零点的许多的夜晚，都有为了某个技术问题争得面红耳赤的时候，都有为了知识不同呈现方式心花怒放的美好时光，还有不能及时完成而懊恼的羞愧。还有现在说来觉得可笑的白底白字的尴尬。无论如何，我们这个可爱的团队成员间定时交流、相互切磋、共同提高。配套课件的雏形就这样慢慢形成了。

2009 年，我们制作新授课的导学案及配套课件，暑假后，制作一轮二轮复习课件；2010 年是河北省推行新课标的第二年，我们及时调整，设计并制

作人教新课标版的导学案及配套课件；2011 年，我们完成了新课标必修一、必修二、必修三、选修一共四册的导学案及配套课件。到现在，我们还在此基础上修修改改、不断完善。

纸上得来终觉浅，绝知此事要躬行。经过不懈努力，我们到现在为止已有常规教学、一轮复习、二轮复习的全部导学案及配套课件，摸索出了一套行之有效的教学模式："学案导学—课件辅助—自主探究"的教学模式，主持了省教育科学规划"十一五"重点课题，并顺利结题，科研成果《新课程背景下打造高中生物和谐课堂的有效策略和途径的研究》获河北省第二届教育科学研究优秀成果三等奖。2015 年，我们并没有停止科研的步伐，不断优化我们的教育科研成果，把这一成果推广到全校、全县乃至全国，借助《中学学科网》这一全国最大的教育平台，开设了《精彩的生物》高中生物书店，在逐步上传我们的导学案,10 天的浏览量达近 2000 次，下载量在逐步攀升。2016 年，又新出版了《高中生物同步导学案（必修 1)》《羞答答的花朵静悄悄地开》《高中生物同步导学案（必修 2)》《高中生物同步导学案（必修 3)》《高考生物四步自主学习法（必修 1)》《高考生物四步自主学习法（必修 2)》《高考生物四步自主学习法（必修 3)》《高考生物命题规律与专题诊断》《高考生物考前指导与超越教材训练》《高考生物考点必读与考前必练》，帮助年轻教师出版了《高中生物同步课件（必修 1)》，共计 11 本书，使书店的书籍达到 15 本，截至 2018 年，下载量达到 1 万余次，作为高中生物的名牌书店，经常在书城的各种活动中被推介，使我们的成果在全国推广。

教育也需要传承，组内新老教师各占一半多，以老带新的任务仍很艰巨。老教师经验丰富，但体力不如年轻人；年轻人有热情，但经验不足，需在教育教学实践中不断锤炼，不断在引领，才能走出一片教育的新天地。在周测、质量检测、期中、期末考试中，每次我都组织全组老师讨论并规定考试难度、题量、题型等，确保了试题准确无误；考完后集体流水阅卷、统分，认真进行试卷分析、讲评错题重做，督促学生重视"亡羊补牢"，学生生物成绩有了较大进步，受到年级表扬。老师在学校组织的学生评教评学活动中均获得好评，我本人更是受到较高评价。在各类课的评比中，青年教师如赵静、杨松元、刘连会、方伟明老师都取得了很好的成绩，获得了不同级别的奖励，青年教师李照诺、姚富姣、郑荷子、陈三春、刘莎莎也在慢慢地成长起来，高玲玲等老师在校说课比赛中均取得了好成绩。

12 年的备课组组长生涯，让我每带一个团队，如同一个亲如兄弟姐妹的大家庭，生活中彼此关心，互相帮助；教学中分工合作，制作导学案、课件、听写、过关、检测等必备的准备工作；教研中齐心协力完成一个又一个的课题研究，取得一个又一个的成果奖；师生共同努力，在学科网创建的书店中完成一本又一本的书籍。在融洽的关系中，心情愉悦地“玩”出了好成绩，“玩”出了众多的成果。

漫漫课改路

河北省迁西县第一中学　徐志彦

2001年高中生物恢复了高考，也给了我从初中调入到高中教学的机会。当年暑假，我被调到迁西县第一中学专门教生物课。机会总是眷顾于我，从进入高中那一年开始到现在，两次教材更换都是我第一批面对。既考验了我，也给了我无限的机会。

2001年的第一次课改时，由于当时各地的生物老师都很缺，整个学校同年进入的生物老师加在一起一共8名，高三4名，高二2名，高一安排了我和张老师两个人，而她正准备调到市里去任教，经常需要办理一些调动方面的事项，我们带的高一年级14个班，繁重的教学任务，可以说几乎要自己一个人独自面对，刚刚从初中进入高中需要重新调整状态，加之全新的教材，信息不发达的教学环境，摆在我面前的是一场严峻的挑战。高中有明确的高考任务，再也不是只培养孩子的学习兴趣就够了的教学方式，必须适应当时的“全面推进素质教育”的教学宗旨，还必须得严格保证完成升学任务。要准确地传授给学生知识，来不得半点虚假。有疑难问题了，我总是第一时间去请教高三的老师，同时结合教学需要，随时重温大学教材，及时充电。当时没有电子设备可以使用，大量的信息来源只能通过借阅图书馆的《中学生物学教学》《生物学通报》杂志来获得，每每看到书中有好的教学设计、合适的教学方法，就赶紧拿来应用到教学中，尽可能多地为学生创造新情景，调动学生学习的积极性。当时看到资料中介绍有电脑动画可以辅助教学，而那个年代我们这里整个学校也就一两台电脑，根本就没机会接触，心中更是无比羡慕和期待，自己在脑袋里想象着动画可能的景象是什么样的，把动画改编成图画，设计好用小黑板或白纸提前画好，拿到课上使用，为顺利引导学生突破知识难点打基础。就是在这样艰苦的条件下，我和后来一起合作的老师们一步一步地把握好每一过教学环节，逐步迎来新的教学设备，以最短的时间更新教学手段，适应学生的发展和高考的需要。

2009年送走高三毕业生后，迎来了新一届的高一新生，又赶上了新的一轮课程改革，作为生物组组长的我带领全组成员继续开启新的探索之路。这一轮课改强调教学目标的全面性和具体化，强调学习的方式、教学活动方式的多样化、强调学习的选择性。要适应新课程教学改革的要求，提倡自主、探索与合作的学习方式，使学生在教师的指导下主动地、富有个性和创造性地学习，这就要求教师必须在准确把握教学目标、教学内容、师生情况、运用条件和评价体系等特点的前提下，利用和发挥自身特长、体现自身特色，采用多样化的教学模式开展教学。

当时受师资人数限制，我市绝大部分学校都没有在高一年级开生物这门科目，只有我县、玉田、滦南、丰南等少数学校在高一年级开设了生物课，可以说我们大都是在摸着石头过河的，处于不断摸索之中。在新课标实施的过程中，我们遇到了不少问题和困惑，同时也在不断尝试新的教学方法适应课改的需要。由于我校领导抓住课改契机，不断开展各种活动，“请进来，走出去”，为老师提供去全国各地学习的机会，校内“352”课改之路在全市开展得比较好，2010年，市教研员张玉海老师选择在我校召开唐山市高中生物新教材培训教研活动，我有幸在这次研讨会中担任示范课任务，充分结合自己在课改中的具体做法和教学理念，为全体老师汇报展示了《内环境稳态的重要性》一课，受到与会老师的一致好评。并在会上发言，为全体老师介绍了课改一年来我们遇到的各种困惑和具体解决做法，为课改中的老师解疑答惑，使学案导学的方法全面推广。

有一首歌中曾唱道“没有人能随便便成功”，我在课改中能取得这样的成绩，离不开我校校领导对自己工作的认可和大力支持，离不开全体生物组的老师的精诚合作，更离不开资深生物教师侯建新等老一辈们毫无保留地对我教学成长的一路指引。在这么多年的工作生活中，我深深悟出一个道理：一个人要想迅速成长，少走弯路，在工作和生活中就必须懂得尊敬前辈，虚心向老教师们请教，并且真诚对待身边的每一位同事。孔子说“三人行必有我师”，何况在教师这个群体中，每一个人都有自己要学习的地方，年长者的丰富教学经验，年轻人的蓬勃朝气和新的思想、理念都值得我们很好地学习借鉴。另外一个人的深入发展离不开理论的指导，工作中我们得不断加强业务学习和各种先进教育理论的学习和研究，抓住一切可以学习的机会，拓宽自己的视野。

2018 年，河北省新的一轮高中课程改革又开始了，新的教材也即将于 2019 年开始推广使用，明年高三结束后的我，又将回到高一，开始踏上以“发展学生生物学核心素养”为核心目标的新课改征程，但面对未来的课改任务我将不再迷茫，我相信我和我的团队会很快适应新的教学改革的步伐。

附：2010 年生物研讨会发言材料

《普通高中新课程生物课堂教学》总结分析

2009 年，我省普通高中新课程标准的教学活动全面推开，这对我们来说，是一次机遇，也是一次挑战。苏联教育家马卡连柯曾说：“教育工作中的百分之一的废品，就会使国家遭受严重的损失。”所以我们要在新课改的春雨中，去培育参天大树。在我市绝大部分学校都没有在高一年级开生物这门科目，我县和玉田、滦南、丰南等少数学校在高一年级开设了生物课，可以说大都是在摸着石头过河，处于不断摸索之中。在新课标实施的过程中，我们遇到了不少问题和困惑，同时也在不断尝试新的教学方法适应课改的需要。下面谈谈这一年来我们在新课标生物课堂教学过程中的心得体会。

一、在教学中遇到的问题

1. 课时的安排与教学过程的实施存在矛盾

我校从高一开设生物，每周安排 2 课时，但是由于学生在中考试时不考生物，没有升学压力，从而对生物学习重视程度不够，可谓毫无基底可言，学习时常常是一问三不知，各章节的内容很难在规定的课时内完成。比如“第 1 章 第 1 节从生物圈到细胞”中在学习生命活动离不开细胞的实例 3，缩手反射的结构基础时学生不知道是反射弧，更谈不上反射弧的完整结构了，同时这节在组织学习认识“生命系统的结构层次”时对组织、器官、系统的概念及之间的关系更是一头雾水，这就需要老师边补充初中知识的同时边进行新课，如果较多地进行学生的自主学习、探究学习，进行起来就很不顺畅，难以推进课堂内容，因此课标要求 1 课时完成此部分教学内容明显不够。反之，上课时若总是老师在那里侃侃而谈，课堂又成了教师唱“独角戏”，课改成了“穿新鞋走老路”，变成了一句空话。在这样的前提下，我校在第一学期只进行完必修 1 的前五章内容，第 6 章于寒假补课期间完成。第二学期必修 2 也只进行完前 4 章，暑假补课后开始顺延余下的内容。

2. 教材编排体系变更较大，令人无所适从

我们拿到教材后的第一感触就是本教材的编排体系变了，教学内容呈现方式变了，增添了许多新栏目如每节内容前面都加了问题探讨、旁边设了“本节聚焦”，其间增设“资料分析、思考与讨论”“旁栏思考”等内容，补充了大量的课外相关资料，实验内容增加了，尤其是增加了一些探究性实验。面对这样一套令人耳目一新的教材，我和我的同事们在教学初始阶段都看着教材发愁，不知该从何下手，增设的这么多栏目不知该如何处理，是面面俱到呢，还该有所取舍呢？一时间不知该如何把握。而且这些栏目中设置的有些问题偏难，没有梯度，学生接受起来有一定困难。如必修 2 第一章第一节孟德尔豌豆杂交实验一的技能训练，在学生刚刚才接受分离定律的内容基础之后，立刻解决此类问题，大部分学生都是无从下手的。

3. 对学生自主学习不放心，不敢放手。

由于学生大多数基础较差，这样在课堂中开展探究、讨论等学习活动就成了主要障碍，教学中经常会出现一些令人尴尬的场面，久而久之，教师就容易丧失信心，担心学生自主学习时这可能看不懂、那可能学不会，某个知识点能看到吗，会不会遗漏掉某个知识点，能彻底弄明白吗，一着急就要在课上指指这、点点那，结果课堂就又成了“满堂灌”，背离了课改的轨道。

4. 文、理分班后，教学深度把握不准

我校是在高一第二学期进行一半的时候（即4月底）进行的文理意向分班，但是分班结束立刻就出现了大部分文班学生放弃学理科的问题，以至于即使内容设置得很简单，学生课堂效率也大不如从前；教师还有所担心的是内容太简单的话学业水平测试是否能过关的问题。相反进入理班的学生目的明确了，我们教师在组织教学时应把握到什么程度、难度要不要提高、广度要不要拓宽等，由于无从参考，一时也不知该如何定位。

5. 学生评价模式还较单一，主要侧重检测学生知识性目标的达成

高考模式怎么变，我省刚刚进行新课改，大家一直关注这个问题，谁也不敢牺牲高考，所以师生更多的精力都会放在全力以赴冲刺高考上，因此重知识的检测强化、轻能力的评价现象还是很常见的，一切以反映在试卷上的分数为主要衡量学生的依据，使得课标中评价模式过于单一化。

二、实施新课改的一些具体做法

1. 更新观念，用好新教材，处理好新教材中新出现的一些结构

新教材结构体系的变更实际上是很符合学生的认知水平和接受能力的，比如每节教学内容均以“问题探讨”开始，这些问题有的是来自学生生活体验、有的是来自科学实验、有的是来自自然科学史。多数问题的设计有梯度，具有一定的铺垫性。学生在讨论这问题时，往往是在解决了原有问题后又会产生新的问题，而解决这些问题则需要认真学习本节教学内容，这样学生就会对将要学习的内容充满好奇心，从而产生一系列的学习动机，主动地从本节内容中寻找问题的答案。例如“细胞中的糖类和脂质”一节，多媒体一投影平日膳食的几种食物图片再结合自身的体会，学生便立刻兴奋起来积极回答问题。这时候，我们不用急于去肯定或否定他们的答案，而是顺理成章地引导学生进入到自主学习的环节，这种以问题（任务）驱动教学的办法，有利于培养学生的自主学习意识，获得收获知识的快乐感。当然总是一成不变地沿用固定模式，学生也容易乏味，我们在教学中也注意经常变化引入内容和模式，调动学生的学习积极性，原有“问题探讨”内容就留作学生课下讨论。

教材中“资料分析”“思考与讨论”，及旁栏问等栏目常常出现在各章节中，很好地适应了培养学生合作学习的需要。这些结构的更新，给教师的授课方法带来了挑战。对于这些新结构的出现，我们的办法一般是先进行小组讨论（一般6~8人一组，提问小组结论，学生自主发问，最后教师总结）。例如：细胞器——“系统内的分工合作”一节中分泌蛋白的合成和运输一段内容，我们在教学环节中就是这样设计的分小组讨论自主学习的，这样每组里面有理解力强的学生会主动地为暂时看不太明白的学生讲解，而且教的和学的都很认真，学生也没机会偷懒，更不用说再去睡觉了，都动起来了，教师只需稍作轮流指导即可，学习效果比起老师在那里夸夸其谈效果要好得多。当然我们也要注意在学生讨论、发问的过程中，教师要注意引导他们讨论的内容，思考的方向等，否则他们的发问很可能会偏离课本内容，而不能发挥这些讨论原本应有的作用；也有可能提出的问题令教师难以解答，而影响我们教师的进一步教学。

教材中也编排了一些一般不作为教学要求，只供学生参考的一些小字部分内容，甚至还有一些相关生物专业职业的介绍，这些内容我们都是安排学生课下自学即可的。对于每节课后习题部分有时难易程度不等，我们可根据学生的具体情况分层次处理。接受能力强的都要求处理，接受能力慢一点的，我们就要求掌握基础题即可。

在教学过程中，我们还认真解读《高中生物课程标准》，按照课程标准的要求，精选符合学生发展需求和认知水平的基础知识。把核心概念和概念间的内在联系放在教学的重要位置，充分利用好章节引言和小结内容。知识内容的难度总体上维持现行教材的水平，尽力避免出现深、难、重。

2. 改进教学模式，倡导探究性学习

生物科学作为由众多生物学事实和理论组成的知识体系，是在人们不断探究的过程中逐步发展起来的。探究也是学生认识生命世界、学习生物课程的有效方法之一。《生物课程标准》倡导探究性学习，力图促进学生学习方式的变革，引导学生主动参与探究过程、勤于动手和动脑，逐步培养学生搜集和处理科学信息的能力、获取新知识的能力、批判性思维的能力、分析和解决问题的能力，以及交流与合作的能力等，重在培养创新精神和实践能力。

由于刚开始接受新教材时，对探究学习的认识不全面，我和许多老师都认为开展探究学习固然很好，但探究学习既要有实验条件，又要有充裕课时，在开展大班授课和课时紧缺的现实常态生物教学中，探究学习不过是一种奢望，是公开课上代表新课程理念的一种点缀。后来在学校组织的一次外出学习的活动中，有幸接触到了许多教学一线的资深教师，通过她们的指导和进一步对这方面内容的学习，才深刻了解到，事实上科学探究是有多个侧面的活动，可以是观察、实验或调查，也可以是资料的搜集和分析，探究性学习可以侧重在探究的某个环节，也可以是较完整的探究。美国国家科学教育标准中对探究的定义是：探究是多层面的活动。探究包括观察；提出问题；通过浏览书籍和其他信息资源发现什么是已经知道的结论，制订调查研究计划；根据实验证据对已有的结论作出评价；工具搜集、分析、解释数据；提出解答，解释和预测；交流结果。探究要求确定假设，进行批判的和逻辑的思考，并且考虑其他可以替代的解释。仔细研究本教材不难发现，探究性学习的理念已贯串于新编写的教材。

在教学中，我们努力打破教师的课堂权威，变灌输学习为发现学习，在常态教学中进行文本探究，培养学生分析能力，激发学生的思维。所谓“文本探究”即学生在学习情境中通过观察、阅读文本材料，发现问题，提出问题，搜集数据，形成解释，获得答案并进行交流、检验的探究性学习。“文本探究”活动方式主要是资料收集和处理，以及逻辑的推理或方案的设计，一般不需要借助于实验或调查手段，但可以间接地使用他人的实验研究或调查研究的成果。

新教材中展示了大量的生命科学史的内容。引入生命科学史的主要目的是促使学生深刻理解知识发生的过程，感悟、理解和掌握生命科学研究的思维与方法，提高生物科学素养，培养创新精神和实践能力。生命科学史对于培养学生的生物学素养乃至科学素养具有积极的意义，在探究性学习中将发挥重要的作用。教学中可以利用生物科学史的有关素材，作为生物文本探究学习的良好素材。我们使用的文本探究教学模式一般为：创设探究情景→阅读、分析有关探究文本材料→讨论探究问题，得出有关结论。

例如："关于细胞膜的研究"一节内容，我们在教学中是以问题串的形式进行设计的。

（1）积极思维：某研究性学习小组欲研究细胞膜的结构和成分，如果你是课题组成员，请思考是选择动物细胞还是植物细胞容易获取细胞膜？为什么？

（2）材料1：1859年E.Oerton选用500多种化学物质对植物细胞膜的通透性进行了上万次的研究。发现凡是易溶于脂质的物质，也容易穿过膜，反之，不容易溶于脂质的物质，也不容易穿过膜。

分析材料1：根据相似相容原理通过该资料分析可以得出哪些推论？

（3）材料2：20世纪初，科学家将细胞膜从哺乳动物的红细胞中分离出来，发现细胞膜不但会被溶解脂质的物质溶解，也会被蛋白酶分解。

分析材料2：你有何新的认识？以你现有的生物学和化学知识，你能通过什么实验来验证膜的成分中有蛋白质？

（4）材料3：1925年荷兰科学家Gorter和Grendel从细胞膜中提取脂质，铺成单层分子，发现面积是细胞膜的2倍。

分析材料3：你有何新推论？结论：（细胞膜中磷脂是双层）

然后投影：磷脂分子示意图，显示介绍亲水头部和疏水尾部，如果将磷脂分子放在水和空气的界面上，它会怎样？细胞膜中的双层磷脂分子又该如何排列？请注意细胞膜两侧的环境。那么细胞中的蛋白质又是怎样的？

（5）材料4：有了电子显微镜，罗伯特森发现细胞膜"暗—亮—暗"的三明治似的结构，（出示图片）中间是折光率较大的磷脂双分子层，那么蛋白质又该怎样排列？

建立在以上学习的基础上学生很容易地便能初步构建细胞膜的结构模型。

（6）进一步积极思维：展示人鼠细胞融合实验动画。思考该实验结果说明了什么。

总结得出结构特点：有一定的流动性。细胞膜流动镶嵌模型也就很容易地接受了。

（7）材料 5：科学家用显微注射器将一种叫作伊红的物质注入变形虫体内，伊红很快扩散到整个细胞，却不能逸出细胞。

伊红为什么不会逸出细胞？此实验说明了什么？

细胞作为一个完整的系统，它有边界。

（8）材料 6：1907 年 H.V.Wilson 通过实验研究两种不同颜色的海绵细胞的行为，发现分别从黄色海绵和红色海绵中分离单细胞，然后将两种不同颜色的细胞类群混合在一起。但是，这两种类型的海绵细胞很快就各自分开聚集，红色海绵细胞聚集到一起，黄色海绵细胞也是如此，二者互不混淆。说明了什么？

基于以上学习，学生能顺利总结出细胞膜的有关内容：

（1）主要化学成分：磷脂 + 蛋白质

（2）结构：双层磷脂分子基本支架 蛋白质分子排布、嵌插、贯穿

（3）结构特点：流动性

（4）功能：细胞边界 控制物质进出 进行细胞间信息交流

又如“关于光合作用探究历程”一节内容，教材呈现了数位科学家的探究光合作用过程的经典实验。学生在学习光合作用有关知识时，就可以通过对这些科学实验做重点讨论、分析，通过“回眸历史”领悟科学探究的方法。教学中应该避免两种极端倾向：一是舍弃本内容的教学素材，只是让学生机械记忆这些经典实验的结果、结论；二是没有侧重点，对每个经典实验都进行详尽分析，虽然强化了科学探究的过程，但显得单调、重复、没有新鲜感，不易使学生抓住每个实验的独到之处，因而失去关注的兴趣。

我们在这节教学中选择“萨克斯实验”“鲁宾和卡门实验”做重点讨论和分析，对于其他经典实验略讲，有的可作为常设课堂探究情景的素材，有的可作为增强学生社会责任感、实现情感目标的素材。

“萨克斯实验”主要是从实验材料的预处理、单一变量的控制和影响实验结果的因素三方面展开讨论；对于“鲁宾和卡门实验”则主要是从预测实验结

果的角度做重点分析。

教材中可这样设计的教学实例很多，我们认真解读《课程标准》不难发现，每一节课都值得我们很好地去研究。在每个模块的教学中，教师需要统筹安排教学计划，尽可能地设计一两次让学生体验完整的探究性学习活动，目的是让学生体验科学探究的全过程，即：创设情景、提出问题→分组讨论、制订计划→实施实验、收集数据→分析结果、得出结论→交流讨论、分享成果。

在课堂教学模式方面，我们还尝试了分组讨论、探究的模式，为增强学生参与的积极性，我们采取了小组积分晋级的机制，学生的作业完成情况、课堂表现、自习课纪律等方面都纳入了小组积分。小组积分到相应级别，我们会给予一定的奖励。这种分组积分模式很大程度上激发了学生的学习积极性，但在实际实施过程中会遇到一些问题，教师课前要花很大精力进行准备，即使这样，课堂上仍然会遇到一些问题，影响教学进度。

3. 开展丰富多样的课外活动，激发学生学习积极性

在注重课堂模式改进的同时，我们还积极为学生创造相关课外活动，例如，在学校的大力支持下，由老师牵头，两个实验班进行了生物知识对抗赛，从题目搜集、比赛规则、活动组织等具体工作大多数都由学生独立完成，在整个组织过程中，教师知识在题目审查、比赛监督等方面给予了相关的指导。通过这样的比赛，既巩固了学生学过的知识、也开拓了学生思维，激发了学生学习生物的积极性，同时在一定程度上也锻炼了学生的组织能力，增加了集体荣誉感，收到了比较好的教学效果。

教学过程中，我们还注重学生动手能力的培养。在讲授有丝分裂和减数分裂这两部内容时，我们积极鼓励学生在课下利用身边的材料如彩纸、导线等制作染色体模型，利用这些模型去体会两种分裂的过程，使学生很轻松地接受了这部分知识。又如，在学习 DNA 双螺旋结构模型这一节，也让学生尝试制作 DNA 的双螺旋模型。通过这些活动的开展，既锻炼了学生动手能力，同时也很好地辅助了课堂教学。

4. 整理好教学反思和学生易错、常错的题

我校在教学中使用学案教学一体化的教学模式，这样在学案编写和运用过程中存在的问题，学生在某些知识的理解上产生的提前无法预料的一些问题，以及习题选编、难易度和数量问题，都及时地总结出来。以便在下一节课和以后的教学工作中能够改正和借鉴，避免了盲目性。每一节课后，我们也都对本节课在教学过程中存在的优点和缺点及时整理，找出成功的原因和问题的症结。通过日积月累，使我们的教法更加灵活，课堂教学更加顺畅。在今后的教学中也会尽可能地少走弯路。

对学生错题的要求上，由于时间太紧，让学生自己去全面地整理并不现实，因此对每一份学案、小测、训练及月考题目中出现的出错率较高的题目，我们都会全面整理出来，有些能改的稍加改正，再采用限时练、课外活动抽测、大休作业等形式发放给学生，让学生重新练习，加强理解。这一方法，简单而有效。既加强了对一些重点知识的巩固，又提高了学生对一些难点的理解程度，也防止了学生一错再错情况的发生。

“路曼曼其修远兮，吾将上下而求索。”生物新课改的路刚刚开始，作为教师的我们和学生一样还有很多东西去学，这一年来，没有经验可借鉴，没有模式可遵循，我们全组成员可谓孤军奋战，我们共同努力，每一节课的设计都要经过反复商量探讨，每一份学案都进过反复修改，一步步坚持走到现在。今后还要更加努力，走好我们的课改之路。

课堂教学设计的反思

河北省香河县第一中学　翟艳

在倡导“素质教育”的今天，我们遵循“以人为本，以学生为主体”的先进的教学理念，探索学生全面发展之路。高中的语文需要在如何提高学生素质方面给予更多的思考，拟订一套切实可行的方案，并有效地落实到实际的课堂教学中，因而，我们所要追寻的就应是也只能是在保证学生对语文有足够重视，并有必需的语文基础与写作基础的前提下，怎样有的放矢地传授对提高学生的语文基础知识大有裨益的教学资料和写作训练方法。以此为基点，高中语文教学迫切需要在教师、教材和学生这最基本的教学三环节中进行认真检验的基础上，确定有别于其他学科的不同的教学原则，从而有力地促进高中语文的素质教育。透过多年的教学经验，我认为在新课标下进行语文教学设计应做到以下几点：

一、教学设计务必更新教育观念，深化课堂教学

当前的中学语文教学，我们不难发现仍然存在着许多旧的观念，无法摆脱旧的思想、习惯势力、旧的传统的影响，注重45分钟课堂知识的讲授传播，而忽视对学生潜力的培养、智力的开发。语文科的本质属性，就是语言的学习和应用，而语文课是多种因素的综合，读、写、听、说、修辞、逻辑等等，每节课就不可能面面俱到的讲授，只有集中教学目标，突出教学重点，贴合学生的学习潜力，这样才能让学生获得实效。高中语文教育指向“人的发展”。因此就要求我们，高中语文教学务必联系生活实际，注重语文实践，潜力训练，要以语文知识为基础，做到切实有效，课内课外有机结合。但我认

为，无论课内课外，都务必围绕一个核心、两个基本点，也就是围绕“潜力训练”这个核心而展开，两个基本点就是课内与课外。课内注重于练习，课外致力于阅读，课内课外相互结合，不拘泥于教材资料，而延伸到课外阅读教材，并穿插一些课外读物，这样课堂教学气氛就比较活跃，对深化课堂教学，提高教学效果能起到很好的作用。

二、教学设计务必体现充分发挥学生主体作用，变被动为主动

长期以来，我们的语文教学注重了语文知识的传授，始终让学生在课堂上被动地理解，而忽视学生的主体作用。要提高高中学生的语文素质，就务必在课堂教学中，充分发挥学生的主体作用，挖掘学生的潜力，激发和培养他们的学习兴趣，让他们在课堂上有自主学习与思考的时间与空间，主动参与课堂教学活动，比如每节课在课堂上，我都让一两个学生上台发言演讲，然后再请一两个学生上台针对同学演讲发言，发表评价。还有在自读课文的教学中，尽量以问题形式让学生充分讨论，共同解决。这样就把学习的主动权交给学生，让学生有主体参与的感觉，能充分调动学生的用心性，使课堂充满着活跃的气氛，个个踊跃讨论，用心发言。在培养学生主动参与教学过程中，要注重举一反三，触类旁通，让学生掌握分析解决问题的方法，掌握阅读分析的方法要领，改变旧的学习状态，不是被动地理解老师传授的知识，而是主动地掌握和运用知识。正如陶行知先生所说的“我认为好的先生不是教书，不是教学生，乃是教学生学”。学生只要掌握了科学的有效的学习方法，才能融会贯通，终身受益。

三、教学设计要讲究方法，提高驾驭课堂的能力

课堂教学中，有时根据教材的特点针对某个环节进行相关的表演，这无疑能加深学生对课文的理解，激发学生的学习热情，提高学生的综合素质，也体现了新课程标准中教师的主要任务是组织课堂教学，把主要的时间让给

学生进行自主学习的思想。但如果不顾文本资料，就是单纯为了活跃课堂气氛，把表演当成课堂时尚的道具，那么这种做法就很值得商榷了。在设计课堂表演这个环节中，老师就应先思考这样一些问题：首先想一想让学生表演的目的是什么，不能为了表演而表演。我个人认为能不表演就不表演，因为表演毕竟是一种辅助手段，而且年级越高越要摒弃。如果学生能透过语言文字在头脑里表演岂不是更好？然后要想你如何让学生表演。例如在讲《祝福》时，你想透过表演让学生体会祥林嫂的特点、神态的变化，那么学生的表演能达到这个目的吗？你的学生是专业演员吗？怎样调控才能不会成为一场闹剧？所以教师课前要认真去准备，不仅仅是台词、动作，更主要的是学生纪律的约束。我认为就应把表演简单化、情景化、语文化，最好是和语文基本技能的训练结合起来。课堂表演不是万能的钥匙，过多的课堂表演必然使课堂流于浮华，它更不能代替必要的语文训练。与其课堂上让学生脱离文本浮于表面地演一演，空泛地说一说，走马观花地看一看，倒不如为学生多创设一些听、说、读、写的机会，多给学生带给口头表达和书面练笔的机会。没有扎扎实实的“双基”训练，怎能切实地提高语文潜力呢？只有少一些空泛的表演、多一些扎实的训练，才能使语文学习摆脱表面的浮华热闹，回归本源。提高教育教学技能关键在于实践探索，要认真对待教学的每一个环节，设计出具体的实施方案，在实施的过程中，认真地对待成功与失败；积极参与教育教学活动，在实践中不断探索有效的方法；尤其是要在纪律性差的学生的管理能力上动脑子、想办法，提高驾驭课堂的能力；还应该很好地把握教学的重点、难点，努力探索有效的教学方法，解决好教什么，怎么教的问题。

要提高教育教学技能，就要不断地实践—反思—再实践—再反思，这过程实际上就是研究的过程，只实践，不反思总结，就不会有提高，尤其是在新课程实施以后，提出校本教研，作为一名新教师必须通过校本教研提高自己专业技能。校本教研分为学习型教研、教学型教研和研究型教研，新教师要认真进行教学型教研，每节课后都要进行反思，写教学后记，要养成写教学日志或教学随笔的习惯，逐步学会进行教育叙事和教育案例研究，积极参与课例研究。研究或者说反思、总结是一个教师走向成熟，成为名师的必由之路，研究并不是高不可攀，把你的所见、所闻、所思、所悟写出来，就是进步，就是研究成果，一个新教师只要能拿起笔，他就驶上了成为名师的高速公路。

四、教学设计要少一些合作讨论，多一些朗读品味

认真备课，把握重、难点，完成教学任务固然很重要，但我认为更重要的是把语文教“活”，让学生学得聪明一点儿、灵气一点儿，让学生课堂所获得的各项语文潜力、语文知识，在综合实践中整合起来，并加以积淀，成为一种综合素养，这才是语文学习的灵魂。如果教师死守教案，那么最好的教案也会成为束缚教学的桎梏。

学习方式的转变是新课程最重要的变革，于是小组合作、讨论就成了目前语文课堂上最常见的一种教学方式。它也许在必须程度上体现了“自主、探究、合作”的教学理念，但有的老师为了追求更“贴近”新课程标准，为了给课堂贴上一个“新课程”的标签，时不时地就来个小组讨论，动不动就来个合作探究。不是追求讨论的效果，而是追求讨论的形式，做了许多无用功。合作、讨论并不是不能够使用，但老师就应注意的是需要讨论什么资料，怎样去讨论，如何展示和评价讨论合作的效果。由于老师在讨论之前缺少必要的引导铺垫，缺少对文本必要的朗读品味，在学生对文章的资料缺乏深刻理解的状况下就随意地展开讨论，那么讨论的过程和结果是可想而知的。在这种状况下合作、讨论就演变成了下面的几种状况：1. 小组中有一个成员在权威地发言，其他成员洗耳恭听，汇报时当然也是小权威的“高见”。2. 小组成员默不作声，自己想自己的。3. 小组成员热热闹闹地在发言，但没围绕主题，时而挤眉弄眼，时而哄堂大笑，你能够想见他们是不是在讨论老师布置的问题，至少不是严肃认真的。表面讨论时气氛热烈异常，却没解决实际问题。我认为合作讨论就应在对文本充分解读，学生自己有独立思考后的前提下来进行，这样的交流讨论才有理想的效果。语文课堂少不了品读，感悟，玩味，

思考，涵泳。语文课“心动”比“形动”更为重要，有时“沉静”比“活跃”更有效。见问题就讨论，动不动就合作的语文课堂只能是华而不实的泡沫语文课。

传统的语文课，教师把课文条分缕析，弄得支离破碎，把语文课上成了纯粹的工具训练课，语文课堂上没有思想的碰撞、心灵的触动、情感的陶冶、审美的熏陶，一节语文课讲下来，锻炼了老师，耽误了学生。这些弊端是务必要革除的，但矫枉不能过正，我们不仅仅要从形式上，更要从思想上走进新课程。

要提高高中学生的语文素质，就务必在课堂教学中，充分发挥学生的主体作用，挖掘学生的潜力，激发和培养他们的学习兴趣，让他们在课堂上有自主的学习与思考的时间与空间，主动参与课堂教学活动，比如每节课在课堂上我都让一两个学生上台发言演讲，然后再请一两个学生上台针对同学演讲发言、发表评价。还有在自读课文的教学中，尽量以问题形式让学生充分讨论，共同解决。这样就把学习的主动权交给学生，让学生有主体参与的感觉，能充分调动学生的用心性，使课堂充满着活跃的气氛，个个踊跃讨论，用心发言。但在培养学生主动参与教学过程中，要注重举一反三，触类旁通，让学生掌握分析解决问题的方法，掌握阅读分析的方法要领，改变旧的学习状态，不是被动地理解老师传授的知识，而是主动地掌握和运用知识。

正如陶行知先生所说的“我认为好的先生不是教书，不是教学生，乃是教学生学”。学生只要掌握了科学的有效的学习方法，才能融会贯通，终身受益。充分发挥学生主体作用，变被动为主动的学习方式，是提高高中学生语文素质的基础。

细节决定成功，点滴铸就辉煌

河北省香河县第一中学　赵静

近些年来，我校的生物教学成绩在廊坊市重点中学中，一直是名列前茅，能取得这样骄人的成绩，与教研组组长的引领和组内老师的团结、互助、分享是分不开的，生物组内的教师有激情、活力、与时俱进，勇于创新进取，已经形成了适合自己的一套比较完整的系统的教学模式。

生物学科知识性、理论性强，知识点多且庞杂，需要准确记忆的内容多，要想提高学生的生物成绩，教师需做好两件事：一是抓基础；二是抓审题。要做好这两件事，最重要的就是向课堂要效率，向落实要质量。

从 2005 年秋季开始，我校生物组从高三年级开始了第一阶段教学经验改革。那时生物学科在高考中的分值是 72 分，所以每周的生物课时比较少，每节课的课堂容量就比较大，老师在黑板上书写的内容较多，黑板的容量有限，过不了多久，板书内容就会被擦掉，老师上完一节课，口干舌燥、筋疲力尽；学生也忙于记笔记，不能认真地思考问题。2005 年，在徐老师的提议下，我们开始了第一轮导学案的改革。

导学案的制作，先经教师集体研究、个人备课、再集体研讨制定的，它以学生为本，是学生学会学习、学会创新、学会合作，自主发展的路线图，能促进学生高效的掌握知识，为后续学习奠定文化基础。当时教学条件有限，我们决定老师手写导学案，印发给学生。

怎么做呢？做成什么格式的？大家集思广益，最后达成一致，“提前备课，集体研讨、优化学案、师生共用”。提前备课，了解学生，疏通教材，从纵横两方面把握知识体系；备课组组长提前一周召集全体组员就教学内容进行说课，着重围绕如何确定教学目标，选择教学方法，设计教学流程，分析学生情况等方面内容。把每节课的课程目标、教学内容、教学的重难点标注出来，以填空的形式制成导学案，上课之前将“导学案”发至学生，学生有备而学。在学习的过程中，学生是有方向、有目的、有策略、有方法、操作性极强的有效学习，学习完全自主，完全参与其中，学生完全主宰着学习，学习效率自然很高。学生认真进行课本预习，所有学生必须自行解决“导学案”中基础题部分，学有余力的同学可以做拓展题，生疏或难以解决的问题应做好标记，上课时与同学交流或向老师请教。

读书说起来容易，但是学生很难被接受，学生不爱读书，更重视做题，总觉得做题有成就感，实际上生物学科中知识点很多，每一个知识点都有可能成为高考命题点，例如2018年全国一卷，细胞呼吸的内容就出自资料分析，共同进化的内容中考了小字内容“收割理论”所以为了避免盲点的出现，教师要有目的地引导学生去读书。

生物教学中经常用到挂图（或模型 ），这是生物教学中最为常见的直观教学形式，它能将实物“放大或缩小”，最终让学生更清楚地认识生物知识。2008 年学校扩招，一个年级达到 20 个教学班，学校给准备的教学挂图（或模型 ），不够用了，而且新挂图较少，老的挂图又是贴贴粘粘的，面相非常难看，所以，在赵艳红老师的带领下，我们高二年级开始尝试着自制多媒体课件，前期每人分配不同的任务，完成初次制作，然后大家围绕在电脑旁相互讨论，不断完善，修改，形成了有自己特色风格的一套课件。传统的教学手段对微观世界显得有些无助，而运用多媒体则可将微观的结构和功能或者生理过程生动逼真地呈现给学生。由于多媒体教学软件汇集了文本、图形、动画、声音、视频、音频等多种媒体信息，能创造出图文声像并茂、生动逼真的教学环境，能在短时间内调动学生多种感官参与活动，使学生获取动态信息，从而形成鲜明的感性认识，激发学生的学习兴趣。改善学习效果，能变抽象为形象，变微观为宏观，变静态为动态，变不可操作为可操作，使“死”的生物概念、原理变成“活”的生物知识，使看不见、摸不着的微观世界和复杂的生理过程直观地显现在学生面前，学生的学习兴趣、求知欲大为提高，教学效果也明显地提高了。

2010年，新课标改革后的第二年，学校开展分层教学，我和赵老师回到高一年级第一级部，由于只有我们两人，在赵老师的提议下，我们开始了教学模式的研究，赵老师负责把握教学的方向，提前做出导学案，我负责配套的课件的制作，我们把它定义为“学案导学—课件辅助—自主探究”的教学模式，这种教学模式目前已经应用大了我们三个年级，我们有新授课的配套课件导学案，又有高三复习课的配套课件导学案，即便积攒了很多的现成材料，我们也没有停下创新的步伐，我们要向课堂要效率，要督促学生加强记忆，所以在每章内容讲授完之后，都要有基础知识过关检测的内容，以检验学生掌握情况。生物知识点散、细碎、强化基础很重要，所以过关很有必要，强化记忆，对于过关有困难的同学要单独辅导，其实不过关的很多同学都是弱科生，除了课上多提问是一种方法，也可以让学生给老师讲题的方法，督促他自觉地去看书，已出现问题就让他回归课本，课本熟了自然也就不弱了。

2015年冬，高三年级开始了理综模式的考试，很多学生反映生物选择题方面失分较多，问题呈现出来了，怎么解决？需要加大训练的强度，必须有针对性，为此老师们又开始了另一项创新内容，在每一知识点下面找出20道判断题，去训练学生，结果学生答题准确率得到了提升。

2016年，学校开始了抢学3分钟的措施，要学生做好课前的准备工作，如何更好地利用这3分钟，在赵老师的带领下，我们开始制作，检测学生对上节课内容掌握情况的听写小条，虽说只是几个字而已，但它能充分调动学生的学习主动性。

班级教学是一个整体，校长一再强调“要种好自己的田，浇肥大家的园”，所以每名教师要想办法做好自己的事情，对于班里的生物弱科生，我通过观察、了解、座谈等方式充分了解弱科产生的原因。对症下药，或引发学生兴趣、激励学习信心；或个别座谈辅导，辩疑解难；或教给学习方法、提高学习效率；或做思想工作，耐心开导启发，解决好信心、目标和定位问题；教学中，实行分层教学、分类指导，制订不同的实施计划，落实各自的实施措施，我在上课的时候基本上每节课都会提问他们，而且不止一次地提问，让学生从心里感觉到老师对她的关心、鼓励。做到了老师主动围着学生转，真正把“补弱”工作措施落到实处，抓出成效。

习题讲解中，逐个题地统计学生的得分与失分情况，计算出每道题的得分率。根据试卷中试题涉及的知识点、解题方法和错误类型，进行归类。按知识点，将试卷涉及同一知识点或相近知识点的题归到一起；按解题方法，将试卷中用同一解题方法或涉及同一生物学知识的题归到一起；按错误类型，如“概念不清”“出现知识漏洞”“运用知识能力不强”“粗心大意”等归到一起，这样既能提高课堂效率，又能帮助学生理清思路，对致错的原因留下深刻印象。

一般来说，错误率最高、涉及多个知识点交会的和解题思路较宽的综合题应是讲评的重点，而对错误率较低的题目，可以由学生内部自己讨论解决。

高效课堂不能满堂灌，尤其是习题课，一定要有总结反思讨论的时间，生物知识点多，个人的盲点也不相同，互相讨论能够相互促进。

积累本可以记录一些解题规律性的总结，把一些易错的知识点可以总结在一起，采用对比的方法加以记忆是很有效果的。以洋葱为材料的实验课本中有很多处，但不同的实验采用的洋葱的部位就有所差别，例如以洋葱根尖为实验材料，课本上有两个实验，分别是“观察植物细胞的有丝分裂”和“低温诱导染色体加倍”，如果把两个实验结合起来找到异同点，就不容易出现错误了。关于以洋葱鳞片叶表皮为实验材料的实验课本上也涉及了两处，分别是以洋葱鳞片叶内表皮为实验材料“观察 DNA 和 RNA 的分布”，以紫色洋葱鳞片叶外表皮为实验材料“观察植物细胞的吸水和失水”，如果把两个实验结合起来找到异同点，就会在答题时能有效地排除一些干扰选项。如解自由组合题目要注意单独分析，特殊的比例利用；解答遗传题的思路，实验题的模板等。也可以积累一些考试中常出现的知识点，错题，经典题目的收集整理等。

在教学中，老师和学生都取得了一定的成绩。

1. 优质课

2011 年 1 月，“细胞呼吸”在校示范课评选中获二等奖

2012 年 12 月，“酶的特性”在全国校园文化建设优秀成果评选获一等奖

2. 课件

2009年12月，“植物代谢”在全市中学学段生物学科课件评选活动中荣获一等奖

2009年8月，“植物对水分的吸收和利用”，在“河北省多媒体教育软件大奖赛”中获二等奖

3. 教案

2009年8月，“生物组织中还原糖、脂肪、蛋白质的鉴定”获“河北省多媒体软件大赛”三等奖

4. 指导学生竞赛

2009年12月，指导的崔明辉同学在2009年全国生物学联赛中荣获市级一等奖

2012年8月，指导魏璞同学在2012年全国生物学联赛中荣获河北省三等奖

谈教学改革

河北丰润车轴山中学　韩志海

在谈教改之前，我先表明一个个人观点，个人认为课堂教学的改革只是教学的一个辅助，学生真正实力的培养，才是备战高考的重中之重，在绝对的实力面前，任何的技巧都无济于事，实力碾压一切，但是，真正实力的培养，也需要我们在课堂上不断地通过各种方法来提升，因此，此篇文章所讲的我校教改中的各种经验教训，只是对课堂的小小辅助，对知识灌输的一种培养，改革不是万能的，但故步自封的教育也是万万不能的。下面结合自己从教的经验，来谈一下对教改的理解。

一、课改小苗头之有效教学的尝试

2008 年，我校课改还没有大刀阔斧地进行，但是教研课已经有了基本的模式。

从最初的教师满堂灌已经逐渐增添了学习活动的样式，比如我们增加了讲练讲的小环节，我本人十分欣赏这样的小环节，这个环节也是我在平常重难点处理中最常用的一种手段，对于某个典型的知识点，比如进行 DNA 结构碱基对的计算的学习时，先给学生讲解有关的公式、规律，然后让学生针对这一规律去做两道例题，学生在最初应用这个规律时，肯定显得吃力，因此学生做完之后马上进行该知识点的讲解，讲完之后学生再练两道变式题，这样，小知识点就顺利攻破了。

当时课堂的学案还比较形式单一，基本都是一些小填空和一些选择题，但是平时在教研课的时候我们都会刻意地加入一些讨论的小环节，但是当时的学生并不适应这种形式，讨论的气氛也不是很热烈，效果也不是很好，现在想来，当时的讨论确实有些不伦不类。

2009年刚开始有课改苗头的时候，有效教学的呼声很高，当时我校教师人手一本华东师范大学余文森教授的《有效教学十讲》，在对于有效教学的学习中，本人对于余教授的很多理论与实际操作都进行了实践，感悟很多，作者以“对人的成全”为内在尺度，通过对课堂教学耐心、细致的省察，见微知著，道出许多启人心智的关于有效教学的独特见解。作者的睿智与幽默，读者在本书中随处都可感受到。下面归纳一二：

1. 有关教学相长

通过教学不仅应使学生获得发展，老师也要得到提升，实现真正意义上的“教学相长”，这也是新课程的一个核心理念。教学过程也应该成为教师专业自我提升、自我发展的过程。教师不断从教学中获得教育智慧、获得专业成长，这是教学最根本的吸引力。没有这个吸引力，教学更多的可能要靠外在的动力来推进，这就很难可持续发展。这也是新课程先进的理念，不仅要关注学生的发展，同时也要关注教师的发展。

2. 有关教学情境

有价值的教学情境要有以下几个特征：(1) 基于生活。强调情境创设的生活性，其实质是要解决生活世界与科学世界的关系，新课程呼唤科学世界向生活世界的回归。(2) 注重形象性。强调情境创设的形象性，其实质是要解决形象思维与抽象思维、感性认识与理性认识的关系。(3) 体现学科特点。情境创设要体现学科特点，紧扣教学内容，凸显学习重点。(4) 内含问题。有价值的教学情境一定是内含问题的情境，它能有效地引发学生的思考。(5) 融入情感。情感性指的是教学情境具有激发学生学习动力的功效。[①]

3. 有关学习共同体的提出

对教学而言，对话意味着互动，意味着参与，意味着相互建构，传统的严格意义上的教师的教和学生的学，将不断让位于师生互教互学，彼此将形成一个真正的学习共同体。在这个共同体中，学生的教师和教师的学生将不

① 余文森．有效教学十讲 [M]. 上海：华东师范大学出版社，2009：107-109.

复存在，代之而起的是新的术语：教师式学生和学生式教师。教师不再仅仅去教，而且也通过对话被教，学生在被教的同时，也同时在教。他们共同对整个成长负责。对学生而言，对话意味着心态的开放，主体性的凸显，个性的彰显，创造性的解放；对教师而言，对话意味着上课不是传授知识，而是一起分享理解，上课不是无谓的牺牲和时光的耗费，而是生命活动、专业成长和自我实现的过程。[①]

二、基于脑科学的前置性学习设计

2014 年，学校在之前的沉淀下，在新课程理念的刺激下，教学改革的呼声越来越高，当时我所在的高二年级进行了一系列有关前置性学习的改革，近 20 年随着欧美、日本等发达国家对脑神经科学的研究，学界又诞生了一门新的教育学——脑神经教育学。2014 年脑科学理论成为教育与课堂的热点，国内引进的有华东师范大学出版社出版的《教育与脑神经科学》，教育科学出版社出版的《脑的争论：先天还是后天》《受教育的脑：神经教育学的诞生》等，其中《教育与脑神经科学》相对而言比较通俗，它在每个章节都提出了相应的教学建议和教学策略，也就是我们较为看重的操作层面的东西。基于对这本书的理论学习，我们展开了前置性教学的研究，并做了相关课题。下面就有关前置性学习阐述本人相关的观点，并对教学中的一些相关操作进行举例：

1. 什么是前置性学习

前置性学习，也可以称为前置性作业，是生本教育理念的一个重要表现形式。它指的是教师向学生讲授新课内容之前，让学生先根据自己的知识水平和生活经验所进行的尝试性学习。

2. 有关前置性学习的课题研究

研究对象：本课题在全校高高二所有班级的生物学科进行研究。把所有

① 余文森．有效教学十讲 [M]. 上海：华东师范大学出版社，2009：139.

班级分成两大组，实验班一组，普通班一组，同时每个大组又按照根据任课老师所教班级分成实验组和对照组，分别采取常规课堂教学模式和前置性学习课堂教学模式进行教学，搜集数据，进行对比，得出结论。

通过文献研究，比较新课程与传统课程中前置性学习的不同要求，探索新课程背景下前置性学习的内涵，提炼，概括出与实施新课程相匹配、相一致的前置性学习的要素和特征。

3. 染色体变异——课前置性学习教学模式典型个案的设计

（1）教学方法：与传统教学方法中的讲授法不同，本课型主要是应用互动、合作、探究式的教学方法。

学生层面上的具体操作如下：

小组安排：全班设置 10 个学习小组，每组 6 人（四组 5 人），每个小组设置组长和各个学科长及结对组长。每组制作符合本组风格的组牌，并在组牌上体现出组别、本组成员、组长、学科长、结对组长、小组宣言等内容。

组长职责：

（1）课上组织本小组进行合作探究问题，指定记录员和问题展示人员。

（2）督促本组成员认真完成作业并按时收好本组成员的作业。

（3）维护本组的自习课纪律。

学科长职责：

（1）课上小组合作探究过程中，协助小组长做好本学科的合作探究与问题展示。

（2）协助小组组长督促组员按时完成本学科作业。

4. 结对组职责

（1）课上合作探究的最基础单位。一些基础性问题由结对组完成。

（2）自习课互相督促认真完成作业。早自习利用一定时间进行互学互考活动。

（3）课下有问题互相帮助，成为学习上共同促进提高的好朋友。

问题探究讨论时以结对组为单位，其中结对组组长起导向作用，结对组合作、探究之后再全组共同合作。回答问题时，改变传统教学的教师提问形式，改以学生自主形式举牌发言，发言内容规范为：“我代表第 × 组发言……其他小组有没有不同意见或补充”，“请老师点评”。

在教师层面上：教师要充分发挥教师主导，学生主体的作用，教师把握课堂全局，做一个理智、客观的引导者，引到学生自主学习，并及时作出评价。

5. 教学过程

情境导入：播放猫叫综合征的视频，引入染色体变异。

自主学习：学生阅读课本，有关本节课的定义、需要识记的知识点，结合导学案自主完成新授内容的填空、判断、图解等题型。完成之后小组自行统一答案，如有不能解决的问题及时反馈给教师，最后由小组用投影仪自主给全班同学出示答案。

自主学习检测：学生自主学习之后，为了检测自主学习的效果，完成导学案上所设置的相关题目，大多以识记知识为主。学生完成后自行统一答案。各组出示答案，如其他组有不同意见或疑惑，由出示答案组上台讲解，组间可以讨论，最后由老师点评。

合作探究：设置 2 ～ 3 个学生不能自主完成，需要共同合作、探究、讨论完成的题目。如：如何判断一个细胞中的染色体组数及每组中的染色体条数，如何区分单倍体、二倍体、多倍体。

当堂检测：对本节所学的内容的检测，题目较有难度，在识记、理解的基础上有所提升。学生完成题目后自主统一答案，如有不同意见，由各组上台阐述自己的理由，最后由老师点评。

6. 教学评价

（1）小组活动计分方法

每天记录各小组课上活动探究情况，每次认真组织回答展示问题加 1 分，由学习委员或课代表每天负责记录。

各组成员发生一次违纪（迟到、早退、睡觉、自习闲谈等，具体细节见班规）按照班规减分。由纪律委员每周进行汇总。

每周由各科代表对各小组交作业情况进行打分。总分 10 分。

包含考试的周次要将个人考试成绩按照班规进行加分。

参加学校各项活动取得优秀成绩酌情为本小组加分。好人好事酌情加分。

（2）小组活动奖惩方案

每周对各小组分数进行汇排队并总评，选出 2 个优秀小组班会表扬，2 个表现较差小组班会批评。

由每周优秀小组和较差小组组成互帮互助联谊小组，优秀小组有义务对较差小组进行学习方法的指导，而较差小组要满足优秀小组提出的一个合理要求。

每月对各小组成绩进行一次总评，评出优秀小组照相并将相片展示在教室外的班级风采栏目。用班费给优秀小组发一些小奖品以资鼓励。

学期末在评优评先活动中参考小组评比成绩。

通过这种互动探究课堂教学模式的开展，我校生物教学取得了很大的进步，激起了学生学习生物的兴趣，在历次考试，生物竞赛中都取得了骄人的成绩。

通过观测和调查，对本校教师在课堂教学中前置性学习所呈现的问题进行研究，探索改善现状的方式和途径。

三、APAE 课型成熟，课改成果显著

中国学生发展核心素养以培养“全面发展的人”为核心，包括文化基础、自主发展、社会参与 3 个方面，综合表现为人文底蕴、科学精神、学会学习、健康生活、责任担当、实践创新 6 大素养。新的课程改革是教师在核心素养指导、引领下，对以教师为中心的传统教学进行的一场“革命”，即通过改革教学方式与学习方式，给每一个学生提供平等的学习机会，让每一位学生轻松愉快地学习，了解科学探究的基本过程和方法，并逐步形成科学探究能力、合作精神和社会责任感。

“授之以鱼，不如授之以渔。”培养学生“学会学习”的能力成为我们课堂教学的重要任务。要想点燃学生的学习热情，一份优秀的学习设计必不可少。

为此，我们从新课改理念出发，以“先学后教”为指导思想，以我们自主研发的 APAE 策略为手段，以学习设计为载体，为学生量身打造了本套丛书。

APAE 是包括目标（Aim）、计划（Plan）、调控（Adjustment）、评价（Evaluation）四环节的教学策略。A（Aim），即目标，是人们有意识地追求的对象，即每一个行为个体想要实现的宗旨。对于学生而言，制定学习目标就是要让其学习的行为模式发生显著的改变。在制定目标时，使用的行为动词应简明、具体、可操作，既指出要培养学生自身的哪种行为，又指出该行为可运用于哪些生活领域或内容中。P（Plan），即计划，要实现其既定的学习目标，学习者就要制订合适的学习计划，选择恰当的学习方法。有效的计划应符合学生实际，在学生力所能及的范围之内。A（Adjustment），即调控，为完成学习目标，学生应对自己的学习过程实施主动的监测和调节。有些学生在学习过程中会出现诸如情绪变化、心态波动、不良习惯、意识冲动等阻碍目标实现的变量，还有些学生在学习过程中可能会受到学习情境因素的影响，发现当前所采用的学习方式并不利于学习目标的达成，进而做出及时调整，还有就是对诸如学习时间、计划落实等因素的调节等。E（Evaluation），即评价，是检验目标达成与否的一个重要环节。评价的过程，实质上就是判断学习计划在多大程度上实现了预期目标的过程。它包含两个重要的方面：一是应该评价学生的学习效度，即学生的学习行为在多大程度上实现了预期的学习目标；二是应该评价学生自身学习行为的改变，如思维方式、学习习惯、合作能力等，即判断这些行为实际上产生了多大程度的改变，这也是学习目标的真正意义所在。评价的目的就是要让学生知道他在哪些方面的学习是有效的，而在哪些方面是还需改进的。

把 APAE 策略融入学习设计，体现了“自主、合作、探究”的教育理念，引导学生主动参与获取知识的学习过程，不仅让学生掌握知识，更能培养学生独立获取知识的能力、合作互助、勇于创新的精神，最大限度地开发学生的潜能，促进学生主动地全面发展。

学习设计包括以下七个部分。

第一部分是学习目标。依据考纲、课标和学生学情制订每一个学习设计的学习目标，目标制订要简捷、明确，易于学生操作和评价。

第二部分是情境设计。引用生活事例、现象或是学生感兴趣的故事、新闻导入本课，激发学生学习兴趣。

第三部分是问题导学。以填空、图表、问题等多种形式，帮助学生学习课本知识，发现疑难问题。

第四部分是拓展延伸。拓展学生的知识，延伸学生的思维，有利于开阔学生视野和眼界。

第五部分是典例应用。精选典型例题，帮助学生形成解题思维，突破重点和难点。

第六部分是快乐体验。精选习题，分层设置，可以满足不同层次学生的不同需要，有助于学生进行自我检测，体验成功的快乐。

第七部分是思维导图。把本课知识网络化，精细化，重点突出，便于记忆。

高中生物探究性教学策略初探——教学经验篇

目前，我国的教育工作者正以“研究性学习”和“探究学习”为核心，开始了新一轮对传统教学的反思，促进学生开展探究学习是当前学习方式变革的主旋律。

1. 推行探究性教学的背景和必要性

我国正全力推行的探究性教学备受广大教师的关注，但在具体的教学实施过程中存在一定的困难，广大教师还处在摸索阶段，所以，我们进行探究性教学策略研究是相当必要的。

探究性教学在实质上是一种模拟性的科学研究活动。具体说来它包括两个相互联系的方面：一是有一个以“学”为中心的探究学习环境；二是给学生提供必要的帮助和指导，使学生在探究中能明确方向。

传统的生物教学方法曾在历史上发挥过积极的作用，培养了不少优秀的人才，但是这种教学方式过分侧重于知识的传授，缺乏对学生学习兴趣、探究能力以及情感方面的培养，致使学生对生物知识望而生畏，丧失信心和热情，以致影响其终身对生物学习的热情和信心。目前倡导、开展的创新教育，理论上轰轰烈烈，其重要意义已取得教育界内外人士的共识。问题在于如何落实到教学过程中呢？此次高中生物课程教改的基本理念之一是改变过分强调知识传承的倾向，让学生经历科学探究过程，学习科学研究方法，培养学生的探索精神，实践能力以及创新精神。探究性学习怎么探究，实际是要回答教学过程怎么操作。这个问题的基本思路是：遵循学生的认识规律，以素质教育思想为指导，学生主动参与为前提，自主学习为途径，合作讨论为形式，培养创新精神和实践能力为重点，构建教师导、学生学的教学程序。

2. 例谈探究式教学具体策略

(1) 激发自主学习动机，增强自主参与意识

首先，教师要调整好与学生的站位关系。把自己变成“一位顾问”“一位交换意见的参与者”“一位帮助发现矛盾论点、而不是拿出现成真理的人”。同时树立正确的学生观，努力改变学生的学习方式，变接受型的被动学习为探索型、发现型的学习。例如，在讲解“渗透吸水的原理”时，先出示渗透装置，演示“渗透作用”实验，并用多媒体演示“渗透作用”动化过程，引导学生思考：①漏斗中液面上升的原因是什么？②一个典型的渗透装置必须具备哪两个条件？经学生自己的分析、讨论、总结，得出正确结论后，让学生回顾成熟植物细胞可能通过渗透作用吸水或失水的结构基础，随后就通过“植物细胞质壁分离和复原”实验来验证。实验完毕，分析实验结果，然后利用多媒体出示思考题：①为什么给农作物一次施肥过多会造成“烧苗”？②为什么盐碱地必须改良才利于农作物生长？③浓盐水能起杀菌作用的原因是什么？④为什么用盐腌咸菜，菜会变软；把暂时萎蔫的蔬菜浸入清水里，菜会硬挺？这样，通过活动让学生自己发现要学习的东西，能够积极地“同化”或“顺应”，因而容易得到更深刻的理解。

其次，教师要善于挖掘教材中的激励因素。凡是富有成效的学习，学生必须对要学习的材料具有深厚的兴趣。兴趣是学生对学习活动的一种积极的认识倾向，它是学生获取知识、拓宽眼界、丰富心理活动的最主要的推动

力。教学中笔者经常把学生感兴趣的生物界新成果、新发现、新观点等介绍给学生。例如，讲“遗传的物质基础”时，介绍克隆“多利”绵羊的方法；讲“DNA 的复制”时，简介“鸡尾酒疗法”治疗艾滋病的原理；讲“生物的变异时”介绍遗传育种的新方法——航天育种；讲生态平衡时，介绍美国“生物圈 2 号”实验失败的实例，深化环境意识。除此之外，我经常给学生提供一些课外读物。如;《泥河湾文化志》《遗传浅说》《寂静的春天》等。充分利用多媒体辅助教学，并利用现有实物、标本、模型、剪贴图等直观教具等。课上适时出示，让学生仔细观察，使课堂教学生动、形象、直观，极大地激发了学生学习生物学的兴趣。

(2) 创设主动探索空间，促成自主参与学习

课堂教学效率的优质、高效离不开全体学生的全程积极、有效参与。教师要努力创设主动探索空间，让学生有动脑思考、动手操作、动笔尝试、动口表达的解决问题和提出问题的时间和空间，使其外部活动逐渐内化为自身内部的智力活动，从而获取知识，发展智能，以更积极的姿态自主参与学习活动。

首先，教师要创造让学生参与尝试的机会。其次，教师要提供让全体学生参与的时机，一般应当先做好铺垫，让学生在新旧知识的边界点处尝试新知识，使所有学生能够跳一跳摘到果子，享受成功的喜悦，继而以更饱满的热情参与下面的学习。避免由少数学生的活动代替多数学生活动。我在实验教学中，在做好课本实验的同时，指导学生探究实验、设计小实验，能切实提高学生的操作能力。例如，讲到“光合作用”时，让学生利用透明广口瓶、玻璃导管、金鱼藻、火柴等材料设计实验，验证植物在光合作用过程中能够产生氧气；讲到“呼吸作用”时，让学生利用广口瓶、玻璃导管、萌发种子、漏斗、澄清石灰水，清水等设计实验，证明种子在呼吸作用时放出了 CO_2；讲到“生长素发现”时，探究和设计植物茎的向光性的小实验。学习“矿质代谢”后，设计无土栽培番茄的小实验等。另外，学生可以用自己的方法，设计出实验，也可以用生活一些诸如饮料瓶、塑料管等替代一些实验仪器。总之，数学课堂教学中要为学生创设主动参与的机会，提供主动发展的空间，引导

学生主动参与，从而落实学生的主体地位，促进学生的主动发展，使学生的数学素质得到提高。

(3) 着力学法指导，提高自主参与能力

增进学生自主意识的关键在于教会学生学习的方法和策略，让学生由“要学”到“学会”，最后过渡到“会学”，提高学生的学习质量，使学生真正成为学习的主人。让学生掌握生物学学习方法，对培养学生的自学能力，提高学生素质大有益处。如理论联系实际的学习方法，指导学生运用所学到的生物学知识来解释日常生活和生产劳动中所遇到的生物学现象，从而加深对课本知识的理解。在丰富多彩的生物界，有许多有趣的课外科技活动可以去开展。例如，在学习“生物与环境”后，我让学生观察学校附近的生态环境；调查当地的草地、森林、野生动物等生物资源；调查清河水、市内噪声、市内空气的污染状况等，然后进行分析、总结。使学生真正体会到保护环境的重要性。学习“营养生殖”“顶端优势”知识后，组织学生参观果树园、参观学校花房，并请农技师现场讲解、当场实践；学生很快了解了果树修剪和繁殖(扦插、嫁接) 技术，掌握了月季、菊花、大丽花等花卉的扦播技术。在讲解“基因的分离规律”、“基因的自由组台规律”“杂交育种”知识时，组织学生参观小麦、玉米育种田，使学生掌握了杂交育种方法，理解了基因的分离规律和自由组合规律的实质。这样，既做到了理论与生活实际和生产实践相结合，又使学生开阔了视野，扩大了知识面，提高了能力。又如图文结合的学习方法，插图是生物学教材的有机组成部分，新教材尤其重视学生图文转换能力的培养，要求学生以图释文，在图像中采撷相关的信息等。

(4) 重视合作式探究学习，增强团队精神和合作意识

杨振宁博士指出，如果说在过去还有可能一个人独立完成诺贝尔奖项的话，那么，自 20 世纪 80 年代以来，尤其是进入信息社会以来，没有人们的共同参与，相互合作，任何更大发明创造都是不可能的。在经济一体化与专业分工日趋精细的大趋势之下，合作意识与合作能力已经成为人们生存发展的重要品质。探究性学习要通过参与式的交流，让学生成为学习的主人，成为能够为自己行为负责的人。例如在《绪论》中学习“环境污染”的问题时，

教师引入了环境污染的概念，提到了环境污染已成为现代社会的突出问题后，学生们提出了许多问题，如“环境污染是怎么引起的，它和人类的哪些活动有联系，环境污染的危害有多大，如何防治环境的污染，我们在环境保护中应该做哪些力所能及的工作”。当问题提出后，教师鼓励学生积极行动，进行探究性学习，以小组分工合作的形式从网上、从新闻媒体、从报刊、科普书籍和调查研究等多种渠道得到了大量翔实的资料，并对资料进行分析形成自己的观点，在课堂上交流发言，最后通过讨论分析和评价达成了统一的认识，使学生在短时间内不仅了解了我国的生态环境，认识到了保护环境就是保护自然环境，就是保护我们人类自己。使学生在充满合作机会的个体与群体的交往中，学会沟通、学会互助、学会分享，使学生在学习中学会合作，在合作中学会学习。

（5）改变教师中心观，构建互动、平等的师生关系

教学关系是教师的教与学生的学的统一，这种统一的实质是交往。据此，现代教学论指出，教学过程是师生交往、积极互动、共同发展的过程。没有交往，没有互动，就不存在或未发生教学，那些只有教学的形式表现而无实质性交往发生的“教学”是假教学。

在探究性学习中，师生关系是一种平等、理解、双向的人与人的关系。例如在做“植物细胞的质壁分离和复原”的实验时，书上用了30%的蔗糖溶液，但有学生提出了能否改用60%的蔗糖溶液，如果改用氯化钠溶液结果又会怎样？在做“叶绿素的提取和分离实验”时，又有同学提出将实验材料菠菜改为青菜、韭菜、萝卜等。教师在对学生肯定的基础上，根据学生的提议，鼓励学生敢于标新立异，大胆地按照他们的设想进行对比实验。学生表现出了极高的热情，大大激发了学生进行科学研究、探索与创造的欲望，主观能动性得到了充分的发挥，成功地完成了实验，得出了正确的结果。通过实验教学中的研究性学习，不仅提高了实验技能，了解了科学研究的方法是多种多样的，锻炼和培养了学生的创造力。同时通过研究获得的知识还可迁移继而解决一些实际问题。例如，学生在做“植物细胞的质壁分离和复原”的实验中改用了60%的原糖溶液后，发现了质壁分离的速度很快，但不能复原。通

过思维、分析和讨论得出了由于蔗糖溶液浓度过高，导致了细胞严重脱水死亡，因此质壁分离不能复原。由此学生不仅明白了细胞吸水和失水的原理，还联系到了农业上的“烧苗”现象是由于一次性施肥过多，引起了土壤溶液浓度过高，植物细胞大量失水而发生了质壁分离造成的。补救的方法是及时浇水以冲淡土壤溶液的浓度，在生物学实验教学中加强探究性学习，不仅可获得良好的实验效果，使学生的主体意识得到充分的体现，更可提高学生的观察力、创造力和分析问题解决问题的综合能力。

(6) 重视形成性评价，引申探究性学习

探究性学习对评价要求较高，如它要求评价每个学生理解了哪些概念，哪些还模糊不清或不知道，是否能灵活地运用知识解决问题，是否能提出问题，是否能设计并实施探究计划，是否能分析处理所收集的证据，是否能判断证据是支持还是反对自己提出的假设等。但要弄清楚这一切，单靠终结性评价是难以奏效的。探究教学在重视并改进终结性评价的同时，很重视形成性评价，如学生每天的笔记、撰写的报告、绘制的图表、制作的模型等，以及与学生面对面的交流。针对某个问题作出的解释，通过这些可以了解学生对知识的理解深度和广度及进行科学推理的能力。重视学生对自己学习过程的评价是探究教学评价的另一个特点。学生不断地对自己探究学习进行评价，如检查采用的方法是否合适、解释是否合理、对知识的理解程度如何等，可以提高学习的效率，利于学习目标的达成。

探究式学习是否能取得实效，归根到底是以学生是否参与、怎样参与、参与多少来决定的，同时只有学生主动参与教学，才能改变课堂教学机械、沉闷的现状，让课堂充满生机。探究性教学由于学生自主探究，分层要求，都能在原有基础上获得进步，不仅有知识的积累，更有潜能的开发和人格的塑造，而且都受到表扬激励，获得成功的体验，从而激起更高的学习积极性和主动性。

3. 对探究性学习的几点建议

在我们进行探究性学习的过程中，会遇到许多问题，需要克服诸多困难和障碍，尤其是以下几方面的问题：①要营造一个有利于探究性学习的环境。

具体是指探究性学习所需要的物质条件及学校各级管理人员、学生家长和社会各界的支持。②教师需要进行全方位的培训，才能转变教学观念。要搞好探究教学，就必须重视教师自身素质的提高，使广大教师深入理解探究教学的本质，并掌握一些教学策略和技巧，如怎样提问、怎样设置两难问题情境、怎样收集信息及解决问题的方法、归纳法、推理法。③探究性学习的总体安排应有一定的梯度，应遵循由易到难的原则，逐步加大探究力度。④在强调探究教学的同时，要注意多种教学方法的运用。

总之，传统课堂教学过分强调认知性目标，重结论、轻过程。从教学的角度讲只是一种形式上走捷径的教学，把形成结论的生动过程变成了刻板的条文背诵，它从源头上剥离了知识与智力的内在联系。正因为如此，我们呼唤探究性学习，强调探究的过程；强调学生探索新知的经历和获得新知的体验。当然强调探索过程，意味着学生要面临问题和困惑，挫折和失败，这同时也意味着学生可能花了很多时间和精力结果却所获甚少，但是，这却是一个人的学习、生存、生长、发展、创新所必须经历的过程，进而使学生在思维能力、情感态度与价值观等多方面得到进步与发展。

我热爱，所以我耕耘

河北省廊坊市第七中学　张云敏

我大学毕业初登讲台的时候，教学设备还比较落后，教学媒体单一，教室里没有投影，没有电视，没有电脑，没有现在的各种电子设备。当时提倡目标教学，老师们每人都有一块约 60 厘米 ×80 厘米的小黑板。课前，把这堂课的教学目标写在小黑板上，上课时先让学生了解这节课的学习目标，做到心中有数。小黑板的另一面写习题，供当堂练习。当时讲课的辅助工具大概只有挂图、模型，标本了。当时学生没有练习册，没题可刷，老师们自己出题，用蜡纸刻板，印刷出来给学生做练习。

中学实验室的设备比较落后，显微镜都是没有电源的，用自然光。坏事也可以变成好事，正好可以锻炼孩子们的显微镜使用技术——调节视野亮度。还有一点不方便，就是实验室的所有显微镜都没有指针，学生观察过程中，描述结构时不方便，无法指定目标。没有指针确实太不方便，于是想着能不能改造一下，给显微镜加个指针。于是我拆开目镜，加上一小段头发，固定后重新安装好。果然方便多了，可以将物像移到“指针”指定的位置。给学生示范时可以说：“注意看，指针指着的结构就是 ×× 结构。”

在讲《神经调节》时，学生对膜电位的变化、兴奋在神经纤维上的传导等知识点理解不透。我想，用模型来演示更直观，会有助于学生对这些知识的理解。于是自己动手制作模型。材料有：硬纸板（或薄木板），刻刀、细铁丝（或长螺钉、螺母），彩笔等。

制作步骤分三步：

1. 制作神经元模型。取 30 厘米 ×60 厘米的硬纸板（或薄木板），在板上画神经元模式图，用刻刀将细胞膜刻出细缝，树突的末端和轴突末端留下一小部分不刻断，以成为整体。用红色彩笔在膜外画1厘米见方的正电荷；膜内换绿色彩笔画上负电荷。细胞体内用黑笔画出细胞核，轴突末端突触小体内画出突触小泡。

2. 制作局部电位模型。剪出2.5厘米 ×4.0厘米的硬纸板两块，用黑笔纵向画一条线，线两侧分别用红色笔画上正电荷，用绿色笔画上负电荷。用细铁丝（或长螺钉）固定中心。

3. 两个模型的结合。把两块局部电位模型置于神经元模型前面，细铁丝（或长螺钉）从神经元的细胞膜（细缝）向后穿出，在背面打结，缠绕于小木棒上。如果用长螺钉，可用螺母在背面固定。使得局部电位模型可以沿着细胞膜细缝滑动但不会从神经元模型正面滑出。

使用方法：

1. 静息电位的演示。调整局部模型方向，使其与神经元颜色保持一致，可以演示在未受刺激时神经元的静息电位。

2 动作电位的演示。调整局部电位模型的方向，使其颜色与神经元颜色刚好相反，可以演示神经元在受到刺激产生兴奋时的动作电位。

3. 兴奋传导的演示。在模型背面操作小木棒，使得局部电位模型沿着细胞膜细缝左右滑动，代表兴奋在神经元上的传导过程。本模型所用材料容易获得，制作起来简便易行。模型操作简单而形象直观，便于学生观察和加深对知识的理解。将这些经验写出来，在《实验教学与仪器》2006年第11期公开发表。后来科技进步，教学媒体和手段多样化了，我再次改进《通过神经系统的调节》教学设计，参加省优质课比赛获说课获一等奖。

在教学工作中做个有心人，把相关知识点进行总结归类，便于学生记忆。我把高中生物学中的数学计算问题进行总结，开设“计算”专题复习，撰写的《高中生物学中的数学计算问题》在第十届全国中学生物学论文评选中获奖。把高中教材中所有关于酒精的应用进行总结：12%酒精，腐乳制作实验，作用是调味和抑制微生物生长；50%酒精，脂肪鉴定实验，作用是洗去苏丹III染液的浮色；70%酒精，微生物培养实验（组织培养实验），作用是用来消毒；95%酒精，观察有丝分裂实验，作用是与盐酸一起用来解离；95%酒精，低温诱导染色体加倍实验，洗去卡诺氏液；95% 酒精，DNA 粗提取实验，作用是用于 DNA 的提纯；无水乙醇，绿叶中色素的提取和分离，提取色素的溶剂。再比如把所有可以用洋葱为实验材料的实验进行总结，洋葱的根、鳞片叶、管状叶分别可以用在哪个实验，把相关的实验一起复习，学生进行对比学习效果不错。同时引导学生自己进行归纳总结。

把不同题型进行归类，总结不同题型的解决策略。数学模型在生物学中的应用是难点，我写的《小议生物坐标曲线题的解题思路和步骤》一文，从识图、析图、用图方面进行阐述，识图是基础，析图是关键，用图是目的。以具体实例告诉学生如何通过剖析坐标曲线，运用图中曲线特征和规律来解决实际问题。这篇文章发表在《河北理科教学研究》。此外还有《文字表述类试题解题策略》《磨刀不误砍柴工之一题多解练习》《列表清理易混概念》《题型突破之信息材料题》等分别发表在不同报纸刊物上。

对学生进行环保教育，使他们形成环保意识。与别人合作按时间总结环保主题，也可按内容进行总结：

表一

参考主题	活动时间
1. 结合“世界清洁地球日”确定主题 (1) 开展“住在地球，清洁地球，美化地球”活动 (2) 了解中国、世界污染现状，思考我国可持续发展的前景 2. 结合“国际保护臭氧层日”确定主题 (1) 调查大气污染的现状 (2) 从环保产品“无氟冰箱”说起；讨论人类与臭氧层的关系	9 月
3. 结合“国际减灾日”确定主题 (1) 关于“天灾人祸”的思考 (2) 调查自然灾害对人类造成的损失，思考人类应变能力	10 月
4. 冬季话环保 (1) 探讨“一氧化碳中毒”的危害、抢救及预防措施 (2) 调查当地燃煤对大气的污染现状，提出治理计划、方案、措施	11 月
5. 环保法的宣传如：海洋环保法，森林法等	12 月

续表

参考主题	活动时间
6. 结合"国际森林日"确定主题 (1) 探讨森林与生态 (2) 关于"一次性木筷的使用"及"贺年片祝福"的思考 (3) 探讨"城市绿化与环保"话题 (4) 开展大型"义务植树"活动 7. 结合"世界气象日"确定主题 (1) 了解我国气象发展史并讨论生物与气象的关系 (2) 简介"厄尔尼诺"现象和"尼拉娜"现象	次年 3 月
8. 关于"沙尘暴"的形成、危害及防治措施 9. 结合"世界地球日"确定主题 (1) 介绍"世界地球日"的由来及历年主题 (2) 结合当年"世界地球日"主题上街宣传	4 月
10. 结合"世界环境日"确定主题 (1) 介绍"世界环境日"的由来及历年主题 (2) 结合当年"世界环境日"主题开展活动 11. 结合"世界防治荒漠化和干旱日"确定主题 (1) 研讨"荒漠防治与西部大开发" (2) 介绍干旱对人类的影响	6 月

表二

专题名称	参考主题	活动时间
健康教育	1. 结合"世界艾滋病日"确定主题 讨论艾滋病的危害、传播途径及预防措施	12 月
	2. 利用"3•15"保护消费者权益日进行"打击假冒伪劣商品，促进人身健康"宣传 3. 结合"世界卫生日"确定主题 (1) 人类常见疾病简介 (2) 讨论人类健康标准及养成良好卫生习惯的意义 (3) 青春期健康教育 4. 结合"世界无烟日"确定主题 探讨吸烟对健康的影响与烟草在国民经济中的地位	次年 3—5 月

续表

<table>
<tr><th>专题名称</th><th>参考主题</th><th>活动时间</th></tr>
<tr><td rowspan="2">珍爱生命教育</td><td>1. 结合“世界残疾人日”确定主题
(1) 开展助残活动
(2) 开展“珍爱生命”正文</td><td>12 月</td></tr>
<tr><td>2. 结合“世界水日”确定主题
(1) 我国及世界水资源情况调查
(2) 节水方法初探
(3) “水与生命”专题讨论
(4) 开展“从我做起节约每一滴水”活动</td><td>3 月</td></tr>
<tr><td rowspan="2">生存教育</td><td>1. 结合绪论和“世界粮食日”确定主题
(1) 开展“节约从餐厅开始”活动
(2) “杂交作物”与“转基因作物”的发展前景
(3) 我国粮食状况调查及我国对稳定世界粮价的作用</td><td>10 月</td></tr>
<tr><td>2. 结合夏季可能遇到的危险介绍生存技能，如：怎样抢救溺水者</td><td>5 月</td></tr>
<tr><td rowspan="2">保护生物资源交易</td><td>1. 结合“世界动物日”确定主题
(1) 调查当地生物资源
(2) 了解我国生物自然保护区及我国珍稀野生动物保护现状</td><td>10 月</td></tr>
<tr><td>2. 结合“爱鸟周”确定主题开展以“鸟类——人类的朋友”，“地球上不能只剩下人类”为主题的大型宣传活动</td><td>5 月</td></tr>
<tr><td>统一教育</td><td>结合“郑成功收复台湾纪念日”从生物角度开展“知我宝岛，爱我台湾盼祖国统一”活动</td><td>2 月</td></tr>
<tr><td>绿色教育</td><td>1. 结合清明节确定主题踏青——回归自然教育
2. 利用“3·15”消费者权益日开展“购绿色食品，清白色垃圾”活动
3. 宣传“绿色奥运”，支持北京</td><td>3—4 月</td></tr>
<tr><td>禁毒教育</td><td>结合“国际禁毒日”确定主题
(1) 开展“禁毒”题材的影视展
(2) 关于“禁毒”知识讲座
(3) 开展“抵制毒品，珍爱生命”征文活动</td><td>6 月</td></tr>
</table>

续表

专题名称	参考主题	活动时间
人口素质教育	1. 结合“世界人口日”确定主题 (1) 如何评价我国计划生育政策 (2) 21世纪人口素质展望	6月
	2. 结合课本《遗传和变异》确定主题 (1) 调查人类遗传病 (2) 介绍孟德尔不不平凡经历及遗传学发展	11月
实践教育	1. 考察二十四节气与农业生产的关系体会古代人民的聪明才智 2. 调查当地主要经济作物为农业生产提供可行性建议 3. 研究当地农业生态系统为相关部门提供资料	7—8月

撰写的《环保教育科技活动参考主题》发表在《生物学教学》2001年第10期。

在教学方法的理论研究与实践中，探索开放式，探究式教学，有意识地培养学生的合作学习，自主学习的能力，渗透各种生活技能，社会技能教育，树立全方位育人理念，即社会需要什么知识、能力，就在教育教学中教授相关知识和培养相关能力。在教学实践中我努力践行和推广目前国外最先进的教学方法，如：小组问题解决教学法和小组合作学习法等，在课堂教学中，除了培养学生的基本技能之外，还加入了如问题解决能力、语言表达能力、与人交流能力、合作能力等社会生存技能方面的内容。经此方法培养出来的学生，各种能力明显提高，社会适应能力（就业能力）尤为突出，取得了良好的社会效益。

因为对这份工作的热爱，所以这么多年一直默默耕耘于知识的沃野。

四、育人篇

精诚所至，金石为开

河北唐山外国语学校　张淑伟

2017 年 12 月我担任班主任期间，去北京和南京参加名师培训，外出的日子里，最令我牵挂的就是班里的学生，可是最让我开心的也是班里的学生。临行前我嘱咐他们：老师外出培训是为了回来更好地陪伴大家学习，希望我不在学校的时候你们在各方面做得更好，让我安心学习。我出去培训的第二天，组长在群里发了各班迟到学生名单：1 班 4 人，3 班 6 人，4 班 1 人，2 班没有人迟到，我的 2 班没有人迟到，感谢我的学生！培训回来就进行月考，班级整体成绩比期中考试有进步，陈博荃同学考了年级第一名，各科总分年级第一，生物单科成绩也是年级第一。年级组组长及任课老师都说我班学生很神奇，班主任不在学校的时候各个严格要求，没有任何违纪现象。如何让学生们做到这样？来看看我的“育人心经”。

其一，细心观察找原因。一次生物课上，班里一位男生睡觉，我把他叫起站到教室后面听课，他斜靠着后黑板还把书掉在了地上，我安排他到教室前面窗户边儿听课，他萎靡不振地靠在那里。我提醒说：“站得精神点，眼睛睁大些。”他声音洪亮地说：“眼睛就这么大，再大就得割眼角了。”作为教师的我立即火冒三丈，什么意思？公然挑战班主任的威严？课下我把他叫到办公室，他敷衍着说：“老师我错了，对不起。”满脸的不情愿。我想这样的结果是不能解决问题的，而且会使孩子与老师出现隔阂，甚至讨厌我的生物课。于是，我压下自己激动的情绪，平心静气地让他说说老师生气的原因，他说是因为课上睡觉，我说：“不是的，学生犯错误难免，老师生气的是你‘割眼角’的事。你说话的方式我们无法交流，以后怎么沟通？”此刻，我平息了怒火，眼睛里充满忧虑，默默地注视着他，细心地观察他的表情。他沉默一会儿说：

“老师，平时同学们都说我眼睛小，今天您让我睁大眼睛，我就很气愤，所以顶撞老师。”我也恍然大悟，原来如此……我拍拍他：“老师觉得你的眼睛细长，挺帅的！”我们俩如释重负，我为自己耐心地等待学生说明原因而欣慰，这才是教师的胸怀。这件事之后，我们成为好朋友，他见到我格外亲切，不愿和家长说的话主动找我谈；为我更换教室多媒体控件，上课使用 PPT 更加便捷。一年后他考入美国芝加哥大学，临行前专程到学校看望我，感谢老师、感谢那件小事，给了他自信。

其二，耐心等待伴成长。当科任教师时觉得学生们都挺幸福的，无忧无虑，做了班主任才发现：原来孩子们也有自己的烦恼。班里一位女生，3 岁时父亲去世，母亲独自在北京工作，由姥姥姥爷抚养长大。她性格敏感，常常埋怨母亲无暇照顾自己，母女间沟通较少。有一次母亲回家时娘俩因为学习问题矛盾升级，孩子不想上学准备离家出走。她妈妈找到我，含着眼泪请求我的帮助。我以召开班会有她的节目为名邀请她到学校来，我们倾心长谈了近 4 个小时，听她讲小时候的事、讲自己心目中的妈妈，我跟她说自己因为班主任工作有时很少照顾儿子，偶尔为她妈妈辩解几句，太晚了，我开车送她送回家。第二天，看到她正常到校上课，前一晚的疲惫烟消云散。此后，我多了对她的关注，感冒了，我煮好冰糖雪梨带给她；自习课，主动询问她的学习情况……慢慢地，我们成为好朋友，我录制公开课她给我化妆，说这样录出来好看。元旦前夕，母女俩又发生冲突，这次她主动找到我，全校师生都放假了，偌大的校园里只剩我们俩。谈心结束，照例送她回家。之后依然正常上学，但是不和妈妈联系，而且妈妈也认为自己是正确的，坚决不向孩子低头，僵持着。我通过电话和微信一边劝孩子一边开导妈妈，一次我给她妈妈打电话近 1 小时，家长很感动。期末考试结束后，我布置好寒假事宜，留下她再次谈心。劝她主动和妈妈联系，未果。送她回家的路上，我真诚地说：“给老师个面子吧，告诉妈妈放寒假了。”她说：“让我想想。”第二天中午，我正在阅卷，她的微信发过来：截图——给妈妈发了三个字“放假了”，我激动地眼泪夺眶而出，那一刻幸福溢满心头。学生毕竟是孩子，他们的转变不是直线上升的，经常反复。除夕刚刚吃过午饭，她问我：“老师，我想和你待会儿。”安排好家人，我急忙赴约，陪伴她两三个小时的心理疏导。孩子笑了，愿意回家陪伴亲人看春晚了，我才急急忙忙赶紧回家，准备年三十包饺子。

其三，诚心感化促领悟。周日下午是住宿生返校时间，我去学校附近的市场买菜，猛然发现：我班的女生小熙同学和一名男生有说有笑地走着，我没有喊她，悄悄地跟在后面，男女生正常交往无可厚非，老师的惊讶反而会使他们不自然。但是人少的时候男生会拉她的手，搭住她的肩，人多时立即放开。我看不下去了，快走几步追上去，带着小熙往学校走，立即联系家长，小熙妈妈电话里非常着急，说孩子每次返校都是3：00就从家里出发，而我了解她5：40左右才进教室，中间自由支配的时间太多。在和家长通话的过程中，我注意到小熙的手不停地在手机上滑动，鼻尖冒汗，脸色发红。我询问男生的情况，她遮遮掩掩，避而不谈。家长过来后要了她的手机，打开微信、电话都没有什么与男生相关的内容，我说看看短信吧，这一下子我们惊呆了：小熙保留了男生发的很多信息，称呼是“媳妇”，两人从2015年1月开始联系，到现在已经1年多了。家长气得快发疯，小熙倔强地仰着脖子。我和家长商量带走孩子的手机，由我慢慢和她谈。小熙看我的眼神充满愤怒——这么一个多事的班主任，什么话都不说。我安排她进教室上自习，又打电话叮嘱宿管老师多关注小熙。第二天周一，我没有再找小熙，但是明显她一副心不在焉的样子，学习上打不起精神来。晚自习我和她单独谈心，我说：“小熙，一定非常讨厌老师吧？”她点点头：“昨天晚上非常恨你，想了一晚上、白天一天，现在知道你是为我好。”我详细地询问了男生的情况，原来是外校的学生，他们在一次漫展上认识，男生每次周日返校时到小熙家的公交车站等她，一起去外面吃饭。我若无其事地说：“原来你们的关系很简单嘛！老师误会你们了，请你原谅！我们的小熙聪明伶俐，懂得保护自己啊！”……小熙笑了，她问我以后怎么处理和男生的事情，我建议减少联系，把精力放到学习上，将来两个人考上大学有很多交往的机会。班主任需要一双慧眼，但是难得糊涂又何等重要啊！孩子们在成长的过程中难免会犯错误、走弯路，作为成人，给他们改正的机会，同时也给他们留些面子，点到为止，重要的是引导他们如何处理好以后的事情。周末放假，小熙问我：“老师，我还需要找那个男生谈谈吗？”“我觉得没有必要，他知道老师找你了，一定会限制你们的交往。你说呢？”她微笑着点点头。

作为班主任，每次学生出现问题，我并不会恼怒，而是把它看作与学生沟通的一个契机，问题解决了，我多了一个“小朋友”，享受着班主任工作带给我的乐趣和成就感。

23 年的教师生涯中，对学生我有更多的尊重、理解和包容，用多元评价来看待每一个学生，因为我坚信多一把衡量的尺子，就多一批好学生。

爱学生就要尊重每一位学生。学校里，老师和同学会把更多欣赏和羡慕的眼光投向优秀生，优秀学生以傲人的佳绩成为校园骄子，上学对他们来说是件快乐的事。殊不知那些成绩不理想的学生每天来学校，需要多大的勇气和决心？学习吃力，行为习惯不入主流，上学有时是痛苦的，更需要老师的关心与呵护。作为高中教师，我始终认为优秀生不是我教出来的，他们从小就养成了良好的学习习惯，具有优秀的学习品质，我只是传授了知识、方法和技能而已。

“理解”让我有机会走近单亲家庭孩子的心灵。他们有的孤僻，有的早熟，有的逆反心理强等，老师只有给予他们更多的关爱与鼓励，才能培养其健全的人格。单亲家庭的孩子格外敏感，有的对我说：“老师，谢谢您比我妈还关心我，您要是我妈我一定学习更好……”学生的快乐成长是教师最大的幸福。

包容让我学会隐忍，走向成熟。有的孩子个性强、脾气急，受不得半点委屈，成为班里的“定时炸弹”。我则以柔克刚，善于发现学生的优点，引导他不急不躁，学会与人相处。小 Q 就是一个典例，不仅改变了自己而且助人为乐，他骑共享单车上学时，在车筐里捡到一个钱包，里面有身份证、银行卡等，到校后立即交给我，费尽周折联系上焦急的失主，得知失主是当年高三毕业生，即将去大学报到，身份证是必不可少的。失主给钱表示感谢，被他婉言谢绝。学校公众号刊文赞扬此事，他腼腆地说想低调些，并表示举手之劳、物归原主——这是每个人应该做的。一次，我的学生写下“我从未见过天使，但我想班主任是她在人间的化身。”此刻怎不令我感到幸福！

孩子们的纯真丰富了我的精神世界，每年教师节、春节，学生的问候通过短信、微信、QQ，从天南海北、世界各地飞来。追忆我与他们一起走过的日子，让我永葆童心。DIY 自制相册，为我留下他们成长的足迹；录制视频，边拉小提琴边送上最美好的新年祝福；抑或手写一封长信，为我介绍班里每一位同学的近况……我从内心里感到：做教师真好！

一路芬芳一路歌

河北省香河县第一中学　赵艳红

一首乐曲要想弹得美妙、弹得动听，每个关键环节都不能忽视，例如序曲、主旋律、协奏、和弦等，一个好的序曲，应该是整首乐曲的缩影。再好的序曲也只是一个开端，主旋律是一首音乐的核心。作为主旋律，如果缺少节奏的话，就显得不够丰满，既有集中的主旋律又平时的协作交流，就像演奏一首协奏曲，但是协奏曲只是有了和弦才动听。教育教学工作何尝不是一首美妙、和谐、动听的乐章呢？以润物细无声的情感投入为序曲，紧紧围绕教育教学实效这个主旋律，加之以常态化的师生协作，齐心协力共建和谐的师生关系，来演奏美妙和谐的乐章。

文化是一种熏陶，风气是一种感染，育人是一个长期的过程。德国哲学家雅斯贝尔斯在他的《什么是教育》（1977）一书写道："Education is a tree shaking a tree，a cloud to promote a cloud，a soul awaken another soul." 翻译成："教育是一棵树摇动另一棵树，一朵云推动另一朵云，一个心灵唤醒另一个心灵。"教育是心灵与心灵的对话、是心灵与心灵的相融、是心灵与心灵的默契、是心灵与心灵的和谐、是师生共同演绎的一首心灵的乐章，这便是教育的本质。

一路走来，我所教学生无数，什么性格、什么经历的都曾遇到过，有阳光灿烂热情开朗的、有大方沉稳的、有阴郁寡言的、有坚韧不屈的、有胆怯懦弱的、有油滑取巧的……形形色色的学生，但你要面对这么多学生，怎样让他们团结起来朝向一个目标努力呢，真的需要细心、耐心、恒心，需要静待花开的等待，需要热情似火的感召，需要春风化雨的浸润，需要负重前行的锤炼，需要勇攀高峰的信念，需要嘘寒问暖的关怀……

我接手高一的生物课是在 2013 年暑假之前的提前批，当时是 12 个班，我、赵静、杨松元，我们 3 位老师每人 4 个班，共计 12 个班，当时每班也就 40 人，暑假期间又招来了承德和张家口的各 100 多位学生，后来又有北京生，分别插入到了这 12 个班之中，暑假补课时每班达到了 65 名学生，班容量是很大的，贾红莲老师加入了进来，（贾红莲老师教 7、8、9 共 3 个班），这样，前 12 个班，由 4 位老师教，每人 3 个班，每周每班 4 课时。后面的 12 个班由方伟明，高玲玲，刘连会、李欣来教。但是到了 9 月 22 日，贾老师病了（卵巢囊肿，去北京做手术），一直由其他老师来代课，持续到 10 月底，整整 6 周的时间，11 月初换了新课表，由我、赵静、杨松元分了贾老师的课，赵静教 1、2、3、8 班，我教 4、5、6、7 班，杨松元教 9、10、11、12 班，每周每班 3 节课，周课时共 12 节，不算补课，每周补课 4 节，晚自习 2 ~ 3 次，每次 3 节，周课达到 22~25 节，学生数达到 260 人。学生整体水平不高，加上自习课少，作业量大。在这种情况下，开展高一生物教学，可想难度有多大。

2013 年 10 月底进行了高中生物必修一第 3 章单元测验，成绩不尽如人意，4 班的生物课上，讲评试卷时，我表扬了黄岩、黄亚群和吴天泽三位同学，在这次考试中，他们分别考了 97、95、90 分，黄岩的 97 分是这次测验中全年级的最高分了。在以往的讲评中，接下来我会批评考得不好的同学，但这次我不准备批评班上近 1/3 考得不好的学生，因为批评的声音太多了，这如雷贯耳的批评声对于学生年轻的心灵来说已无动于衷。我在想，用一种什么样的方式方法更贴近他们、更能打动他们的心灵、更容易被他们接受呢？

高一学生是一群十五六岁青春萌动的孩子，爱情对于他们来说是不陌生的字眼，但这也是高中生的一个禁区。早恋已在初中甚至小学的校园中出现，对于我们高中教师来讲也是谈虎色变的。从我们生物学角度来讲，这一时期正是生殖器官发育逐渐完善的时期，雌性激素、雄性激素分泌正旺盛，如何把对异性朦胧的情感正确地引导到学习上来，哲学家认为“要想除掉旷野里的杂草，方法只有一种，那就是在上面种上庄稼”。这句话给了我很大启示。一味地指责“你们没有认真学，没有好好地背基础知识”已无济于事。我想触碰一下这个禁区，把这一崇高的情感做个小小的引导，我灵机一动，何不因势利导？所以我做了如下的尝试。

让学习成为与知识的“约会”，老师就扮演红娘的角色，我说了下面的一段话：“我们距联考（期中考试）还有15天，在这半个月的时间里，希望我们每天和生物知识来个约会，让我们每天与之交流、沟通、熟悉，让生物知识成为我们最好的朋友，约会的效果是由时间、次数和交往深度决定的，也就是说我们与生物知识谈场轰轰烈烈的恋爱，了解、理解、驾驭了TA的脾气、秉性，慢慢地我们就会爱上TA，好了，同学们，让我们一起和‘美丽的’生物知识去约……会……”说完这段话，我发现很多孩子羞红了脸，低下了头。

第二天去四班上课，我的第一句话就是：“同学们，你们约会了吗？”学生们有的说“约会了”，有的说“还没有呢”，我就大声地告诉他们：“你再不抓紧时间去约会，生物知识就不喜欢你了，到时它可要给你点颜色看看。”同学们明白了老师的用意，会心地笑了。

第三天，我要求学生做什么呢？距联考的时间越来越近了，顺着思路延续下去，继续诱导：“同学们，约会了，恋爱了，要写写情书的，把你对生物知识的情与爱，了解与理解全部写下来，整理好，把你的情书交给我，让我们把约会继续下去，好吗？早晚有一天，你的情书会发挥最大的效用，快去实战吧，张开双臂，让我们尽情拥抱可爱的生物知识。”

在这节课以后的好长一段时间里，我费了好多的心思，把这美丽的生物知识讲得有趣且生动，让孩子们在潜移默化中接受它，润物细无声地喜欢上它。

美国细胞生物学家威尔逊说：“每一个生物科学问题的答案都必须在细胞中寻找。”走近细胞，更深入地探索它的奥秘，悠悠300余年，关于细胞的研究硕果累累，植物细胞在瓶中悄然长成幼苗，动物体细胞移植诞生了克隆动物，病危的生命期盼着干细胞移植的救助……

原核细胞虽然原始且古老，但它不屈不挠的生命力，以它微小的身体，简单的结构延续着生命的传承，细菌、蓝藻、放线菌、支原体、衣原体……

我们把它们归纳为一句话“细线织（支）蓝衣”。真核细胞结构复杂，分工精细，高效有序地进行和各项生命活动，离不开生命令活动的主要承担者——蛋白质，遗传信息的携带者——核酸，主要能源物质——糖类，良好的储能物质——脂肪，没有水就没有生命，无机盐的作用不可低估。在细胞这地最基本的生命系统中，系统的边界——细胞膜，物质交换（自由扩散、协助扩散、主动运输、胞吞和胞吐）、信息交流忙得不亦乐乎，系统内的分工合作——细胞器，忙碌的细胞器组成了一个工厂的各个车间，生产线生产的产品都是这些细胞器的相互配合的杰作。系统的控制中心——细胞核，离不开美丽且规则的 DNA，遗传信息库的美誉非它莫属，控制着细胞的遗传和代谢。

这些就是前四章生物知识，经典不失优雅，规整不失活跃。你们爱上它了吗？

第五章的内容围绕着能量的供应与利用，不得不说由细胞核控制的代谢，复杂，有序、高效、温和，那些个急脾气的家伙早已被淘汰出局，酶是最好的生物催化剂，高效、专一、温和，成为细胞最好的最忠诚的伴侣，直接能源物质 ATP 含量少转化快，就像口袋里的零钱，取用异常的方便，生物体生命活动的直接来源非它莫属，细胞中 ATP 的主要来源是细胞呼吸，绿色植物也有光合作用，在能量转化过程中两种最重要的生理活动，是我们最应该熟悉和深入探索的问题，光合是万物之源，呼吸是细胞生物必不可少的生命活动，相辅相成的好搭档，我们好奇地睁大了眼睛，探究细胞中最隐秘的活动，也是我们这一学期需要摸清来龙去脉的细节部分。

第六章就到了我们对于细胞增殖分化衰老凋亡癌变，生命历程的全把握，细胞增殖是生命的延续，细胞数目增多的全过程了解。染色体复制，缠绵悱恻，依依不舍的别离情愁，相聚的短暂，相思的执着，演绎了一曲千古绝唱的爱情不朽传奇。

细数高中生物学的那点事情，让我的学生慢慢爱上它，离不开它，朝思暮想都是它，那么作为我们一个普通的生物学教师，我的目的就达到了。

寓教于乐可以换一个说法寓教于课堂，育人于课堂，在课堂这个主阵地有教师的教育智慧，有学生的思想火花。放下身段、放低自己，就能听到心灵放飞出的歌儿。自己喜欢这样一句话：总把自己当珍珠，便时时有被埋没的痛苦，不如安心做泥土，任众人把你踩成坦途。一种心态就是一个乐章，万千种心态汇成一部交响曲，我们可以在这曲调中一路芬芳一路歌。

在 2018 年第 34 个教师节之季，我作为教师代表在开学典礼上发言，对全校学生的殷殷期望和千般嘱托在字里行间中流淌，全文如下：

尊敬的各位领导，老师，亲爱的同学们，大家好！

时维九月，序属三秋，大地流金，鸟雀呼晴，秋风送爽，硕果飘香。“一年好景君须记，最是橙黄橘绿时。”在这美好的日子里，我们回望 2018 年的高考，一中人勠力同心，再次赢得高分层和 600 分层面的大丰收，获得了廊坊市文科状元、理科榜眼、冉光权同学被北京大学录取的高考佳绩，对学校的辉煌、师者的业绩、学子的荣耀怎能不令人肃然起敬、油然生爱？它点燃了我们心中的激情与梦想。“天戴其苍，地履其黄；纵有千古，横有八荒。”我堂堂青年必将前程浩浩！同学们，我们又开始了新的征程！

非常荣幸作为教师代表在这里发言，作为香河一中的教师，我们感到身上责任重大、任务艰巨，因为你们的青春洋溢、求知若渴，也因为家长的望子成龙、殷殷嘱托，当然，更是因为我们内心对教师这份神圣职业的热爱。教师，用汗水浇灌希望，用智慧培育理想，用青春铸就成功，用岁月谱写辉煌。同学们，请相信，我们是你们成功的保障，而你们的艰难征程上也将有我们的一路同行！ 就让我们以爱为笔，以智慧为墨，用我们的丹青妙手在白纸上描绘出最绚烂的图画！

在这里，我有三段祝词想和三个年级的同学分享：

请允许我代表全体教师，向高一的新同学表示诚挚的问候与热烈的欢迎。你们的到来，为一中带来了新的生机与活力。刚刚结束的军训锤炼了你们的意志，展现了你们青春的风采，希望你们立下远大的志向，努力拼搏。从这一刻起，将“明德立身、为学多方”的校训铭记在心间，把诚信创新的精神绽放在脸上。不必打听“校花班草”，开落有序，花运作的是时光；枯荣无常，草经营的是岁月。何必念念不忘中考，只因你已考中；切莫纠缠于你今天的位置，因为它已成为过去！我衷心祝福你们，褪去稚嫩，规划好三年的高中生活，带着花季的笑容迎接挑战，带着青春的自信走向成功。

高二的同学们，古人说：观操守，在利害时；观精力，在饥疲时；观度量，在喜怒时；观镇定，在震惊时。我要说：观成败，在高二时！无情岁月增中减，有味诗书苦后甜。行无愧怍心常坦，身处艰难气若虹！希望你们能够坚持努力，自我约束，为高三的行军冲刺积蓄能量。

高三的同学们，格言云——把意念沉潜得下，何理不可得！把志气奋发得起，何事不可做！今天的你们不仅肩负着改变自己命运的重任，也承担着为母校再创辉煌的使命。此时，让拖沓的鞋底快快抬起到一个高度；此地，让疲惫的头颅轻轻扬起一个角度；此身，让稚嫩的肩膀慢慢压出一个弧度。高三啦！一物不知，以为深耻；逢人而问，少有宁日，且尽享这“无限风光在险峰”的喜悦！

在此，我有几句话希望能和大家共勉：

一、别抱怨读书苦，那是你看世界的路。学习从来不是一件轻松的事，没有经过无聊和辛苦的学习过程，就不可能有快乐的学习成绩。那些曾经吃过的苦，终会变成一条宽阔的路，带你走到你想去的地方。王国维在《人间词话》中说：“古今之成大事业大学问者必经过三种之境界，昨夜西风凋碧树，独上高楼，望尽天涯路，此第一境也；衣带渐宽终不悔，为伊消得人憔悴，此第二境也；众里寻他千百度，蓦然回首，那人却在灯火阑珊处，此第三境也。”我相信，当我们经过那“为伊消得人憔悴”的苦痛，必将迎来“蓦然回首”时理想的丰满。

二、要有明确的奋斗目标。聪明的人都在下笨功夫，愚蠢人都在找捷径。李嘉诚有个著名的时间表，每晚睡觉之前一定要看书，12点必须睡觉，早上准时5：59起床，决不拖沓，差不多坚持半个世纪之久。单是这份毅力和自律，如果你也可以做到，不敢说成为第二个李嘉诚，但也不会差到哪里去。

国学大师钱穆说：“古往今来有大成就者，诀窍无他，都是能人肯下笨劲。”

胡适也说:“这个世界聪明人太多,肯下笨功夫的人太少,所以成功者只是少数人。”

有人问美国“篮球天才”科比为何如此成功,他反问道:“你知道洛杉矶每天早上4点钟是什么样子吗?”

钱锺书以博闻强记出名,代表他学术成就的《管锥编》,引述4000多位名家的上万种著作中的数万条书证,汪洋恣肆,博大精深。有些人可能不知道,他进入清华后,目标是“横扫清华图书馆”。他的治学心得是:“越是聪明人,越要懂得下笨功夫。”

村上春树到了28岁的年纪,突发奇想地要写作试试,于是辞去了酒吧工作,每天早起写作4~5小时,然后再去锻炼身体,坚持跑步长达8年之久,中午的时间听听音乐,看看书,晚上推掉应酬,坚持早睡。

很多人知道张爱玲说过“出名要趁早啊,来得太晚的话,快乐也不那么痛快”。却不知道她的整个青年时期,几乎都用在写作上。即使是在香港战乱的时期,今天活着还不知道明天有没有命的情况下,仍在看小说,所以她年少成名,闻名海外。

确实,“笨”到极致就是“聪明”,“拙”到极点就成了“巧”。人生不同阶段有不同的使命,在学生阶段学习掌握知识,为你们以后的人生赢取成功的能力,就是你们这个阶段最重要的使命。为了这个使命,你们必须学会忍耐,学会放弃,学会付出,这是学习的需要,也是人生的一种修炼。他们心中有着明确的目标,并能为这一目标的实现努力坚持,最终成就了他们非凡的人生。

三、要有不达目的决不罢休的坚强信念以及为理想实现而执着奉献的热情,记得蔡康永说过:15岁觉得游泳难,放弃游泳,到18岁遇到一个你喜欢的人约你去游泳,你只好说我不会呀,18岁觉得英文难,放弃英文,28岁出现一个很棒但要会英文的工作,你只好说我不会呀,这就是缺少信念,不能坚持的结果。坚定的信念是勇士前行的动力,只要你心怀坚定的信念,你将无畏任何困难,任何挫折信念就是一把利剑,可以助你披荆斩棘,所向披靡,所以要实现自己的梦想,我们就要有永不放弃的决心和信心,即使所有人都放弃了自己，也绝不放弃的那份执着。

同学们，如果你觉得自己足够强大，就像天空中的雄鹰有一双强健的翅膀，你注定要在蓝天翱翔；如果你觉得自己很渺小，渺小得像地上的蒲公英，那你也要像蒲公英一样，借着风力飞向远方。愿同学们心怀梦想，不丢信仰，当一个苦读勤学的追梦人，愿同学们看透疾苦，深爱人间，做一个有爱有光的善良人。

最后，希望同学们，厉兵秣马凌绝顶，齐心协力展雄风；在第34个教师节来临之即，祝愿教师同人们身体健康、工作顺心、家庭幸福。祝愿我们热爱的香河一中再创辉煌！

教师对学生和爱是无私的、纯粹的，希望学生能成人能成材，能为国家做贡献、能使父母更幸福、能为自己更有尊严地生活而努力着、拼搏着。教育关乎国家、民族、家庭、自己，教师是教育的主力军，肩上的责任重大。为了伟大的中国梦，作为教师的我愿意负重前行。

难忘那段班主任历程

河北省迁西县第一中学　徐志彦

在学校的工作中，班主任无疑是最为辛苦的，付出的劳动和报酬根本不成正比，一般情况下老师们都不愿意接这个活。但是我认为，作为一名教师，没有当过班主任的教师生涯是不完整的。尤其是一个青年教师，更应该在班主任的工作经历中摸爬滚打，这样才能快速成长。

初中生正值青春叛逆期，尤其是初二的孩子，已经适应了学校的环境，原本收敛的个性开始彰显，总想证明自己的独特，引起别人的注意。第一年工作的下半学期，我被安排接手一个休产假的老师的物理课，调皮的学生看我是新教师，没有老教师的威严，有时候就故意给我捣乱，戏弄我，我知道他们其实就是想引起我的注意，当看到我好像被他们惹生气了的样子，他们就感觉阴谋得逞了开心地坏笑，弄得我哭笑不得。有一次放学从教室出来向校门口走，我跟他们几个爱惹事的孩子一边走一边开玩笑说："你们就觉得我不是你们班主任，所以不怕我，是吧？我要是当了班主任，看我怎么收拾你们！"正好此时被站在一旁的校长听到了，校长笑了，说："好啊，开学了给你个班主任当当！"就这样一句玩笑话，新的学期开始我便被安排当了初二（4）班的班主任。

有了半年的物理讲课经验，教学上已经渐渐适应了，两个班的物理和生物教学任务应付起来还是不算费劲的，但班主任工作真干起来可是没有想象的那么容易的，要干就得干好，这是我对自己的要求。怎么才能让班里的42个孩子都乖乖听话，好好学习呢？每个孩子都是班级的重要一员，要平等对待每一名学生，关爱每一名学生，尊重每一名学生，不抛弃不放弃每一名学生，这是我对自己管班提出的要求。接到名单的那一刻，我第一时间跟初一年级的老师们摸底，哪些孩子是比较品学兼优，积极向上型的；哪些孩子是比较调皮捣蛋型的，他们有哪些优点可以挖掘；哪些孩子是相对内敛不善表达型的……基本做到心中有数后，我在班上第一节班会课上亮明我的管班观点："我会做到一视同仁对待每一个孩子，不会偏袒学习好的学生；我希望我带的班级的孩子要先学会做人，尊敬师长，懂得做人的基本道理，然后再做学问；我希望我的班级是一个团结的、积极向上的集体，每一位同学都要为之努力。"说实话，那时候在农村的学校里老师们对孩子的管理都很严厉的，有时候甚至方法简单态度粗暴，所以学生们在一定程度上还是很怕班主任的。当同学们听了我的要求后，都为之雀跃，跃跃欲试地要好好表现一番。我顺势给同学们一周的准备时间，让他们自己做主，竞选出他们信服的班干部，一改以往老师指派的方式，给学生锻炼自己的机会。同时我也通过这一周仔细地观察学生们的行动，悄悄物色合适人选，鼓励他们积极参加竞选。就这样，在我和学生的共同努力下，选定了班里的班干部。剧悦新——一个很有正气又干练利落的小姑娘，通过自己的大胆演讲和同学们的投票当选了班长，这也是我心仪的人选。各科课代表依次也在同学们的积极争取下敲定了。良好的班委成员的组建是带好一个班的开始。

我深知教育不是一朝一夕所能完成的事情，这个年龄段的孩子的心理，急于表现自己，希望被老师同学认可，但又自控力不够，时不时犯点小错。有些事有些时候，我们难免会心烦躁动，但我选择了给学生多一些宽容，多一些和风细雨的引导，多一些热情洋溢的鼓励。学生们对我的处理方式非常喜欢，他们非常感激我不会轻易就找家长，总是给他们自己改正错误的机会，这样一来，孩子们在犯错误后都会第一时间主动地找我承认，并自觉地改掉。一点一点地，轻易我走进了学生们的心，孩子有什么问题都能主动地跟我谈心，由于在他们眼里我还不够"班妈"的年龄，我被学生们亲切地唤作"班姐"。

我和我的班级一起迎战校内举行的全校体操和歌咏比赛，为了取得优秀的成绩，在班长和体委、文艺委的组织下，孩子们抓紧一切时间认真排练，而我这个"班姐"还时不时地充当一下体育或音乐老师的角色，点拨一下某个体操动作，纠正一下某个曲调，偶尔做个示范，孩子们看到那些体操我都能做得这么标准，歌曲节奏和内容都能掌握地那么熟练，不由得从心底里佩服，个个都练得特别卖力气。功夫不负有心人，我们的比赛获得了评委的一致好评。学习之余开展各种的课外活动是培养一个班级集体凝聚力的最佳途径，尤其是初中的孩子，求知欲和表现欲极强，对各种事物都充满好奇，我发挥我生物专业的特长，根据学习内容的安排，利用周末的时间组织学生开展“爱护环境从我做起”环保活动，走出校园，带孩子们一起到校园周边清理河道内白色垃圾，活动中给他们讲解白色污染的危害，强调我们的生活中应减少塑料袋的使用，倡导低碳的生活方式，并教育他们不光从自身做起，还要做好身边人的宣传和动员工作。在“爱鸟周”的日子到来时，引导学生搜集整理有关鸟类的各类资料，利用班会汇报交流，加强孩子们关爱小动物的意识，也充分培养了学生的合作意识和语言表达能力，把死板的教学内容融入孩子们的生活，寓教于乐，孩子们的学习积极性得到极大的调动。

师生的成长是共同的，我用自己的言行感染和引领着孩子们，建立起良好的师生关系，营造出良好和谐的班级氛围，孩子们每天的朝夕相处也给我带来了许多快乐，和他们在一起感觉仿佛又回到了初中时代。孩子们的天真快乐时时感染着我，有的孩子的学习劲头也深深地打动了我。当时我们班里有许多孩子都住在三屯周边小村庄里，他们每天都要很早起来骑自行车来上学，尤其是到冬天，天寒地冻的很不容易。我深深地记得，深冬的一个早晨，下了一场冻雨，整个路面像一个大溜冰场，行走起来非常得滑，稍不注意就会摔跟头。那天早上我担心迟到，特意早早起来赶第一班六点的班车从县城出发赶往学校，路实在是太滑了，司机师傅近乎用蹭着走的方式在开车，本来二十几分钟的车程，居然开了将近一个半小时，一路上看到很多起车祸。有的车滑出路面撞到了路边的障碍物上，有的摩托车连人带车直接甩出去。我当时心里特别担心这帮走校的孩子的安全，甚至希望他们能自己做主不要来上学。校长一直焦急地等在校门口，看着师生们陆陆续续安全到校，那种神情真像一个大家长，师生们都非常感动。班主任们都赶紧到班里清点人数，及时上报学生到校情况。因为天气实在恶劣，学校近处的都齐了，较远处的村庄里的几个孩子的家长有的到村里的大队给学校打来电话请假了，还有几个没到，不由得心里着急起来。那时候通信不方便，家里通电话的不是很多，没办法联系家长，我只能默默地祈祷孩子们平平安安，不断地往返在教室和办公室之间观察着，看着孩子们小小的身影陆陆续续地出现在教室。最后还差一个叫高程明的小男孩，他家是班里同学中离学校最远的，而且山路起起伏伏的很不好走，为了他的平安真希望他不要来了，快到10点的时候还是没到，我猜他一定是不会来了，正在我猜想的时候，一个推着自行车的小身影渐渐地出现在我的视野中，孩子看到我的那一刻，着急得差点哭了，特别真诚地跟我解释说："对不起，老师，我看到天气不好，真的很早就出发了，但是路上实在没法骑车，摔了好几次，后来只能走着了，真对不起啊老师，我迟到了！"孩子解释的那一瞬间，我的心里酸酸的，特别不是滋味，20多里的山路，一路打滑的地面，从摸着黑的大早晨出发一路摔打着走到这个时间，为了上学，这是一个多么有毅力的孩子啊！更难得的是，孩子居然还为自己的迟到而感到对不起，这又是何等懂事的孩子啊！通过这一次事件，孩子们在求学中所表现出来的坚毅的品格深深地打动了我，我为自己平时里遇到点点困难就找各种理由打退堂鼓而感到羞愧，这是一群多么可爱的孩子们啊！我一定要向孩子们学习，做一个认真从教的好老师，用温柔去感化孩子本就纯洁的心灵，用善良去倾听孩子最深处的想法，做一个孩子心目中喜爱的"班姐"。

三年的初中执教生活中，有幸当了两年的班主任，每天要面对各种各样的问题，记忆的故事很多很多，两年忙碌而充实的生活，锻炼了我，让我在教学之初迅速成长，使我的教师生涯没有遗憾，走向成熟。2001年由于生物恢复高考，我被调到了县城一中专门教高中生物，高中班主任需要早出晚归，工作非常繁重，领导照顾女老师，因此到新学校后便再无缘班主任工作，于是这有限的两年，班主任工作经历便成了我人生中最珍贵的回忆。

育人如培桃李，匠心无愧春秋

河北省香河县第一中学　翟艳

多年班主任工作的探索和实践，让我深切地感悟到：作为一名班主任，在平凡的工作中，我们应该在学生身上倾注满腔慈母般的爱心、无微不至的细心、平等交往的诚心、倾听沟通的耐心和给自己工作的信心，如此，就能为我们做好班主任工作储备较为充足的能量，从而在做班主任的路上感悟幸福。

一、端正育人心态，培养阳光心态而成“新常态”

每个人对社会工作的体验无外乎两种：职业和事业。职业是人赖以谋生的手段，是生存的必需，是被动的；而事业则是人们倾尽全部热情甚至毕生精力为之奋斗而无怨无悔的，事业是积极的、主动的。我们应该而且必须将班主任工作看作一份事业，一份责任心极强的事业。

想想吧，人生的四大喜事之一——“金榜题名时”，人生的四大憾事之一——“老无令名”，都和教师有着千丝万缕的关联。又有人说这世上最“危险”的职业有两种：一是教师；一为医生。医生者，稍不小心，病人就一命呜呼；教师，一句话可以救了一个学生，给予他人生的希望与光明，同样的，教师的一句话也可以让一个学生从此颓废，甚而让一个鲜活的生命从此凋零。从某种程度上讲，教师比医生还危险，庸医害的是一个人，而庸师害的则是一群人。庸师毁的是孩子的精神和心灵。

我相信，要想培养阳光向上、积极进取的学生，首先要有身心健康、心态积极的教师。心理健康、心态阳光应是考核教师素养的题中之义，也是提高教育教学质量的基础与保障之一。无数令人悲戚的事实证明：心理不健康、心态不阳光的教师对学生身心造成的危害，远远超过其教学能力低下对学生学业所产生的影响。

二、不断学习，简单的事情重复做

我们班主任如果不及时补充新知识，不掌握新技能，不更新观念，必然会无法适应新时代的教育工作要求。作为班主任，刻苦钻研教学业务，认真探索教学方法，灵活运用教学原则，细心传授学习方法，努力提高教学质量是必过的第一关。只有把握好每一节课，利用好每一分钟，调动好每一个人，才能达到教为不教，学有所成的目的。学高为师，身正为范，要求学生做到的，我自己必须首先做到。二十载寒来暑往，二十载春华秋实，我一直保证自己早晨到校进班在学生之前，放学离校在学生之后，与学生摸爬滚打在一起。即便家庭和个人有了实际的困难，我也总是想方设法去克服，即便有时顾不上吃早饭也要到校进班看望我的学生。我习惯用亲和的目光逐一观察学生的眼睛、嘴角和额头，往往能通过那些部位细微的变化来了解和判断他们在新一天的情绪变化。只有这样，我才能安心地进办公室办公，因为，这已成为我 20 年班主任生涯中的“必修课”。在工作中，我们经常会遇到这样的情况：为什么有的学生这几天神色恍惚？为什么今天他忧心忡忡、双眉紧锁？为什么她近来上课心不在焉？为什么有的学生成绩突然下降？古人云：“见月晕而知风，见础润而知雨。”一些重要的信息，班主任只有做一个有心人才会发觉，才能从实际出发，有针对性地及时开展沟通和引导。客观地讲，同样的一件事，坚持几年也许并不难，但若能十数载如一日地坚持下去，则必须依靠坚定的毅力、决心和恒心。

三、爱生如子，爱到深处情更浓

鲁迅先生说过：“教育是缘于爱的。”我认为，没有爱就不会有教育。爱没有差等，情不分前后。学生需要爱，弱势群体更需要老师多给一点爱。而这诚挚的爱心则来自班主任那亲切的话语和细致入微的体贴、关怀和倾听。在学习生活中，如遇到如下情况，学生更需要班主任亲切、真诚的问候：学生思路有不通时；学生之间产生矛盾时；班级某种不良风气抬头时；学生受到挫折、犯错误时……每当这时，我总是第一个主动接近他们，真心实意地促膝交流，像朋友一样倾听他们的心声，了解他们的内心世界，逐渐释放他们的心理压力，随时随地同他们心理换位，想其所想，再晓之以理，导之以行，使自己真正成为学生们学习生活中的良师益友。作为班主任，走近每一个学生，一句真诚的问候，一次认真的倾听，对他们来说是那么的重要，特别是对一些后进生，你的某些行为甚至可能从此改变他的一生。

真正地爱学生，班主任需要比学生站位更高，看得更远。教育不能只是给孩子们以知识，更重要的是培养学生一种积极的生活状态，以积极的生存心境，积极的人生态度对待生活。苏霍姆林斯基说："孩子在离开学校的时候，带走的不仅仅是分数，更重要的是带着他对未来社会的理想的追求。"也就是说，我们所做的一切，都是在为未来做准备。我们的教育是着眼于孩子一辈子的教育。要想改变学生，首先改变自己。有一个驯马师很厉害，再难驯的马他都能驯得服服帖帖的。当人们问他成功的秘诀时，驯马师说：要想改变一匹马，最好的方法就是改变自己。在和一匹马打交道时，我唯一确定能够改变的就是我自己，所以，如果马不听话，我就改变我的做法。我不断变换训练方法直到找到有效的一种为止。驯马师的话引起我的深思。驯马与育人有着何其相似之处——谁也无法强迫学生的言行；要想改变学生，最好的方法是改变教师自己；如果学生不听话，那就改变教育方法，要不断变换方法直到找到奏效的方法为止。难教育的学生实际上是对教师的考验，就看你能否做出适当的调整……

四、但存同理心，悦纳你的每一名学生

当一个人在痛苦无助、伤痕累累的时候，也许他不需要太多的劝解和安

慰、指导和启迪。他需要的是真诚的接纳，是同理心 。

自我成为老师的第一天起，我已真切地明白我肩负的责任。迎接每一届的新同学，作为班主任的我，看到家长们眼神中含着殷切的希望，将他们的孩子交给我，然后沉沉地说上一句："老师，拜托您了！"那一刻，同样身为人母的我，已然看懂了他们的期待。教师的一生不一定要干成什么惊天动地的伟业，但它应当如百合，展开是一朵花，凝集成一枚果；它应当如星辰，远望像一盏灯，近看是一团火；我们应该庆幸，在教育中享受着生命，和学生一起成长，采摘到了一路的幸福体验。成就满园桃李，静待乾坤芬芳。

我们应该明确：教育不是灌输，而是唤醒；不是教导，而是引领；不是批判，而是激励；不是控制，而是参与；不是说教，而是聆听；不是训诫，而是接纳；不是解决，而是协助；不是服从，而是转变；不是牺牲，而是享受；不是重复，而是创造。

立足本职工作，做好教书育人

河北省香河县第一中学　赵静

习近平总书记曾告诫我们要“不忘初心，牢记使命”。那么我们教师的初心和使命又是什么呢？我想就是教好书，育好人，这是我们义不容辞的责任，这就要求我们在教育教学中去学习、领悟、践行，从自己做起，从本职工作做起，只有无愧于职责、无愧于使命，才能无愧于我们作为教师的初心。

扎实的知识功底、过硬的教学能力、勤勉的教学态度、科学的教学方法是老师的基本素质，其中知识是根本基础。习总书记曾说：“过去讲，要给学生一碗水，教师要有一桶水，现在看，这个要求已经不够了，应该是要有一潭水。”马卡连柯说过：“学生可原谅老师的严厉、刻板甚至吹毛求疵，但不能原谅他的不学无术。”苏霍姆林斯基也指出：“只有教师的知识面比学校教学大纲宽广得多，他才能成为教学过程的精工巧匠。”对老师来说，不仅要熟悉所教教材的基本内容，形成完整的知识体系，还要加强业务进修和广泛的学习，掌握新信息，不断更新知识。苏霍姆林斯基说：“课，是教育思想的源泉；课，是创造活动的源头；课，是教育信念萌发的园地。”的确，对于教师而言，课堂教学是其职业生活的最基本的构成部分，它的质量，直接影响教师对职业的感受、态度，影响教师专业水平的发展和生命价值的体现。因此，上好课，是对教师的基本要求，也是重要的职业追求目标。

随着信息化和学习化社会的到来，要求每个人都要形成终身学习的观念，尤其对教师而言，学习更应成为一种生命状态。教师只有精通自己的学科，具有扎实而渊博的知识，才能会赢得学生的信赖和爱戴，因为教师丰富的文化知识，不仅能扩展学生的精神世界，而且能激发他们的求知欲。在教育工作中，需要老师付出大量的精力和情感，热爱学生，致力于培养学生健全的人格和健康的心理，树立他们的自信心和自尊心。

今年毕业的高三（10）班崔恕珩同学，生物学科成绩很好，是我班公认的生物通，课外阅读自学能力较强，经常听新闻，看报纸了解生物前沿知识，有时还会把这些内容拿到课堂中被我当作一个教学背景，说给大家听。我对他的做法给予及时的表扬，并鼓励其他同学也要有主动学习的精神，老师愿意与他们一起成长。

崔同学还是老师的好助手，经常帮助同学解答生物学问题，他认为学好生物，除了好的基础之外，学科自信是必要的。学科自信可以来自两方面，首先是课堂上积极回答老师的问题，这对增长自信很有用。其次就是老师的肯定，高中阶段，老师对他最大的帮助就是能够及时地肯定，使他增长了这种学科自信，因为老师鼓励、信任，所以学习热情比较高，自然对这一学科的兴趣就浓了，成绩就会提高了，这两点是相辅相成的。该同学已被河北工业大学录取。

习近平说，做好老师，要有仁爱之心。好老师应该是仁师，没有爱心的人不可能成为好老师。世界上没有两片完全相同的树叶。好老师一定要平等对待每一个学生，尊重学生的个性，理解学生的情感，包容学生的缺点和不足，善于发现每一个学生的长处和闪光点，让所有学生都成长为有用之才。

教师对学生要以诚相待，以自己的真情去感动学生。教师爱心应表现在对待学生的宽容上。今年毕业的高三（9）班学生给我的明信片中写道："超喜欢你，暖暖的，虽然我们曾惹您生气，但还是有让韩同学吃早饭般的关爱，我们好多人都喜欢你哟，希望老师下一届的学生还像我们一样可爱，再听话些，祝老师幸福快乐。"韩同学是我们班的一名典型学生，爱说话，纪律差，不爱学习，经常不完成做作业，所以成为各科老师盯防的重点学生，每次做不完作业就会收到一点儿小的惩罚，但这名同学心态很好，老师对他的惩罚他都能接受。有一次，我刚刚才开始上课，他把头埋得很低，我盯了他一会儿，发现在他偷偷地吃东西，我立刻走到他跟前，停了一会儿，他吃得很投入，根本没有发现老师已经走到他跟前，全班同学把目光都投向我，都静静地注视着我，教室里安静极了，好像一场暴风雨就要来临了。我盯着他说：

“怎么现在吃早饭？”后来得知他的英语作业没写完，早饭没来得及吃就被老师叫到外面补了一节课作业，我轻轻地拍了一下他的肩膀：“速战速决，一会儿认真听课。”我因为没有对他进行严厉的批评与指责，课下他主动找到我并向我承认了自己的错误，我发现这名学生除了做事情有些懒散，爱说话，不爱学习的小毛病外，他还有很多的优点，很聪明，反应快。自从这次许可他吃完早饭的事情发生以后，我对他的关注多了，经常跟他谈谈学习上的事情，了解他的学习情况。我发现他的学习态度有了变化，能够把老师布置的作业按时完成了，同学们说是“让韩吃早饭”般的关爱影响到了他。韩同学经过自己的努力已考取自己理想的大学。

在高考中如果有一科成绩不好，就会影响整体成绩，学生也是非常着急，但又没有切实可行的办法，只能一步一个脚印地指引学生往前走。曾经的一位弱科生，因为生物成绩不好，开始时每次上课都要点他的名字，使这位在班级中没有存在感的他，竟然被我的这种方式刷出了存在感，从我每次不言其烦地拿着没过关的听写帮他完善知识点，可以感受到他对我的感激与信任。经过我们的共同努力，成绩有了很大的进步，他把如何解决弱科的方法总结如下，供需要的同学参考：

我在学习高中生物时，会准备一个错题本，因为我有时会搞不清每道题用到的方法，因此，我就选择老师讲的典型的题目粘贴到错题本上，然后再去练习册上去找类似的题目做一两个以增强记忆。而且，错题本上的题目最好以章节为单位总结到一起，并要在题目旁边写上关于什么知识的。另外就是，要在空余时间浏览自己总结的题目，可以选择在中午吃饭之前，也就是上午下课后在班里复习一会儿再去吃饭。也可以选择在中午睡觉之前。上述的只是对错题的整理，而我认为最重要的是知识点。

我高三时，会每天写一张单页，每一张单页可以关于一个小节的知识点，等过一点时间，就改成写一张关于一个章节的知识点，每天写的都不要扔，一是可以将这些单页当成复习资料，二是在错题部分可以从单页上剪裁相关知识点。

另外，一定要每天都看生物，因为生物是一个积累的过程，刚开始是量变，时间长了就会发生质变，到那时学习生物会更加轻而易举。我所说的看是要每天看书，不要看任何教材全解之类的，因为不论是小考试还是高考都是依据教材出的题。要是可以在老师问那句话在书的第几册第几页那一章的时候回答出来就更好了。至于题，如果有时间最好做一做，也可以看一看错题，补一补自己的漏洞。

一定要记住，不一定有题不会就一定要问老师同学，要是一遇到不会的题就去问，那你一点都没有进步。遇到不会的题可以多读几遍，画出你认为的重点要点，然后想想和什么题目比较像，可不可以将那个方法运用过来。如果不一样，那你可以回忆下知识和老师教的各种方法，再看看那个知识和方法合适。当然，如果实在是不会做，可以问老师和同学。

在生物里，会有几个章节是会出计算题的，那这些章节就必须多找题目来做，见识各种可能出的题目，还要学会掌握各种方法，不要有一种方法走天下的心理。

对于我来说，生物相较于其他学科是弱项，所以我就花了大心思在上边，生物相较于其他学科会简单点，我们可以运用这门学科来达成逆袭。在我高中时生物老师不会像其他老师一样逼着你写题，但是，她会逼着你去背知识点，或者去写单页，因为知识点是一切解题的根本来源，如果对知识不熟悉，那就不会学好。我的老师就是会让我们写单页来加强记忆，时间一长，我发现这个方法对我而言更好，因此，我就一直写单页到高考之前，这的确十分有帮助。老师在讲题时不会对于她讲了许多遍的题目做过多的解释，甚至不会去讲，不是因为老师不好，而是老师是想让你自己去回顾以往做过讲过的题目，进行总结复习。但是，如果你下课去问老师，老师也会给你讲，或者找同学给你讲，事实上在高中同学之间相互讲题可以加强记忆和理解。

以上这位同学叫高达，已被天津科技大学录取。

所以，作为一名教师就要有默默无闻的奉献精神，树立良好的师德形象。教师良好的思想品行将是教师最伟大人格力量的体现，教师要以丰富的学识引导人，以博大的胸怀爱护人，只有这样，才能保证教书育人的实效，学生才会“亲其师，信其道”，进而“乐其道”。

爱洒教坛，情系教育

河北丰润车轴山中学　韩志海

班主任的工作很不易，十年的锻炼将我从青涩引领向成熟和理性。有人说唐僧是个好老师，我认为特别有道理：唐僧虽然不像他那几个徒儿一般有降妖伏魔的本事，但是他作为师父有无比坚定的取经信念，为了取得真经，不忘初心，一路向西，终成正果。做班主任也如此，我们要有坚定的教育信念，热爱自己的工作，不断摸索，善于从自己的工作中寻找快乐和成就感，避免职业倦怠；热爱自己的学生，向学生敞开心扉，用心灵影响心灵。

高三（3）班在高一时是一个差班，孩子们基础薄弱，偏科现象严重，尤其是数学、外语，而且他们不会学习，出工不出力。对于这样一个班级，好多人都劝我不要接管，担心我就算累死也无法带领他们取得良好的成绩。但是我心里很舍不得，我坚信可以带好他们。我认为，一个人能走多远，不取决于他是否从小成绩优秀，而要看他是否在某一天，忽然明白了学习的意义，开始对知识充满好奇。教育的本质是培养人的自主性，开阔一个人的视野，让他见识更多人生的可能性，然后心甘情愿地选择一种适合自己的生活，过好它。我现在需要做的是让孩子们明白学习的意义，调动他们的学习积极性，所以，我工作的核心思想就是：尊重和关注每个学生，不抛弃不放弃；充分调动他们的积极性，实现自律和自育。具体做法如下：

第一，学校是一部大书，一草一木都应是教育资源，都要能够发挥“教”与“育”的功能。唯有把学生“浸泡”在优质文化里才可以实现教育的目的。开学初，3 班就确定了独具自我特色的班级隐形文化——“家”文化。3 班既然是一个荣辱与共的团队，那就应是一个友爱互助的大家庭，同学彼此都应是兄弟姐妹，每个人都应本着“我为人人，人人为我”的思想，共同进步。这点做起来不容易，因为我要面对的是53个不同的个体，每个人都有自己的个性和思想，为了实现这一文化的良好传递，开学之初，我们就组织召开了以“家”为主题的系列班会，其次充分利用学校组织的运动会、拔河比赛等活动，以此来增强班级的凝聚力。3班还有一个显性的班级文化——“敬、竞、净”文化。下学期，我将充分利用教室内、外墙进一步打造班级“竞”文化，让学生在合作学习中培养正确的竞争观念，让学生心怀大格局，让每个学生明白：自己作为个体固然要在班级内部力争上游，更要着眼年级，甚至要走出学校去争取荣誉。

第二，班级管理制度化。我们班的制度都是在一个相对公平、民主的环境下制定的，从班规、组规到舍规的制定都本着人人参与的原则；我班的值班制度由班委值班制度转变为人人值班制度，每天一桌三人，上午、下午、晚上三人轮流值班，并设有班级管理日志，只要没有老师就主动去值班，最终交由班长并汇报班主任，如果值班班委不作为，将永远剥夺值班资格。我班的班会由班委组织转变为小组承包制，形式多样、不限。但班会主题多由我给出，倾向于育人方面，如责任、奋斗、合作等，孩子们都参与到班级建设中，自主性更强了，这样不但锻炼了自己，也减轻了班干部的工作压力。

第三，低调做人、高调做事，培养孩子们的仪式感和幸福感。书山有路勤为径，学海无涯乐作舟。我坚信，快乐的学习，效率更高。所以，想尽一切办法，让孩子们觉得3班是独一无二的，他们因生活在3班而快乐，幸福，自豪。在布置班级文化照片墙时，我选择以小组为单位在操场上给学生照相片，具体形式不限。看到这一举动的其他班学生连连发出“哎呀，我也想照相”的羡慕之声。我班学生听在耳内，笑在脸上，美在心里。看学生如此在意，那以后，学习突出者、运动会、篮球赛、班级文化建设贡献突出者，我们都会举行颁奖仪式，虽然奖品不多，但孩子们很在意。有一次我班男体委被统计落了，写了留言给我说：“老师，运动会表现突出者咋没有我？”第二天，我就把自己刚买来的杯子交给班长，利用课间，给他举行一个颁奖仪式。女生们提出男生学习不积极，我就以期中考试为契机，举行了男生女生对决赛，女生在假期拟好挑战书，并附签字，男生拟好应战书，为此，我们利用班会课举行了应战仪式，男孩子们一个一个走上台去签字，孩子们很振奋，说这将是他们一辈子的记忆。确实，效果不错，此后男孩子们学习很积极，并在期中考试中战胜女生。我用自己的班主任费给男孩子们设计并定制了3班的男生专属班徽，在家长会上举行了佩戴仪式，女孩子们很是羡慕，我们为此又举行了女生应战仪式，气氛很好。3班孩子们英语比较差，我和其他老师商定举行群体间英语竞赛，并在操场上举行了宣战仪式，继而举行了很正规的竞赛，专业裁判老师给判卷，用集资费给孩子们买奖品，这个竞赛将会一直延续直至孩子们的英语成绩由差变好。临近期末考试，为了给孩子们鼓劲，我设计印刷了梦想卡（正反面），人手一张（内容如下：你是谁？你的目标是？你的座右铭是？你的梦想是？你最想战胜的人是？对手赠言？）为此我们举行了班会，有孩子们说，当她们学习累了，就大声地诵读三遍，真的会重燃学习的激情，为此，其中有的孩子将梦想卡传到了qq空间里。我们班还举行了小组挑战赛仪式，仪式上孩子们热情高涨、神情庄重，真的像战士进入战场一样，据说那天晚上从班会课到晚自习下课，大家都埋头复习，甚至连课间都没有人说话。在下学期开学后，我们还要举行各种颁奖仪式：小组的、个人的、女生的（专属班徽）。试想在以后的每次活动中，大家都会佩戴上3班班徽，这必定会让他们充满归属感与自豪幸福感。

第四，充分利用各种资源，借助一切可以帮助你管理和激励学生的力量，调动学生学习的积极性。

①凝聚团队老师的力量。我一直相信团队的力量，所以我们努力打造关系和谐的团队，学生尊重每位老师，老师们也都主动参与到学生管理中，我会时常和各位老师沟通，发现问题，及时商量解决的对策。②巧用家长之力。苏霍姆林斯基说："没有家庭教育的学校教育和没有学校教育的家庭教育，都不可能完成培养人这样一个极其细微的任务。"所以，我通过电话、微信、QQ等方式和家长保持密切联系。在假期，让家长监督孩子做作业，孩子有问题及时跟家长沟通，适时上传孩子们在学校学习、生活的照片，满足家长急于知道孩子在校表现的心理。考试前，让家长写上对孩子的期望，总有意外的惊喜。③借重班干部和学习组长的力量，延续假期晒作业的习惯，并

给予优秀学习小组表彰。④倚重领导和其他老师的力量。在期中考试前，我们开群体分析会的年级领导表达了对3班的期望，希望3班能够成为理班中的No.1，我把这种期许传递给孩子们。他们很振奋，考试状态很好，期中考试小榜上线超过4人。我班有个孩子，在高一年级表现特别不好，学习、纪律、卫生都很差，还不服管教，可以说是一个油盐不进的孩子。进入高二以来，我把他一切的犯错记录都积累着，包括睡觉、传纸条、说话、打闹等等，原想着积累到一定程度，就上交学校，让学校处理他。到了让老师和同学都忍无可忍的时候，我打电话给他父亲，让他父亲看了所有违纪记录，他父亲很给力，当场就把孩子领走，并说这是最后一次机会，如果回来再不好好学习就去少林寺。当时签假条的时候，我跟家长嘱咐："在家让他多干活，累着他，并且天天汇报情况。"最后孩子打电话跟我说："老师，还是在学校学习好，在家干活太累，让我回来吧！"结果刚回来的那几天还像那么回事，过几天本性又暴露了，上课睡觉，宿舍说话，宿舍成员写了联名信，举报他，整整两页。我火冒三丈，当时就训斥了他，并打电话给他父亲，由于太晚了，他爸爸当时只是电话里训斥了儿子。可是出于我对他的了解，他肯定没往心里去，肯定还会犯错，于是我把联名信拍照给宿办老师，让他帮我盯着点。结果收获不小，晚上熄灯后，正好逮着他玩手机，错上加错，感觉可能要去少林寺了……他央求宿办老师把手机还他，不要把这件事情告诉我。宿办老师对他做了近3个小时的思想工作，直到凌晨1点，真的很感谢。第二天，我去宿办领人，说按照学校的规章制度执行，表达了自己的坚决的态度。他哭了，第一次看见这孩子哭，我想这次他肯定害怕了，于是，我不再坚持，态度缓和了，他第一次对我敞开心扉。他说每次回家，爸爸气得心脏病都犯了。原来，他是他们家族第一个考上车轴山中学的，当时家里所有人都以他为傲，初中学习成绩挺好的，尤其是数学，中考数学119分，前几天请假回家回来看数学书，一看就会了，一种自豪的表情油然而生。我以此为契机，鼓励他，多学习数学，找数学老师沟通，让他重拾自信，我们师生俩肩并肩从宿办走回教室。恰巧他父亲打电话来，问孩子表现怎样？我把孩子玩手机的经过跟他父亲说了，并嘱咐我工作已经做好，先观察几天。之后，我分了学习小组，他和三个女孩子一组，把他的座位调到第一桌，显然他对自己的座位很满意，自那以后，他真的变了：知道学习了，上课不再睡觉，积极为班级同学服务，成了宿舍的宿舍长，他成了同学们心中，热心、积极、爽朗、上进的典型。⑤借助文章、影像资料。每次我看见好的文章、影像资料，都会给孩子们读，给孩子们看，传递思想文化。本学期我跟大家学习了《你有教养的样子真美》《别在最美的年华，辜负最好的自己》等文章；一起观看《摔跤吧！爸爸》《冈仁波齐》；我还给他们诵读了诗歌《青春》。

第五，遵循“同组异制，异组同制”的原则建设班小组，同时让他们明白，这样做是不让任何一人掉队。我班分 9 组，6 人一组，每组设一个学习组长，一个纪律组长，学习组长为班级前 9 名，纪律组长为刻苦努力、纪律性非常好的人，实现大将带小兵。有人会问，那些学习不好，调皮捣蛋的人不会把学习好的人带偏了？为了防止出现这种现象，分组后，每个组都制定了组规，并附有签字，违反纪律者严格按照组规处理，超过三次者由班主任处理，班主任分别给大将和小兵开会，做培训和思想工作。此外，我们有一个激励制度，每次考试后，班级都会评选出进步幅度最大的学习小组，并举行颁奖仪式，请家长来当嘉宾，我设想下学期班内实行小组间百分赛，包括学习、纪律、卫生三方面。每组 6 人中设高考学科 6 科课代表，这样会提高收发作业的效率，减轻课代表的负担，避免收发作业时班级出现纪律乱情况。

第六，倾听、关注、共情、同行，让孩子们感受到老师是永远支持他们的。无论是大人还是孩子都存在各种情绪，而情绪是需要被认同接纳的，好多时候，我们遇到事情第一时间都是关注自己的感受，而不是去发掘这件事情产生的原因，导致我们自己很累，问题却没有从根本上解决。开学之初，我班班长还有生活委都提出辞职，他们的理由是工作压力太大，同学们不听话，自己学习成绩也不理想。得知他们要集体辞职，我很生气，但我接纳了他们的感受，并采取了一系列的措施：①增设班干部，一个生活委，两个学习委；实行每日班长制、班小组制；跟任课老师沟通，帮助他们提成绩。②定期召开班委座谈会，个人陈述问题，然后大家商量解决问题，班级问题越来越少，班干部管理也得心应手。在运动会的时候，我们班长跑过来跟我说："老师，我觉得每个人都需要被肯定，老师你也是，虽然学生这样说老师有点不合适，但是我还是要说，老师，你现在做得真是很好！"我心里美滋滋的："谢谢班长的肯定！"③定期召开课代表会议、组座谈会，都采用聚焦法，提出问题，大家商讨解决问题。

最后，我想说的是，每个孩子都希望被肯定，都想学习好；每个孩子都希望成为家长口中"别人家的孩子"，老师同学眼里的三好生，我们应该积极发掘他们行为背后的正面资源，相信他们，鼓励他们，帮助他们。尤其是在山上教复课班那几年，我一点点探索、一点点实践，从班级管理到学生管理，方方面面我都受益匪浅。记得我和王老师合作的那一年，学生给我们的组合起了个名字叫"海王组合"。当时年轻没经验，看着给的庞大数目的高考指标压力山大，一直都是很紧张的生活状态，直到高考结束才松了一口气，那年我们班是文化课上线最多的班级。十几年后的今天，再回忆当初的上火、紧张，应该定义成是一种责任和不敢懈怠的状态，感谢自己那时的小心翼翼，全力以赴，同时也收获了作为班主任独有的快乐。几届学生下来，每一届学生的小团聚我都感动满满，看着学生们在自己的领域优秀的发展倍感欣慰。我讲两个小事：

① 2007 年我们班有个叫小强的孩子，看小说玩游戏样样精通，那时候我不是他的对手，他太顽固，总也逮不住他的原因，直到后来我才知道，那年的教室在山顶，他们有暗号，有给他帮忙的通信员。当我上到山腰时咳嗽一声，快到山顶时咳嗽两声，保证他能及时收手，不被我发现。我下决心要抓住他，只想引领其归于正途，没有证据他是说啥也不承认。临高考还有几个月，那天我改变了上山的路线，由习惯的西侧变成了东侧，没有声音的平底鞋，从教室后门进入。小强由于手机玩得太投入浑然不觉，我当时特别冷静，小强的手机在腿上玩，观察了半分钟左右，我冷静地说："把手机给我。"没想到他比我还冷静，将手机夹在了膝盖之间，他说："没有！"我也急了，我让他站起来，但他还是不承认。我急眼了，在"大气"中，我生平第一次那么"拽"——我发出了个只有体育老师才有的指令："稍息！"孩子当时没反应过来，真"听话"了，手机从膝盖间掉了下来，全班学生哄堂大笑。小强的转化

是漫长的，生气较劲没有用处，我找他谈了很久，把想说的全盘托出，无论当时他接受多少，包括愤怒也都表达了。我当时的想法特别纯粹，就是要将他打捞上来。但是谈话也就那一次，以后再也没谈过，取而代之的是每次上课都提问，他的作业重点批改，每天主动把他不会的题找重点讲一道，就一道，多一点也不讲。那次“打击”后，他消沉了一段，后来随着改变和高考的临近，我们之间的交流多了起来，多的是他找我问问题，找其他老师问问题。通过暗访，学生说他转变了，确实不看小说玩手机了。我从未去打扰这种状态，也未过多给予过，即使后来成绩提高也未曾表扬，因为我内心深处觉得他就该那样，只是从弯路走上了正道而已。他特别高兴，我也倍感欣慰于他改变之后的长大。学生的逆袭与改变拂去了所有的对不起，每一个班主任都要有一颗大心脏——给予爱、接受爱。毫无疑问这是一个浪漫的无须多言的结果，情到深处，小强的眼角有泪，我的内心长出了花蕾，此刻我是一个小有成就的花匠。

②作为班主任，我们的任务不是将学生分成三六九等，而是在不同的维度上引领学生更好地改变与成长。2009 年我管理一个普班，普班管理难度更大，那次我利用体育课去查课外书和手机，学生先在监督下自查。很难想象，学生将手机临时藏在了鞋里，穿着走，也很难想象学生将手机藏在暖壶的底座里。那时好多问题是我借助卧底发现的。学生在总结老师方面永远恰如其分，好笑中也在不断引发我们的思考。

每一届学生“技术手段”不断升级，也就迫使我们这群班主任更要“技高一筹”。但是班级管理不是谁胜谁负，我们的任务关键在“引领”。在班级管理中，我也不断开创新的管理理念，引领学生新的团队观点，树立接地气的“给予精神”：学做雨伞为别人挡风遮雨，别人才会把你举在头上；学做一棵树，扎根眺望远方，别人走过时给予绿荫，长大后是栋梁之材。把大方向的引领和细微的爱雕刻成巧思，在实践中兢兢业业，用心传承。

注重德育，先成人后成才

河北省张家口市第一中学　张志高

一、先成人后成才

我对班级工作的定位就是“先成人后成才”。我一直推崇的校训“正身做人，博学成才”。“只有做一个好人才有可能做好学问。人做得有多好，学问才有可能做得有多高。”班训是：学习好、纪律好、成绩好。班级目标：追求卓越、创造辉煌。我把这8个字挂在教室最前面，提醒学生要做到“今天我以学校为荣，明天学校以我为荣”。带领学生一起认真学习《中学生守则》，结合实例逐条讲解，直到学生完全领会。然后发动学生集体讨论，综合各方面意见拟订班规，张贴上墙。为了好记，学生们编了一个班级公约，朗朗上口，易于诵读。多年来它一直是我带班的“镇班之宝”。此外，每周都会评选出“学习好、纪律好、成绩好”的学生，进行表扬。我班还系统学习了《中华传统美德》校本教材，重温了中国传统美德教育。助人为乐、拾金不昧、为班级做贡献的学生，均在班会或学校加以表扬。我经常会用班会教育学生，尊老爱幼、孝顺父母、尊敬师长，以德为先，班级学生相处非常友善，没有打架斗殴现象。学生们对老师很有礼貌，见到老师们都会主动问好，自习课给老师准备好凳子，暖壶里准备好开水，课下问完问题都会说谢谢。只要有机会，我就会教育学生“先人后己”“集体利益永远高于个人利益”“学会感恩”“严于律己，宽以待人”，就像老师们常说的我已经成功地给学生洗了脑。我带的班的任课老师在我们班上课特别舒心，经常夸我班的学生“仁义”。连宿管的老师都夸我班的学生懂事听话，回宿舍学习风气好。

二、弘扬正气

1．班干部选择

一个班必须有正气，而且正气一定要压倒邪气。其中班干部就是正义力量的化身，他们会用自己的正义行动潜移默化地影响全班的学生，尤其是当班主任不在的情况下，会发挥巨大的作用。因此，选什么样的学生干部，我费了很多心思。当时有两名男生真的让我难以取舍：一个是多才多艺，头脑灵活，有工作经验，但缺乏稳重，还有点叛逆；一个是甘于奉献，有礼貌又听话，但头脑不灵活，没有工作经验。我考虑很久，最终选择了后者。因为这孩子身上有股正气，他有着无私付出、热爱班集体、关心同学、尊敬老师的优良品质，这正是一个优秀班干部必须具备的。虽然我为了培养他做好一名班长倾注了很多精力和心血，手把手地传授他经验和方法，教给他怎样做才最好，但事后证明我的付出是正确的。他的一身正气不仅带动了全班学生，而且自己也在不断地自我严格要求中收获了成功，考取了自己理想的大学。

2．走群众路线

班主任是一个班的灵魂和核心，但也不需要事事亲力亲为。要充分调动学生的积极性和热情，走群众路线，发挥班集体的作用。我跟学生说："我是这个班的班主任，而你们是这个班的主人。"每人都要有主人翁精神，共同建设这个班，对班上的事要关心。我会定期召开班干部会，统一思想。所以我班存在哪些问题，我都会了如指掌。那些犯错误的学生、不遵守纪律的学生在我们班就没有生存的环境和土壤。我充分相信学生的能力，很多事情师生共同商量，同心同德，才有了班级好成绩。

3．狠抓常规

我把"一日常规"作为班级管理工作的着眼点。从出勤、校服、卫生等方面严格落实学校要求，对问题学生绝不姑息。我班一直实行值周班长和值日班长制，负责对学生们的一日常规进行检查和记录，为此，还专门制作了"一日常规量化表"，我会经常督促和抽查。我会关注暖气片下是否有纸屑、学生上完体育课后运动鞋是否摆放整齐，楼道里是否有口香糖痕迹。发现问题，我会和学生们一起动手处理，学生们觉得不好意思了，下回就会对这些死角格外注意。一次，我发现一个女生在理发馆烫了头发，我把她叫到办公室，那天我没有晚自习，为了教育，她整整讲了一晚上道理。终于，这位同学羞愧地哭了，最终她向我主动提出第二天中午一定把头发弄直了，保证再也不让老师费心了。的确，这个女孩之后一心扑在学习上，学习状态非常好，为了节省时间，干脆理了一个短发。正是严格管理，学生才会心无旁骛，专心学习。

4. 耐心转化

做学生的思想工作是一项艰巨的工作，需要我们锲而不舍，不断努力才能奏效，要实现师生情感的顺利交流和对接，架起一座畅通的桥梁。我 2007 年带的高三毕业班的一个学生，学习刻苦努力，可数学成绩从初中就一直不好，上了高中就更加不行了，150 分的考试只能考 50 多分，孩子已经形成了“数学学习恐惧症”，丧失了学习数学的信心。刚上高三的第一次摸底考试，由于数学成绩的影响，一个原本很优秀的学生却考得很不理想，孩子、家长都十分着急。我了解到孩子的情况后，首先和她进行了一次 3 个小时的长谈：从努力方向到学习方式、方法以及平时的学习习惯等手把手地教给她，告诉她“基础决定高度，细节决定成败，态度决定一切”；学习高中数学要注重“纠错、总结、归纳、反思、提炼”；要用好“纠错本，要“循环巩固、螺旋式上升”。通过我不懈地努力，在孩子的学习过程中一次次的鼓励、谈心、纠正学习方向和方法上的偏差，这个学生的数学成绩慢慢发生了变化，从 50 多分到 60 多分，70 多分……到高三一模考试的 99 分，慢慢地学生学习数学的积极性被调动起来了，信心来了，兴趣来了，在高考前的最后几个月成绩仍在不断地进步，最终在高考中考出了她数学的历史最好成绩：113 分，总分由于数学成绩的提高也超过了一本分数线，被山西财经大学录取。出高考成绩的那天，家长热泪盈眶，拉着我的手久久不愿松开，很激动，孩子给我深深地鞠了三个躬。

每年各种节日，我都要自费给不回家的孩子们买水果，买月饼，买元宵等，让他们在节日里感受到来自老师的温暖。每次考试孩子们考得不错，我都要自费请孩子们在班里吃 3 元早点，作为对孩子们取得成绩的鼓励。高二下半学期学校给孩子们举办"成人礼"仪式，要求家长参加并且每位家长给孩子写一封信。我班有一个学生父母离异，都不能参加孩子的"成人仪式"，更别说写信了，我觉得在学生人生 18 岁的重要时刻不能没有长辈的祝福、关爱和鼓励，所以我就连夜给这位学生写了一封信，并在第二天的"成人仪式"中拿了出来，给了孩子一个惊喜。那一刻，这个男孩子抱着我哭得稀里哗啦，我也是热泪盈眶。

还有一个学生，刚来学校时不好好学习，纪律自由散漫，"上大学无用论"的思想很严重，针对他的这种情况，我总是与他谈有趣的大学生活，让他觉得上大学是那么令人回味，不上，可惜了；又与他谈自己或同辈人的一些亲身经历，让他觉得：读大学可以有更多的就业选择，多读些书、多学些知识可以让自己的生活多一些色彩，多一份安定，多一份追求。从而变学习为一种需要，而不是强迫。同时，在寒假期间，我还开车 100 多千米对这位同学进行了"家访"，和孩子的父母坐下来交流，一起想办法，一起做孩子的工作，促进孩子全方位的改变和提高。在学校，我对他处处真诚相待，时时耐心相帮，真正做他的知心朋友、最可信赖的朋友。及时对他加强心理疏导，帮助他消除或减轻种种心理负担，让他认识到自己的价值。做学生的工作不是一朝一夕的事，需要老师不断地反复做教育工作，必须要有耐心。最终，这位男同学成绩稳步提高，高三的第一次考试在年级处于60多名的水平，第二次考试又到了年级 30 多名的水平，现在可以进入年级的前 10 名了。孩子的家长说，学生懂事了，听话了，爱学习了，一个后进生慢慢实现了转变。这些进步，都让我感到很欣慰，因为我的付出，终于有所回报了。

三、激发热情

1. 文化建设丰富

除了班级公约、一日常规量化榜外，我还设置了目标榜、光荣榜。高二下学期，我提议大家做了一棵许愿树，每个学生将写有自己理想大学的照片贴在树上，时刻提醒自己梦想就在前方。进入高三，我号召学生做了一面感恩墙。让学生把自己父母的照片贴在上面，时刻感觉到父母就在身边看着自己。我们把后墙上都贴满了这三年来所获得的奖状，金灿灿的一片特别光荣，增强学生的集体荣誉感。我还带领学生养花、养鱼，起初是为了培养学生的责任感和爱心，进入高三后是为了给学生一个释放自我的空间。还组织学生办出有自己班特色的板报，让每一个学生都有一个展示自己才华的平台，他们都充满热情与激情，把板报办得有声有色，老师们都特别喜欢看我班的板报。每次我都会根据每阶段的工作重点，制定板报主题。尤其是进入高三后，我更利用板报来激发学生斗志。此外，我还倡导学生写班级日志来自我激励。

2. 班会有声有色

每次班会我都会精心组织，做好学生思想动员工作，安排做一期“学习雷锋”的全校公开主题班会。我不想仅限于完成任务，而是想把握这次机会真正做到好好教育学生。我查找大量资料，自学了雷锋的事迹，认真体会雷锋精神，发现这种精神完全没有过时，不论在生活上还是在学习中，恰恰值得今天每一个心浮气躁的学生好好学习。此外，我也想借机发现我们班的活雷锋，弘扬正能量。我召开了班干部会，把这些资料和想法和他们沟通，发动同学们集思广益提出好的建议，每次班会都开得非常成功，学生们学习着雷锋精神，感受着身边的感动。进入高三我更是推出系列班会：“我的理想”“我的大学”“高考指南”等。

3. 考前加油

临考前一个月，我中午在班里陪学生学习。许多学生在最后一个月有了很大提升，顺利升入一本大学。高考前几天，我打车奔波于各个学校就为了给学生加油，让他们微笑着进入了考场。

“一分耕耘，一分收获。”教师是知识的化身，是智慧的源泉，是道德的典范，是人格的楷模，是学子们人生可靠的引路人。身为一名普通的一中教师，我要以无私奉献的精神去感染学生，以渊博的知识去培育学生，以科学的方法去引导学生，以真诚的爱心去温暖学生，以高尚的师德去影响学生。随着教育教学经验的不断积累，凭着对学生的满腔热情，努力工作，努力钻研业务，不忘初心，砥砺前行，争取取得更大的成就。

痴心不改育人梦，乐在其中廿年行

河北省廊坊市第七中学　张云敏

教师的职责是教书育人，上好课，教好书，传授给学生知识。同时用自己的言行影响学生，使他们形成正确的价值观。

我教过的一名女生，高一时不在我教的班级，文理分科后成为我的学生。她比较内向，不张扬，相貌平平，成绩较差，入班时生物成绩不及格。一次在我的课上，她情绪特别低落，我提问她的问题也答不上来，竟然哭了。我让她坐下，继续上课。下课后把她叫出教室，问她怎么了。她哭着说："感觉自己这也不行那也不行，怎么这么笨，学习成绩总不好，也不受老师喜欢。"我拍拍她的肩膀，安慰她说："你怎么会有这样的想法？老师肯定希望自己的学生学习成绩好，但是，老师评价一个学生，或者说喜不喜欢一个学生，成绩绝对不是唯一的标准。老师喜欢开朗的孩子，同样也喜欢安静的孩子，老师还喜欢诚实、善良的孩子。""我倒是从来不说谎。""所以说，谁说老师不喜欢你呀，还有很多品质老师都喜欢，比如：勇敢、勤奋等。虽然你现在成绩不理想，但你能意识到自己的不足，想努力使自己进步，这种积极向上的精神是非常可贵的。并不像你自己说的，这不行那不行。学习上继续努力，仔细分析自己成绩不理想的原因，是知识点不会吗？可以去请教老师；要么是审题的问题，还是马虎的原因，找到原因才能对症下药，才能进步。只要自己竭尽全力了，就没有什么遗憾了。"她点头称是。"老师希望看到你成绩进步，开心快乐。"她不哭了，说："好，谢谢老师，我一定会努力的。"从那次交谈之后，我上课留意观察她，听课比以前专注多了，课上有没听懂的，课下去问我。这样过了一段时间，看得出她很努力。第一次考试她考了 60 多分，在班里名次还是比较靠后。我鼓励她："考得不错，有进步，加油！"她点头：

“是，以前我从未及过格。”“继续努力，谁说你笨了，付出就会有收获。”她笑了。第二次考试，她得了70多分，在班里不算差了，我也由衷地为她的进步感到高兴。“这次能考70多分，真棒！”她并没有异常兴奋，“我还想下次考80分以上呢。”“加油！”我看到她眼睛里的光，感觉到她比以前自信开朗了。

班主任工作是一项烦琐的工作，看起来非常简单，要真正做好却要花点心思来研究。刚当班主任时，我抓不住头脑，也请教过有经验的班主任，如何管理好班级，如何带好学生。但别人的东西不能生搬硬套，有些东西是学不来的，或者对自己不适用。时间长了，慢慢体会到：爱比责任更重要，爱学生，爱教育工作。用你的所有精力去琢磨，去研究，去做到最好。爱，你可以忘掉下班的时间；爱，你可以不厌其烦；爱，你不怕不懂；爱，你会全身心投入。在这一过程，你会集中精力，你会把你所做的一切当作是一种享受。

“爱比责任更重要。”发自内心的爱比被动的职责更重要。只有用真心，动真情，做实事，走进学生的心，才能得到他们的认可。冬天天气寒冷，嘱咐他们上操多穿点儿衣服；夏天天气炎热，嘱咐他们多喝点儿水补充水分。学生在被爱中学会爱。没有被爱过的人怎么懂得去爱别人？老师应该用对学生的爱的实际行动，教会学生如何去爱。心中没有爱的人，怎么能够担负起服务他人、奉献社会、建设祖国的责任呢？从心底里爱每一个学生，让他们真心感受到老师的爱。爱心，应是我们教育者永不言败的最后一道防线。

班主任要关注班里每一名学生，无论成绩好坏，他都是你的学生。我班有一名学生，入学时成绩很好，但认为进入优班就沾沾自喜，结果第一次月考成绩下滑得厉害。我找他谈话，肯定了他的优点，同时指出他的不足，并让他自我剖析。引导他积极参与到自我完善和发展中，并使他懂得了如何正确地认识自我，发展自我，他的成绩又恢复到以前的名次。一般后进生内心都充满了痛苦和自卑，作为班主任，我们要帮助他们，疏导学生的心理障碍。我们要去做后进生的知心朋友，主动接近他们，和他们谈心，和他们谈思想，分担他们的苦恼，并让尖子生帮助他们学习。让后进生树立信心，就要多鼓励他们，使他们逐渐转化，不断提高。对待学生既要公平公正，又要因材施教。老师都喜欢成绩好的学生，成绩好的学生犯错老师容忍度会更高，但作为班主任，对成绩优秀和成绩落后的学生犯错时应该公平对待，不歧视差等生。但对性格不同的学生处理方式应该有区别。性格开朗的学生违纪可以当众批评，性格内向的孩子可以私下里批评教育。

班主任不但要关注学生的成绩，还要关注他们各自的心理、思想。现在的孩子很多是独生子女，在家里被宠着、惯着，大人们都围着他们转。所以他们中很多人以自我为中心，不懂得换位思考，感觉别人为他做事是应该的，不懂得感恩。甚至会因为教室开不开空调发生争执，离空调近的嫌对着吹太冷，离空调远的嫌不开空调太热。我跟他们说："你是生活在集体中，不是你一个人，做出什么行为之前想想别人，如果你是对方会如何。班级环境让每个人分享，同时靠每个人共建。我希望你们在这个集体中能感受到爱，因受到别人的关心、帮助和关心、帮助别人而快乐。我希望我们是个团结友爱，积极向上的集体。"逐渐地，孩子们转变了。每当看到学生懂事了，进步了，我从心里高兴。

五、桃李篇

昨日懵懂少年，今朝雏鹰试翼

河北唐山外国语学校　张淑伟

2018年9月10日，我在微信朋友圈发了一条信息：“今天于我是个怀旧的日子，那些昔日疼爱的孩子们送来无尽的祝福：回复信息到手发软，神秘的蛋糕和无名的花束，绞尽脑汁猜来猜去，回忆一张张稚嫩的笑脸……谢谢你们的宠爱！谢谢你们多年以后的惦念！职业幸福感满溢！”今年毕业的学生送来花篮，因为9月6日大学报到，提前来为我祝福教师节；往年的老学生通过网络送来鲜花和蛋糕，蛋糕上写着“奖状：女神——最佳教师奖”，这是让我引以为荣的事情，作为教师我比较注重自己的形象，平时衣着打扮及追求时尚又注意得体，符合自己的教师身份，我相信这对学生们是一种潜移默化的影响，有的学生说我是“女神”，很是受用。孩子们给了我一个又一个的惊喜，天南海北的祝福，颇有桃李满天下的感觉。一起来看看我的这些小桃小李们。

雨航是我很久以前教过的学生，现在中国电子技术标准化研究院工作，是工业和信息化部直属事业单位，是国家从事电子信息技术领域标准化的基础性、公益性、综合性研究机构。电子标准院以电子信息技术标准化工作为核心，通过开展标准科研、检测、计量、认证、信息服务等业务，面向政府提供政策研究、行业管理和战略决策的专业支撑。工作中接触的多是央企的管理层，跟随华为、比亚迪等企业出国谈判，回母校时给我讲中国在世界经济发展中的作用，中国的话语权越来越重要，就连美国的发展也离不开中国；给我讲新能源汽车，欧美国家在汽油车领域走在世界前列，我们国家发展新能源汽车，开辟一条新路子；给我讲中国高铁的发展历程，最初有些国家不给我们核心技术，中国是个巨大的市场，在不断博弈中争取到知识产权……我听得目瞪口呆，这还是我原来教过的那个小男生吗？俨然已是中国的脊梁，民族的希望。

千里是一个聪明睿智的小伙子，高考时发挥不好，考入四川大学。第一学年学了物理专业，期末成绩优秀，第二学年转专业学习生物学，一年学习两年的课程，攻读遗传方向并且自学日语，毕业后去日本继续深造，研究人类与睡眠有关的疾病的治疗。这就是年轻人的勇气，这就是年轻人的魄力，让我感到佩服。

萌萌，我的生物科代表，脸上带着婴儿肥，是一位很可爱的小姑娘，学习有方法，有毅力，生物学科学习得相当棒，常常考班里单科第一名。高考时成绩一般，考入泉州师范学院学习生物学，第一年回母校看望老师们，我简直认不出她，瘦成一道闪电，高高瘦瘦。在学校里成绩优秀，参加各项社团活动，完全没有了高中时的羞涩。在活动中她找到了自己喜欢的领域，发现自己更适合做金融，大四考研准备财经方向，要去上海发展。大学里有时间就去图书馆读书学习，考了多个自己喜欢的资格证书。我常常为她感到骄傲，鼓励她："将来的你一定会感谢现在努力拼搏的自己，加油吧！"

晓华也曾经是我的课代表，学习比较勤奋努力，但是高三备考时越到后面心理压力越大，每次模拟考试成绩总在下滑，3 次考试每况愈下，临近高考找我谈心，说家长已经做好了让她复课的准备，她不打算参加当年的高考了。我一有时间就找她聊天给她讲一些励志的小故事，开导她高考的考场上一切皆有可能，既然已经走到了这一步，就要勇敢地坚持下去，去高考的考场上体验一下为明年做做演练。高考时她的成绩很不错，顺利考入一本院校。大学报到的前一天，冒着大雨赶到学校来看望我，带来一个小音乐盒提前祝我教师节快乐。特别感谢我在高考之前那段特殊的日子里的鼓励与陪伴。研究生毕业后，恰逢我们学校招聘老师，她回母校任教，由我的学生成为我的新同事，多么令人欣喜啊！

小莲，她小时候就被医院确诊为自闭型多动症，本应进入特殊学校学习，母亲坚持让她与正常孩子读完小学，考入我校六年一贯制的初中，我常常骄傲我们学校人文厚达的办学理念，老师和同学们没有歧视她，对于她的各种不正常的表现采取了宽容和包容的态度，让她与正常孩子一样读完初中高中。出操集会时，她跑在最前面，一下子跌倒了，引起别人的注意，皮肤破了也感到无所谓，脸上还笑嘻嘻的。对于自己感兴趣的学科或者老师，天天追着问问题，老师不在办公室就坐在门口地上等……高二、高三两年我教她生物学科，她的各种奇葩的问题让我应接不暇：怀孕是什么样的感受？我能否写一本关于怀孕的书？课下一群女生围着我问问题，她跑过来扔给我一本普通生物学“男性生殖系统的结构图”，老师给我讲讲这个，我不懂。之前的女生们红着脸走掉了。课堂上，她想起什么问什么，不管别人的感受。时间长了，我习惯了她的各种行为，能解释就解释，能帮助就帮助，从不为难她。她对生物学科兴趣浓厚，她的情商不高，智商还好，生物成绩一直不错。跌跌撞撞地走过两年，最后以568分考入河北农业大学学习生物科学。每年的重要节日，小莲都会打电话发信息问候我，在学校参加了自行车骑游社团，经常骑行很远发照片给我。也会经常跟我一起探讨生物学问题，她的大学知识也会给我的中学生物教学很多启发，我体会到教师“人梯”的作用。

小智同学上学期间想法多、创意新，毕业后自己创业，第一年由家长和亲戚朋友筹集资金开了一家休闲聚会的会所，做自己的品牌，诚信经营，两年下来盈利二三十万，如今准备再开设一家连锁店。工作时间自主性强，他的那些小创意为他赢得很多商机。我暗自庆幸当年没有扼杀小智同学的聪明，学习上生活中鼓励支持他的发散思维。学生们走出学校后良好的德行和自身良好的综合素质，才能使他们厚积薄发，前程无量。

当然，我有许多学生最后成为一名普通劳动者，自食其力，过着普通人的生活，成家立业结婚生子，我同样为他们感到骄傲，这何其不是教育的意义？成功人士业界精英毕竟是少数，做一名普通人平淡一生，为他人的成功鼓掌喝彩也是人生的乐趣。

微信里有一个段子讲：老师要善待所有的学生，学习成绩靠前的学生，将来可能成为大学教授、科学家，为全人类发展做出贡献；成绩中等的学生将来可能成为领导干部，很有可能会领导你；成绩靠后、调皮捣蛋的学生，他们头脑灵活，将来会成为老总、企业家等。仔细想想这话还真有道理，我们班里的每一个学生都蕴含着无限可能，一句鼓励的话语，一个信任的眼神，就可能激发出一个他的潜力。

满园馨香　硕果累累

河北省香河县第一中学　赵艳红

我从教30年来，全身心地投入到自己所钟爱的教育教学工作中，勤勤恳恳，孜孜不倦，将“德高为师，身正为范”一直铭记在心，不敢懈怠。因为我“认定了教书育人的目标，就要以恋人般的痴情、宗教信徒般的虔诚、世界冠军般的意志，不离不弃、无怨无悔地紧追不舍”。

我只是普普通通的教师中的一个，在学生心中，是播撒知识的儒雅学者，在同人眼里，是勤勉不辍的真诚导师。高楼起于垒土，千里始于足下。桃李不言、下自成蹊。

30年来，所教的学生已无法计数，估计比孔夫子的弟子也不少吧。他们有在政府机关做了公务员的，有在科研院所当了科学家的，有做了医生的，有在金融系统工作得很出色的，有创业当老板的，有和我一样做教师的、有在远洋公司做了船长、水手的，等等。在没有微信、QQ之前，每到新年，学生的明信片都如雪片儿般从全国各地、四面八方纷至沓来，做教师的幸福感在那一刻充盈在心间，暖暖的、柔柔的，不管自己的学生离开校园多久，他们的青春的身影、快乐的笑脸、活泼的神态、或甜润或高亢的嗓音……无不浮现在我的眼前。自从有了微信等便捷的通信工具后，交流起来更方便了。明信片早已变成了春节前拜年的短信和微信、QQ中的信息，祝福的文字隔屏飞舞起来，带着学生的心意飞进了老师的心里。不管他们走到哪里，不管多久没有见到他们，在老师的心中、在老师的眼里，他（她）仍是当年那个淘气的小伙、沉静的姑娘，是老师永远的学生、可爱的孩子。

一路走来，人真是不知不觉间就年过半百了，最早的学生的孩子也成了我的学生。我教了他们父子两代人，但我心里仍是年轻的，昂扬向上的劲头不减当年。最早的学生高启超、杜文洪等都是成功人士的代表，他们大多活跃在企业界、政界、公安部门或卫生医疗界。历届学生中总有一些难忘的学生，比如说自己的科代表，与老师的接触多、交流沟通多，曾经的科代表李欣毕业多年后带着女朋友来家里，我们一起做饭、聊天，回忆往事，展望未来，憧憬美好的明天。细数昔日的人和事，或开心、或留恋、或惋惜、或祝福，各种各样的情绪可能在那短短的几个小时里转换着、交织着……

周敬鑫、王薇薇、李少白、贾云龙、张德臻……这一届学生是从高一教到了高三，感情最深厚，他们现在是大三的学生，有浙大的、南开的、中国农大的、陆军学院的、青岛大学的……到了放寒暑假的时间，他们纷纷来到学校看望老师。在微信中与周敬鑫同学说起当年他的选择，他说不后悔，虽然与清华擦肩而过，但他选择了适合他的医学专业，他学得很开心很快乐，看来专业没有好坏，学校不分高低，适合自己的就是最好的。像王薇薇、贾云龙都选择了学数学，一个是南开大学、一个是青岛大学，他们都很喜欢自己的专业。黄玉昆虽然考上了北京大学，学的是医学英语，他不喜欢，仍选择了退学、重读、再考。

说来也是有意思，贾云龙同学当年是生物弱科生，我经常给他们免费补课。有一天，贾云龙胳膊挎着，像个伤病员，我开玩笑说了句："你这是什么打扮？"他说："老师，我脱臼了。"这段对话，云龙同学一直到现在还记得。只是老师的一个不经意的关注，一个简单的问候，学生竟记了这么久！因了这段缘由，云龙同学在高考后，我们聊了很多，从报志愿选专业，到入学后的种种新奇，大学里见到老师课件中出现了生物内容，他一下子就想起了我。他在海边捡到手机、等待失主、归还手机，在微信里像现场直播一样，让我见证了我的学生的纯净的灵魂和为别人着想的爱心。2017 年的寒假，刚放假时，他来学校看望了教过他的老师们，我们聊了很多很多，直到华灯初上，我开车送他到公交车站，他赶末班车回了北京。

像这样的点点滴滴还有许许多多，数不胜数。我以自己的爱心、自己的学识，以自己特有的生物老师的气质赢得了历届学生的敬佩和爱戴。我坚信不仅是老师成就学生、更多的是学生成就了老师。我能够走到今天，成为特级教师，被评为河北省首批正高级教师，得益于一届又一届的学生，因此，可以说，教育是一场师生彼此的成就。

30 年里，我一直这样兢兢业业，把青春和激情献给了挚爱的学生，把毕生心血献给了心爱的教育事业，深深地扎根于教学一线，诗意地栖息在教育家园。

喜见桃李芳华，不负学子青春

河北省香河县第一中学　翟艳

莎士比亚说过："上天生我们，是要我们当作火炬，不是照亮自己，而是普照世界。"火炬精神，当是教师人生价值的最好体现。优秀的教师当如一泓经过爱的浸润而纯净碧透的清泉，蕴含着知识和智慧，流淌进每一颗渴求知识与爱的心田，去滋润那一片片等待知识甘露浇灌的土地。

我认为，教师应如蜡烛一样，从顶燃到底，一直都是光明的。在20余年的教学生涯里，当我看到学生们因吮吸着爱与智慧的乳汁得到满足后绽放的笑脸，当聆听那如星星般晶莹剔透的幼苗发出灿烂的拔节声，当看到一批批学生在祖国建设各条战线结出芬芳的硕果，我由衷感到教师这一职业的崇高与伟大，也感受到师者教书育人的责任之重。

星移斗转，春华秋实。作为一名有着20余年教龄的人民教师，我送走了一届又一届的毕业生，所庆幸和欣喜的，是在送走我可爱的孩子们之后，他们还会寄给我这样的信件："敬爱的老师，您好！我非常喜欢您，从您教我们的第一节课开始，我们就被您的丰厚的学识和典雅的气质深深地吸引了。您不仅课讲得棒，而且还经常给我们讲一些做人的道理和克服成长路上的困难的方法。在您的教导下，我们知道了很多于人生太有益，但书本上又没有的知识。老师，感谢您！老师，我们特别喜欢和您在一起，在您那里总能得到意外的收获！"所有这些，让我更加深信教育是师生心灵的共鸣，是心灵对心灵的启迪，是精神对精神的感化。

陶行知先生说过："你的教鞭下有瓦特，你的冷眼里有牛顿，你的讥笑中有爱迪生。"我信奉"德高为师、身正为范"的从业准则，常怀感恩之心，把自己当学生，把学生视若己出。教育教学洋溢着"人文情怀"。我清楚地记得，曾有一个成绩不理想的学生在给我的信中这样写道："这次考试我没考好，我让您失望了！面对考试的失败，我心里很难受、很失望，不知道该怎样站起来，继续拼搏；想逃避，又不知去向何方！可看看您，我的老师，我真的不想让您失望、伤心，我要再搏一回！为了您！"当看到这封信时，我流泪了，因为我知道，学生是懂得感恩的。

苏联教育家苏霍姆林斯基说过："要让每一个孩子都抬起头来走路！"我们做老师的不能乱给学生贴标签：差生、不思进取、无可救药、没出息……在我20余年的教学实践中，我严格要求自己要从每一个细节去关心学生、要求学生、洞察学生内心的需求。我反复提醒自己：少一点急于求成，多一点耐心引导；少一点心浮气躁，多一点关心帮助。只有这样，教师才能走进学生的心灵。如今我已经送走了太多的毕业学子，可是每逢佳节，我都能收到他们无限的祝福与思念："一支粉笔写就您人生的轨迹；两鬓染霜谱成您人生绚丽的乐章，三尺讲台留下您人生的灿烂与辉煌！老师，您要注意身体！别太累着自己，现在的学生越来越淘气，难教育，您千万别和他们生气呀！"一字字、一句句无不诠释着学生对我的祝福与牵挂。他们中的很多人，还常常通过各种方式向我汇报现在的学习、工作或生活情况，让我分享他们成功的喜悦，遇到疑难时会向我寻求帮助和安慰，我想这就是一名人民教师的最朴素的自豪与幸福之处吧。

大教育家陶行知说过："没有爱就没有教育。"教师是传承文明的使者，爱是教师最美的语言，没有爱，师德无从谈起，没有爱的浸透，教学艺术只是水中月、镜中花。缺少爱心的教师，知识再渊博也难有人格魅力的感人；缺少爱心的教师，课上得再好也难让学生从心底折服。教师对学生的爱是一种把全部心灵和才智献给孩子的真诚。从一定意义上说，教师的爱当如基督教所宣讲的无私的不带任何偏见的不求任何回报的"博爱"，不管是对优等生，还是差生，都应给予同样的关爱。优秀的教师最令人回味，因为他总是超越平凡，用爱与生命谱写教育的动人乐章。

还记得在2013年，我所执教的班级里，有一名女同学，学习相当刻苦，但进步缓慢，因而很自卑。在学习朱自清先生的经典散文《荷塘月色》

时，我让她来读其中的两段文字。没想到的是，她竟然一脸羞怯和紧张，读得结结巴巴。不少学生哄笑起来，有一位学生就说："老师，您不要让她读了，她很笨，从小学起，老师就不让她读课文的。"我制止了学生们的起哄，说："同学们要相信她并不真笨，只是胆子小而已，应给她激励。"我鼓励她继续读下去。这以后上课，我经常请她朗读，慢慢地，她的胆子大起来，读得也流畅多了。我及时鼓励、表扬了她，她的学习热情倍增。当然，在老师的鼓励、期许下，效果是很明显的。在期末考试中，她竟然跻身班级的前十名！现在这个女孩子已是一名优秀的教师，每天在教育的天空自由地飞翔。

20余年的工作经历告诉我，只要秉持一颗诚心、一颗真心、一颗公心去做人做事，真正做到"一切为了学生，为了学生一切，为了一切学生"，那么，收获的就不仅仅是领导和上级政府部门对自己工作的认可，更多更大的收获是用多少金钱也无法买到的学生与家长的褒奖。

在2016年高考结束后，河北省青基会希望工程圆梦行动资助贫困大学生，要求的条件是必须考上本科二批A类以上，且品学兼优的农村户籍应届生。当时我班有个女生，家庭非常贫困，父亲常年瘫痪在床，只靠母亲外出打工所得的微薄收入来供养她和弟弟读书，生活窘迫，非常需要这份资助。我主动联系这个孩子，督促她写贫困生资料，积极与学校沟通，通知她来填表。最后，她得到了省青基会的资助。在她来县城领取资助金时，还特意来学校看我，她激动地对我说："感谢您帮助了我！让我有机会圆了上大学的梦！"我说："你不用感谢我，你应该感谢党和政府；老师只是做了分内之事，这种资助就是应该给予像你一样需要帮助的品学兼优的贫困学子。你不用担心，贫困不是问题，只要你努力学习、勇于拼搏、懂得感恩，党、政府、社会和学校是决不会让你失学的！"孩子临走时，我从口袋里掏出200元钱塞在她手里，说："这是老师的一份心意，到了大学以后有什么烦恼和问题可以随时和我沟通！老师愿意做你的倾听者，做你的后盾！"上大学后，这个学生始终与我保持联系，经常与我交流思想。像她这样的学生其实还有很多，平时他们在生活中、学习中有什么收获、有什么烦恼都会与我沟通；每到寒暑假，他们都会来学校看望我。而此时，我感到的是最真实、最单纯的幸福与快乐。要知道，我们在给予学生关爱时，并不求学生回报，但懂事的学生们却记住了老师的关爱。

因为爱，提升了教师的人格；因为爱，教师的形象才更加伟大；因为爱，学生从此懂得感恩。

温馨九月，感恩教师

河北省香河县第一中学　赵静

从教16年以来，一直坚持在一线完成生物教学工作，始终以满腔的热情，百倍干劲，在教书育人这个平凡而神圣的工作岗位上，挥洒汗水，模范履行职责。教育教学工作成绩显著，得到学校领导、同事老师的认可，深受学生及家长的爱戴。

到目前为止，已送走了六届高三毕业生，以前教过的那几届的学生，如今已走上了工作岗位，都已经事业有成了。老师这个职业是一个很容易有成就感的职业，每年的金秋九月是一个收获的季节，也是一个感恩的季节，一个个祝福的电话、问候的短信会从天南海北、四面八方接踵而来，有的是毕业的学生的，有的是现在教的学生的，都很温馨，在这个特殊的日子里，能得到昔日学生的问候和感谢，真的是让每一位教师都感到分外幸福和满足的事情，虽然有的时候可能都想不起来这个学生当初的样子，但是我能感受到字里行间那一丝丝暖意。

2010年毕业的魏新远同学，当年考上了华北电力大学，如今已在北京的一家公司上班，曾在给我的微信中写道："几乎每一个学生都和您有过交流沟通，无论是考前的焦虑还是靠后的失意，或是朋友间的矛盾，甚至时候少男少女的小小心事，您都会认真倾听，揣摩学生的心理，转换不同的角度，尽最大可能为学生排忧解难。在您看来，正因为每一个生命体都有着自己的独特基因，所以要尊重和成就学生个体发展的生命独特性，给学生创造更多的个性发展空间，您对每一个学生，不管他的学习成绩好或者不好，从来不会区别对待，都一视同仁，虽然我不是各科老师眼中的'优等生'，但是您依然对我加以鼓励和肯定，让我树立自信心，我的高考能取得成功，是您给予了很大的帮助。您的爱如金秋般满载果实，车辙延向远方，是我为之奋斗的彼岸，不忘您每次细语叮咛，不忘您笑语盈盈，不忘您引领我走过来的这段在记忆里永远鲜活的日子。谢谢您。”其实可能就是在学生遇到困难的时候，老师的一句温暖的话语，一个信任的眼神，都会对学生产生很大的影响，他就会从心底里记住老师对他的好。

2013年毕业的李新宇同学，曾对我这样评价：“赵老师，您在教学上非常成熟，经验丰富，您的课堂思路明确，条理清晰，分析透彻，而且会教给我们解决问题的方法，这对于我们学习非常有帮助。在课堂讲课的时候，能将各地的高考试题融会贯通，围绕核心内容形成自己的教学方法，并在教学中做适当的延伸，拓宽了解题的思路。您性格开朗，与同学很亲近，把自己的母爱也给予了我们，当我们遇到瓶颈期，考试不顺利的时候，成绩不理想的时候，情绪波动较大的时候，您会及时地给我们建议和指导，总是适时出现在我们需要的地方，为我们排忧解难，疏导谈话，帮助我们解决了学习和心理上的疑难，您还非常关心我们的生活，时常与我们谈心、鼓励我们不断进步，关注着我们的成长，为我们的每一个精彩表现点赞喝彩，也对我们的挫折和缺点不断地矫正扶持。您告诉我们心中要装着远大理想和未来目标，高中考上大学只是人生中的一个小站，勉励我们能用高三的拼搏精神去做事，人生中的任何一件事情都会取得成功。”

今年，在学校领导的安排下，我又一次承担了高三（5）班的生物教学工作，这些00后的高中生，智商高、情商也高，很容易与他们像朋友一样的沟通，经过三个月的接触，我的课代表曾这样评价我：“您能与学生为友，一眼就能看穿我们的小心思，是外表的‘牛魔王’，内心的‘小丸子’，外表有些威慑，但内心十分温柔。讲课课堂收放自如，在轻松的时候会收那么一下，非常有度，课堂氛围很轻松，讲得也很细致，填补了我很多遗、缺漏的知识点，我的生物成绩并不好，不懂答题方法、答案不规范，是您教会了我要怎样答题，如何思考，让我的生物成绩有了起色，老师，谢谢您，您勉励的话语如酥润的小雨掠过心扉，暖了心田，带着复苏的力量，您并不疾言厉色，却总是异常严谨，我们考试成绩不理想，您不会伤春悲秋，不会向我们发脾气，只会一次次改进教学方法，您拿着剪刀一点点将我们裁剪得愈加精致，能够感受到您的温暖与至爱。‘桃李不言，下自成蹊。’您在我们身边为我们保驾护航，为我们的成长倾尽心血，作为生物老师，您的经验足以让我们在高三赢下最终的胜利。”

还有一位同学他的名字是王子俊，他说：“原来我的生物成绩不是很好，对这门学科不太感兴趣，但自从您担任生物老师之后，我逐渐地喜欢上了这门学科，我能做到融入您的授课风格，是因为您的快乐课堂气氛能让我这个淘气小子时刻都保持着注意力，最让我感动的是，在开始的几次考试中我的成绩不理想，您依然每天对我鼓励有加，不光是我，班内的每个同学在学习上有困难的时候，您都会给其细致讲解，正因为您的快乐课堂和您的温柔和善的脾气以及对每个人都为其耐心讲解的样子，让我对生物有了更大的热情与信心，更对您多了一份发自内心的敬爱之情。您对待自己的教学中，认真严谨，一丝不苟。每次您布置的作业量适中，不会挤占其他的时间，而且总能及时给我们讲解，在给我们解题答惑的过程中，不会放过一丁点儿的错误，甚至哪怕是一个词语甚至是一个错别字都会被您找出来，让我们修改。在每次的过关检测、听写小条出现问题时，您会把不合格的同学单独找出来，单独提问再过关，直到合格为止。您讲课有系统，即使在讲授新授课，也会将前后知识联系起来，做到融会贯通，讲授答题方法技巧的总结，如探究性实验设计题，教我们从题目入手分析，分析出自变量、因变量，以及控制无关变量，如何检测因变量，并拿出多了类似题去检验我们的掌握情况。遗传题是我的薄弱环节，是我失分率最高的知识点，每次做这个题目时，我内心是十分恐惧的。您告诉我，慢慢来，不要着急，可以把题目定位到课本中的知识点上，从所给条件入手分析，必要时也可以从结论入手分析，倒着分析，对某些题目是非常实用的，效果很明显。再有您上课来不拖沓，而且每节课都能给我们留出整理复习知识的时间，整理本还要定期检查，总而言之，从方方面面为我们成绩的提升想尽办法，不得不说高三有您这样的生物老师，无形中在学校有了个‘妈’，您和我们的互动，使得高三紧张的课堂变得轻松愉悦，我们对您有一种从心底里的尊敬和爱戴。我是一名弱科生，写了快一个月的生物单页了，自认为还是很有用的，多了些自信，少了些畏惧，请老师放心，下次月考一定会有进步的。”

每年的9月，我都会感到十分满足，学生能记住“教师节”这个节日，能把美好的祝福送给我，说明我的付出得到了他们的认可。作为老师，这就是最大的收获吧。

雨果曾说过：“花的事业是尊贵的，果实的事业是甜美的，让我们做叶的事业吧，因为叶的事业是平凡而谦逊的。”我想，教师所从事的就是这种叶的事业——平凡而伟大，教师除了专注上好每一堂课，教好每一个学生，还要学会倾听，学生只有信任你，才会愿意与你进行交流，学会理解，学会宽容，成为学生成长的伙伴，成为学生成长的引导者和鼓励者，成为学生的朋友，带着不懈的追求和对学生真诚的呵护，我将一直走在引领学生成长的道路上。有人说当教师很苦很累，而我却不断地在点滴成功中积累幸福和快乐。

心中有桃李，芳菲自满园

河北丰润车轴山中学　韩志海

辛弃疾的《登健康赏心亭》中有一个典故“树犹如此”，是说晋朝桓温北伐，途中见到自己早年栽种的柳树已经粗过十围，便叹息道：“木犹如此，人何以堪！”辛弃疾用这个典故是借以抒发自己不能为抗击敌人、收复失地而效力，徒然虚度时光的感慨。

而我由此想到的却是种树的问题。有句诗为“春种一粒粟，秋收万颗谷”，我常常想，如果一个人做的一件事，过了很多年还有痕迹，一定是很有意思也很激励自己的事。

还记得小时候，老爸常指着老家院子外的一棵棵树对我说：“这棵树是我刚什么什么的时候栽下的，这棵树是哪一年栽下的，这棵树是生哪一年栽下的……”每当听老爸说这话的时候，我看着那棵棵大树，摸着那粗糙的树皮；既感慨时光的伟大，又为院子周边没有因我而存在的树而遗憾。

也时常希望自己能栽下一棵树，来记录自己生命的年轮。可惜这么多年来，一直忙着，忙着……从不曾栽下哪怕一棵树。

又一次读到“树犹如此”，又一次强烈地想种一棵树。

……

该上课了，走进教室，抬眼望去，看到的是一双双苛求知识的眼睛……我内心不由得释然了——那一个个鲜活的生命，可不就是一棵棵小苗，正在茁壮地成长着？

又想起前不久的一次学生聚会。2018 年 1 月 7 日，我从教以来的第二届学生，2002 年高一入学的，回到车中聚会。

02 级的这次聚会其实非常偶然。

其实早在2012年年底，就有一个同学辗转和我取得了联系。其实，说“辗转”，是因为她“费尽周折”。那天我值晚班，接到一个陌生号码的电话，因为一直担任班主任，学生家长的电话经常打来，所以毫不犹豫地接听了电话。电话一接通，对方先问我是不是韩老师，确定是我之后，她就急切地说：“老师，终于找到您了！我太想您啦！”我这才明白，打电话的不是家长，是我以前的学生。

她说突然很想念我，可是没有联系方式。毕竟他们上学的时候，手机还没有普及，还是大家用座机和寻呼机的时代。然后她就问同学们，可是也没有找到电话号码。

她灵机一动，查到了学校办公室的电话，询问老师的电话，可是校办的老师不可能轻易地泄露老师的电话号码，在她反复陈述自己是老师以前的学生，只是因为想念老师想和老师取得联系之后，才终于得到了我的电话号码。

之后就加了QQ好友，渐渐地，有了更多人的联系方式……再之后，又把我拉进了班级同学的微信群。

2017年12月的某一天，有几个学生在微信群里聊天，我也跟他们聊了几句，有个学生突然说道：“老师，我想你了，我想回车中去看你！”于是，其他人也纷纷响应，最后根据人数确定了1月7日。

2018年1月7日终于到了，是个普通的周日，并非法定节假日；因为时间限制，很多外地的学生不能来。有30个同学到场。来的同学以唐山的居多，还有北京、天津、秦皇岛等地的。

坐在教室里，同学们要我再上一堂班会。大家按照毕业前的位置找好座位，看着坐得整整齐齐的学生，我百感交集，当年还是孩子，现在已是各个行业的中坚力量，小树苗都已经长成了参天大树啦！在我之前看名单时，有几个人名回忆不上来模样了；可是一见面，立刻就对上号了。而且与之相关的回忆，也都记起来了，甚至回忆起他在这个位置上曾经的样子，瞬间感觉自己又回到了当年，他们还是那批让我训斥的小孩子。

同学们纷纷回忆当年的英雄事迹，甚至很多秘密的细节，表达着对学校，班级，老师的感恩之情，很多学生提到了当年的往事，说起了当年我对他们的好。那些事，真是有很多都不记得了，但是孩子们还记着。很多不经意的细节，甚至已经成为他们一生的记忆。有的告诉我，还记得入学报到时我跟他说的话；有的告诉我，还记得自己成绩差时老师给的帮助；有的告诉我，还记得自己厌学时老师的劝慰和鼓励……

我本来以为，自己年轻时苛求完美，对学生要求高，又没经验，所以处理问题往往不够妥当。现在回想起当初对学生的管理，总觉得自己当时少了点细心，也少了点耐心。学生们面对着只比自己大七八岁却总是对自己横挑鼻子竖挑眼的班主任，该是多么厌烦啊！

可是看到学生热情的笑脸，听到他们暖心的话语；我终于明白，原来学生早已经忘记了我当年的苛责，只记住了我对工作的尽心；他们也没有在乎老师工作的方式，只记住了我对他们的关爱。

我有何德何能，能被学生如此尊重？刚参加工作，老妈就曾经对我说过："当老师，要用真心去体谅学生。"多年的班主任工作干下来，我现在终于懂得了，当老师，其实方式方法只是外在的形式，何种方法何种方式其实都不重要；真正重要的是一颗真心——善良的能体谅学生的真心。

十年树木，百年树人。虽然此生不曾种树，但是我如愿的、幸运地成为教师，能够尽自己的心力去树人。我更幸运的是能够成为车中的教师，车中这所百年老校中的树种，终将撒遍大地。车中学子，终将成为我中华大地的棵棵栋梁。

甘将心血化时雨，润出桃花一片红

河北省廊坊市第七中学　张云敏

从事教育工作已经有20多年，送走的学生也有十几届了。如今，他们在天南海北，我们不常见面，但一聊起他们上学的时候，画面立即浮现在大家眼前。我真的从心底感谢他们，感谢他们曾经的陪伴，感谢他们带给我的快乐、充实，感谢他们带给我的一切，一直到现在，将来。

有个男生是我2005届的学生，我只教了他高三一年的课，毕业后很长一段时间没有联系，突然有一天晚上接到他的电话，问我还记得他吗？我记得，他身体素质非常好，通过了飞行员的体检，高考成绩优秀，被航空院校录取了。我心里有些好奇，他怎么会有我的电话，怎么会想起给我打电话？我问他大学的学习、生活可好。他说还好。闲聊了几句之后，他问我，当初我的大学生活是什么样子，会有什么不如意吗？听他的语气，我猜他可能有什么心事。果然，他在大学遇到一些问题，看到的一些现象与他的价值观不太一致，感觉对自己不公平。我倾听着他的诉说，最好他问我怎么看，如果我是他会怎么做。我能体会他的感受，他是个单纯、正直的孩子。我劝他："我能理解你，有些事情是不尽如人意，但有时候不是个人能左右的，这些不好的事情只能是暂时的，不会是永远。我们只能做好自己，做最好的自己，用这样的方式去对待哪些所谓的不公平，就像体操、跳水一类的比赛，你的动作完成质量明显高出别人很多，即使裁判想压低你的成绩也不会让你第二。是金子总会发光的，金子不会永远被埋没，相信你会做得非常好。"可能我的话不能给他解决什么实际问题，但有个人听他说话，让他把心里想说的发泄出来，起码他心里会舒服许多，或许那晚能睡个好觉。

还有一名学生让我印象深刻，不是上学时候，而是毕业后。他上学时成绩一般，算不上优秀，但性格开朗，很懂事儿，挺招人喜欢的。说起来有10多年了，自从他高中毕业，每逢过节，无论是元旦、春节还是国庆、中秋，肯定要发短信问候我，无一例外。我从买第一部手机一直没换过号码，我存着他的电话号码，他也一直用那个号码和我联系。刚毕业和老师联系是很常见的，但一直坚持10多年，很让我感动。我总说："谢谢你，工作那么忙还总记得我，感谢你一直记得我。"他说："应该的。您是我的老师。"

我曾经的课代表，上学时爱说爱闹，极具运动天赋，校运会创造长跑纪录，自己不交作业但能把全班其他人作业收齐，整天嘻嘻哈哈，但生物成绩尤其突出。高中毕业后来过学校几次，每次来总要问："老师，是不想我了？"当我说起他的糗事时，他会把我拉开，小声说："老师，给我留点儿面子，好吧。""你还知道不好意思呢？""当然，当然。"有一次我女儿跟我说："妈妈，您那位课代表前些天跟我聊天，问最近咱们家发生了什么事吗？"我很奇怪，"干吗这样问？""是呀，我说没发生什么，怎么啦？他说前些时候去学校看见您了，发现您白头发那么多了，看着很累，挺憔悴的，以为咱家发生什么不好的事情了。还跟我说，如果家里有什么事，跟哥说。"听完女儿的话，我没说什么，那个曾经的毛头小子成长为男子汉了，懂事了。

2018年初，寒假里的一天晚上，正在家里客厅看电视，突然感觉楼板在上下颤动，紧接着左右摇晃，——地震了。我一跃而起，随手抓了件厚衣服，随全楼的人都往楼下跑。跑到楼下，丈夫发动车子，我和女儿钻进车里，赶紧把车开到开阔地，感觉安全多了。那片开阔地上停着好多车，大家躲在车里不敢回家。这时，我电话响了："恩师，家里都没事吧，看朋友圈都刷屏了，多防范，注意余震，拿个酒瓶倒立什么的，情况不对赶紧带着家人出来。"原来是我的往届学生。我躲在车里，在寒冷的冬天心里暖暖的，"我安全，现在没敢回家，在大马路上空旷的地方，在车里呢。你在哪里？""济南。"他回答。又发给我一些关于地震和余震的消息，嘱咐说："宁可信其有，最好躲避一下，不管怎样，多注意多防范还是好的。"我感觉到他的担心，连声称是，说知道了，让他放心。

参加学生们的聚会，他们也有的人到中年了。各行各业的都有，有的是我的同行，也是老师，也在教书育人。有个学生说受到老师的影响才选择当老师。我听了心里感到安慰。

今年我带高一，新生报到时，一个学生的家长是我曾经的学生，他带着女儿来到我面前，说："老师，您好，您还认得我吗？"我想起来他是我第一届学生，当时是体委，我叫出他的名字。他非常高兴，说："老师，您还记得我，我太高兴了，这么多年你都没什么变化，和教我们时一样。"我说："老了，你的女儿都上高中了。"他真诚地对我说："我还清楚地记得您教我们时的样子，老师，我把我闺女交给您了，您就像当初教我们一样教她吧，谢谢您。"我像喜欢他一样喜欢他的女儿——我现在的学生。

收获的季节是幸福的

河北省蔚县西合营中学　刘志敏

“老师，我被免推到北京协和医学院的直博，今天确定下来了，特别感谢老师高中的忠言，大学期间时常想起，鞭策自己继续努力，感谢您！”

“老师，我研究生被免推到中国人民大学了，向您报喜！”

“老师，我考研成绩下来，成功进入吉林大学，感谢您的栽培，向您道喜！”

“老师，我从大连理工成功免推到浙江大学了，感谢您高中的教育，您注意身体！”

华电、华科、西北工大、西安电子、中国地质、中南大学……

这些学校都是因我的学生们一条条喜讯而越来越熟悉，2008 年，第一次送高三，压力很大，成绩比同头班级高一截。2011 年第一次送优班，和我一起搭班的老师全部是学校各科的佼佼者，只有我是战战兢兢的新手，借助自己和学生的亲和力，孩子们成绩跻身全市同类学校前列。2014 年自己带的优班毕业，是其他 4 个同层次班级一本上线的综合，当年借助国家贫困政策，有 11 人被 985、211 名校录取，2015 年，所带班级七成一本，13 人 985 名校，自此，这些来自名校学生的信息成了我的动力，更是我激励下一届学生的榜样。2018 年，一条条被免推或者录取到名牌大学研究生的消息使我震撼，使我幸福。这个偏僻的农村学校，每年高考一本数不多，而近些年的我却感到沉甸甸的幸福，如同农民的金秋，这些，将激励我不断努力，借助“名师工作室”平台在自己所热爱的教育事业上发挥更多的热量。

六、成长篇

志存高远，稳健前行

河北唐山外国语学校　张淑伟

随着工作年限的增加，积累的教育教学资料越来越多，我学会与同行分享。组里年轻老师讲公开课，我找出自己以前精心制作的课件给他们参考，初具雏形的时候，再去听课，不断磨课，日臻完善；有老师月考出题懒得在网上搜索，我也把自己命制的试题发送过去。别人使用你的资料你的设计思想时，体现出你的价值，在别人运用的过程中你也能有所改进与提升。把你的东西分享出去，你并没有失去仍然还拥有，而且帮助别人发挥了骨干作用。

志存高远，才能行稳致远。通过问卷和访谈得出名师专业成长的 8 大因素，内部因素包括专业发展愿景、自我效能感、实践磨砺和研究反思，外部因素包括专业引领、关键事件、同伴互助和地域文化。我个人觉得“专业发展愿景”非常重要，你想成为什么样的老师你就会朝着这个目标努力。2012 年起，唐山市政府和教育局组织评选“市级名师”，最让我羡慕就是每年一周的外出学习培训，第一年就去了北京大学，名师立即成为我奋斗的目标。对照文件论文课题优质课，我样样俱全，唯一的软肋就是年终考核缺少一个“嘉奖”，学校里评优评先指标有限，要向需要评职称的老师倾斜，自从 2007 年评上中小学高级教师，我就没有得过优秀。还有一个途径就是当班主任，在学校里早来晚走责任重大，学校优先考虑，但是生物学科高二、高三年级开课，没有特殊情况，高一带上来的班主任没有变化。我耐心地等待着，直到 2015 年年终考核我终于得了一个优秀，下一年也当了班主任，参评 2016 年市级名师，经过组档报名申请、专家考核、说课等环节，过关斩将终于取得了资格，最后市教育局组织到学校进行民主测评，打分的老师们不知道具体要求以为“良好”就可以通过，结果就在这个环节功亏一篑，不幸被淘汰。听到这个“噩耗”传来，我难过了很长时间，由于这不是我个人原因造成的，不是我自己不努力。既然已成事实，只有坦然面对，我又开始了下一年的奋斗。2017 年，终于顺利评选为市级名师。5 年的坚守换来了得知不易的荣誉，激动的泪水在眼中打转。这一年我参加了在北京、南京举办的培训班，收获颇丰。

名师成长的外部因素里面“专业引领、关键事件”也很重要，这里我要感谢曾经帮助过我的业内同行。我和香河县第一中学赵艳红老师相识于河北省教育厅考试中心，一起命制河北省学考试题，工作过程中得知她成立了名师工作室，已经招收了 6 名成员还差一人，仰慕于赵老师的学识与人品，我主动要求加入工作室，赵艳红老师欣然答应，这样我就增加了更多学习交流的机会。

2017 年 11 月 6 日，河北省名师赵艳红工作室的成员齐聚香河一中，工作室正式启动，由香河县教育局局长、香河一中校长共同为工作室揭牌。工作室主持人赵艳红老师是河北省名师、特级教师、正高级教师，是我们全体成员学习的榜样，跟随赵老师做一名优秀的生物教师，正如她所说：教学生 3 年，想到他今后的 30 年，祖国教育事业的 300 年。鼓励我们成为学习型教师、科研型教师、反思型教师、创新型教师，成为受学生喜爱的温暖的教师，为学生的幸福人生奠定基础。

工作室研讨过程中，特别邀请北京师范大学教育学部基本理论研究院肖川教授参与我们的活动，并且具体指导今后的工作重点。肖教授为我们做了激情澎湃的专题讲座《教师的幸福人生与专业成长》，让我对教师的“幸福”有了全新的认识——是一种既充实又闲适的内心感觉，即心中有盼头，手中有事做，身边有亲友，家中有积蓄。这样才是一个完整而丰满的人，才能教育出“幸福”的学生。

迁西一中徐志彦老师给香河一中高二年级的学生讲授了一节复习课《动物和人体生命活动的调节》，课前给学生下发自主学习提纲，完成概念图，课上引导学生填图、梳理基础知识，通过 7 个问题引导学生思考、比较，深入理解动物和人体生命活动的调节特点，最后设计了跟踪训练。整节课充实而平和，从学情出发因材施教，因为第二天学生们就进行月考，所以安排一节复习课。这样既有教师风采展示完成了示范课，又为学生们月考做了充分的复习，一举两得。我很喜欢这样的课程设计理念，课堂是为学生服务的，不能因为教师的活动折腾学生。

肖教授为我们指明教师专业成长的途径主要有3条：专家引领、自我反思、同伴互助，赵艳红名师工作室恰好为我们提供了这样的一个成长的平台。这里有专家的引领——赵艳红老师和肖川教授，同伴的互助——工作室成员是来自廊坊、唐山和张家口3个地市的省级高中生物骨干教师，比如做课的徐志彦老师就有很多优点值得学习。如若加上我们每个人的自我反思，工作室成员们必将迅速成长。

通过本次研修活动，我的感悟颇深，没有人能够随随便便成功，每一个荣耀都是辛勤的汗水与智慧共同孕育的结果。今后我准备做好三个方面：第一，体验精读，烂熟于心，走入作者的内心世界，深度阅读，做一个成功的阅读人。第二，养成两个好习惯，一是日积月累，及时记录所想所感，保存下来，慢慢生长与丰富；二是寻根问底，对于数据资料要有理有据，不可以讹传讹。第三，学会搜索，每天搜索2~3个词条，一生都是走在通往国学的路上，对自己的学生也是一种滋养。不断加强自身的文化底蕴、学识修养，突破专业成长的瓶颈，只是越丰富，爱的能力越充沛。

2018年11月3日，赵艳红名师工作室研修时又邀请到人民教育出版社生物室课程教材研究所资深编审吴成军研究员，为我们做了《生物学核心素养及在教材、教学中的实施》专题讲座，印象最深刻的是吴教授捕捉新闻事件理论联系实际谈“核心素养”，播放10月28日导致15条鲜活的生命瞬间消失的“重庆22路公交坠江”事件视频，原因是乘客与司机激烈争执互殴致车辆失控，在这个事件中司机的驾驶素养包括什么：安全驾驶——关键能力，礼貌行车——必备品格，尊重生命——价值观念。从去年就开始听到的“核心素养”，今天终于完全明白其含义，从心里仰慕吴教授深入浅出的阐明概念，今后的教学中我也要学习这种方法，联系生活实际的真实情境帮助学生理解生物学概念和原理，这也是本次课程标准变化的重点所在。

新课程标准强调生物学科的科学思维，科学的基本特点是以怀疑作审视的出发点（客观），以实证为判别尺度（证据），以逻辑作论辩的武器。中学教学的重要目的之一就是训练思维、形成概念、运用概念，那么生物学科中有哪些独特的科学思维呢？平衡观点（膳食、生态、碳氧平衡），对照思维（对照实验），思维灵活（整体思维、复杂思维、辩证思维），假说—演绎法，复杂的因果关系。一位优秀的教师教学中必备的素质有：重视形成模型的建构过程（思维过程），对建构的模型清晰化（思维的结果）。生命的特征就是活的、有生命的，生物学只有一条规律没有例外，那就是所有定律都有例外。吴教授的讲座使我对于中学生物教学有了全新的认识，引发深入的思考——必须不断学习才能与时俱进，不被时代抛弃。

今年年底，我有幸参观了杭州学军中学和杭州高级中学，杭州人对排名前三的高中流传着这样的说法，学军是地狱，杭二是人间，杭高是天堂。在学军中学，我听了三位老师的讲座，观看了学校的宣传片，当春发生—生如夏花—花落秋至—实至冬藏。因为梦想我们披星戴月，因为梦想我们义无反顾。2018 年高考，342 人达到浙大分数线，这样的"地狱"令人羡慕。学校管理严格，抓得很紧，重视学生的五大学科竞赛成绩。学军的老师敬业精神值得钦佩，理科老师自己天天刷题，据说 60 岁数学老师也不例外。家长组团来学校听课，要听学生们反馈最好的和最差的老师的课，立即打分反馈给学校领导，学军中学有一批负责任的家长，其中很多是浙大的老师。好学生好家长是教师成长最好的加速剂。

杭州高级中学人文气氛浓郁，学习比较轻松。这所学校令我震撼的是校史馆"院士墙"上的 52 名院士，这是其他学校无法比拟的，真可谓是人间天堂。数学名师马茂华做了"名师工作室的建设与反思"专题讲座，他写了 5800 多篇文章，600 多本书，5 年时间做了 86 次培训。以前经常感慨语文老师写文章有得天独厚的优势，自己是理科老师写不好理所应该，今后我不敢再有这种想法，马老师说"写文章很容易，就是不同文字的排列组合"，一个晚上就能写一本书，因为他的资源丰富有各种现成的资源包。我折服了，马老师讲座过程中会场里飞来一只蝴蝶，让我想起"你若盛开，蝴蝶自来"，只有做好自己，一切美好才会接踵而来。

我走进杭州名校的同时也认识了浙派名师，他们有着浙商的智慧勤奋，对于基础教育课程改革，他们勇立潮头，不惧怕失败。这是最值得我们北方人学习的精神。

我们经常会把目光投向校外，寻求学习的目标。其实学校里同事间也有很多值得我们学习的好榜样。从我的一位同事身上我就学会了团队精神，见证了领导力。一次学校组织外出培训，由于人数众多分成几个小组，她担任小组长负责两个办公室的人员，她马上安排另一办公室的一名副组长，建立微信群便于大家联系，将培训要求立即上传，出发前再次强调携带身份证和集合时间。第二天出发一上车就按名单清点人数，查看出勤情况。到达目的地后，组织老师们到达指定地点集合，自己走在前面，遇到路线或参观程序变化，赶紧发微信通知大家，不让一个人掉队，特别有团队意识。自由活动时间，分别安排好组内成员，方向一致的再建立一个群。每一次都给大家最便捷的提醒，就像导航一样时时规划新路线。尽量满足每一位组员的要求，不怕麻烦不怕多跑腿，自己出钱给大家买水果，让我感觉特别温暖。我一直感觉自己不是一个善于关心他人的人，颇有一点“君子之交淡如水”的意思，第一次跟这样的同事在一起特别愉快，他们有很多值得我学习的地方。每一次经历都促使我们成长，每一件小事都可以反思自己的不足。

学校里年轻同事80后、90后，身上也有70后不可比拟的优势，一样值得学习。首先做事情效率高，备课做题阅卷的速度都快，一会儿就能把事情轻松搞定，不拖沓，余下的时间做自己喜欢的事情，听听音乐、浏览网页新闻，下班后不再把工作带回家里。其次做事有方法、有头脑，参加工作时间虽短，但是知识的系统性把握得好，每节课改将几个知识点、辅导资料中总结得全不全，需要再补充哪些内容，每道习题对应那个考点，条理清晰思路明确。有时候在家陪孩子玩的过程中就把第二天的课梳理一遍，教学流程和重难点突破，对每一节课都有自己的规划。还有就是聪明好学，通过各种途径，学习好的教学方法和管理方法，对于本学科的目标生常抓不懈，向其他学科的老师取经，很快转化成自己行之有效的措施，且效果明显。

教师成长另外一条途径就是多读书，我的书橱里一直珍藏着一本书——《做一名幸福的教师》，这是2012年教师节的礼物，远在哈尔滨读大学的老学生特意安排快递在9月10日当天送给我。一口气读完这本书，它针对教师遇到的各种问题，通过众多案例和深入的剖析，揭示出这样一个道理：做一名幸福的教师其实很简单，只要你戒骄戒躁，不再攀比，放松心情，努力工作，乐在其中，幸福就在你身边。合上书时，满满的幸福流淌在我的心间。

2016年开学，学校领导安排我担任高二（2）班的班主任，49个学生，其中有8个GAC出国意向生，3个体育特长生，2个AFS交换生，早午晚清点人数、住宿生违纪、不完成作业的学生逃课……再加上两理一文3个班的生物教学，每天忙忙碌碌焦头烂额，没有幸福感，只剩失落和职业倦怠。我忘记了自己曾是一名幸福的教师。那天整理书橱瞥见《做一名幸福的教师》，不禁如饥似渴地重读起来。是的，幸福是一种心态，是一种灵魂深处的感触，是自我的一种体验，幸福是需要我们用心去经营的，读书便是通向幸福的捷径。

读书是一种修养，锤炼宽容的情怀。我喜欢雅斯贝尔斯关于教育的本质的说法：一棵树摇动另一棵树，一朵云推动另一朵云，一个灵魂唤醒另一个灵魂。我愿是与学生平等的一棵树、一朵云、一个灵魂，以博爱之心和我的学生们一同成长。爱是多种多样的，无所不在的。对于一名教师来说，爱学生尤为重要，也是师德的核心所在。热爱学生是教师教育素养中的决定因素，是教育艺术的基础。教育需要爱心的浇灌，教师则要投入一片挚情，一颗爱心。接班之初，儿子问我："妈妈，你能做一个好班主任吗？"我说："妈妈像爱你一样爱我的学生，一定能做一个好老师！"

教育是一门慢的艺术，学生是在不断错误中成长的。张爱玲说：在人生的路上，有一条每个人非走不可，那就是年轻时的弯路。不摔跟头，不碰壁，不碰个头破血流，怎能炼出钢筋铁骨，怎能长大呢？记得在书中读过：如今我们身上的长处大都是以前老师曾经夸奖过的，而我们身上的缺点也是当年老师批评过的。教师拥有一颗宽容的心，学会赏识学生。评价学生时，多一些鼓励，多一些期待，不伤害学生的自信；学生犯错时，多一些宽容，多一些理解；学生进步时，送上真诚的掌声；学生遇到疑难时，教师便是最好的心理医生和最亲密的朋友；当学生大胆表现自己时，多一些欣赏和关注。总之，教师潜在的人格魅力会深深地感染学生，在平时的教育教学中，我们要时刻不忘对孩子有一颗宽容的心。宽容是阳光，她会让我们每个人拥有健康、拥有幸福。

校园里楼道中一声声“老师好”，带给我愉悦的心情，一天的工作在快乐中开始，简短而甜蜜的感觉，这就是幸福的味道。作为一名教师，我没有丰厚的工资，没有舒适幽雅的办公环境，但是校园是一片净土，天真活泼的孩子带来无尽的快乐。

读书是一把钥匙，开启学生的心灵。班里的一些学生不知道珍惜自己的幸福生活，没有明确的学习目的，我和他们一起读路遥的《在困难的日子里》，小说描写的是六十年代农村贫困子弟马建强在城市求学时与饥饿作斗争的故事。在困难的日子里，主人公不仅遭受着生理上的饥饿，也遭受着来自人格尊严的煎熬。在失去母亲、连饭都吃不上的困境中，在李老师和同学的帮助下，战胜了饥饿、完成了学业，而且表现出正直无私、坚毅不屈、自尊自爱、乐于助人的美德。在那样一种困难的时刻，在那样一个年轻人身上，焕发出一种人性的光芒。学生们流着泪读完小说，虽没有经历过那样的年代，但是他们能体会得到，那饥寒中的人，还有那善良的心。他不爱嗟来之食，人穷志不穷，时刻捍卫自己的自尊，用勤劳的双手去追寻自己的幸福。课余我和学生一起聊马建强，一起比对我们的幸福生活。多读书，勤读书。没有说教，没有训斥，一切在无言中，默默升华。文章中的“李老师”也成为我工作的榜样。

做一名幸福的教师，用阳光的人性来启迪学生阳光的人性。把内心的正能量传达给学生，开启他们阳光一样的心灵世界，给他们奠定美好人生的基础。“与其诅咒黑暗，不如点燃光明。”我们不去抱怨周遭世界，我们释放自我人性的力量。我们没有办法改变世界，但我们可以举起心灯照亮自己，走出伤感的自我，走向阳光的自我。点燃我们的心灯，凝聚我们人性的力量，在日常教育教学的琐碎与平庸中找到自己的职业幸福。

读书是一面镜子，照见每天的自己。每个人都应该活出一个样子，心里有没有光彩能够体现在脸上。当我们感觉不幸福时，读书吧！

无论人生境遇如何，只要心中有“爱”，脸上带着微笑，人便是宁静平和的，这就是幸福的人生。我们也要学会做个幸福的教师，创造幸福的自己，培养幸福的学生，服务幸福的社会。在学生需要指导、帮助的时候，我们陪在他们身边，一起面对生活上、学习上的困难，才能培养出师生之间真挚的感情。即便日后学生们海角天涯，他们也会记得一位曾经帮助过他的老师。了解学生，尊重学生，把学生的事放在心上，体察学生的内心世界，建立起和谐、友爱的师生关系。

教师感恩学生、呵护学生、尊重学生，学生才会感恩于教师，但如果你只知道用权威来管理学生，也许你就会离幸福越来越远。

课堂是教师最重要的舞台，一个懂得享受上课的人，课堂便自然会成为其享受幸福的重要舞台，营造一个充满生命活力的课堂，和学生一起痛苦、一起欢乐，你就会少了许多教学的焦虑和烦恼。一个懂得享受学生的人，教师职业幸福感最重要的源泉是学生的成功和他们对你的真情回报，任何影响教师职业幸福感的不利因素都可以从学生对教师的尊重、理解、感激中得到弥补。对于教师来说，是否能时时处处感到幸福是很重要的，因为这不仅仅影响着他的人生是否快乐，更影响着学生。只有教师幸福，学生才会感到幸福。教师首先要在一个普通人的层面上善待自己，过好日子，成就自我，而后才有资格去做一名好老师。教师从事自己的职业活动“不只是为学生成长所作的付出，不只是别人交付任务的完成，同时也是自己生命价值和自身发展的体现”。教师有理由也应当理直气壮地追求自己的人生幸福。教师一生追求的幸福，就是你的人格魅力，你的处事风格，你的知识涵养，你的点点滴滴。

读书—教学—成长，再读书—再教学—再成长，让教学与读书相得益彰，享受自己的课堂，教师乐教，学生乐学，让每次课堂都迸发出生命的活力，学生亲其师而信其道，教师读书破万卷，教学亦有神。

亲爱的朋友，假如你也是一名教师，假如未曾感到幸福，借用海子的那首诗“从明天起，做个幸福的人”，愿你在教师职业里获得幸福，面朝大海春暖花开。让幸福成为我们教师生涯的永恒底色。

聚是一团火，散是满天星

河北省香河县第一中学 赵艳红

一个很偶然的机会，申报了省名师工作室主持人，谁知竟然被河北省教育厅师教处批准了，这也是河北省首批在中小学幼儿园阶段成立的100个省级名师工作室，我十分荣幸地成为河北省首批100个主持人之一。2017年7月12日，在河北省石家庄工会大厦召开河北省名师工作室启动大会，省教育厅副厅长贾海明、省师教处副处长石岩都做了重要讲话，贾海明副厅长代表省教育厅，向首批名师工作室主持人及团队成员表示热烈的祝贺。贾海明副厅长在讲话中强调：一要由“教学”向“教教”提升，出人才。二要由“实践”向“理论”提升，出成果。三要由“名师”向“大师”提升，出大家。张家口一中的尤立增老师作为名师工作室主持人代表之一，表达了我们的心声：我内心充满着感谢、感动和感叹。感谢省教育厅为我们搭建了这样一个“名师引领、骨干互助、交流研讨、带动辐射”的平台，让我们相互切磋、共同成长；感动于各教育局领导和各单位领导对工作室的成立提供的支持和帮助，让我们的工作室从启程开始，便走上了方向正确、健康发展的快车道；感叹于今天这个幸福的日子，燕赵教育精英会聚一堂，共襄大举，温馨相伴，倾力相助。

带着省厅领导的关怀与期待，拿着工作室成员的名单，我们回到了各自的工作岗位，开启省名师工作室建设的新征程。

经过沟通交流，学员间慢慢熟悉起来，长时间地酝酿与沟通，我们联系到了北京师范大学的肖川教授，我们迁就着他的时间，决定启动我们的工作室。河北省教育厅师教处的石岩处长得知我们要启动工作室的消息，给我们写来了贺信。全文如下：

祝贺赵艳红工作室启动挂牌

欣闻河北省赵艳红名师工作室正式启动，特表祝贺！

2017年河北省名师工作室正式实施，首批以名师名字命名的省级工作室100个，高中生物学科有3家，赵艳红老师是其中的优秀代表。通过名师引领，充分发挥名师传帮带的特殊作用，促进名师的自我发展，加快全省中小学教师队伍的专业化成长步伐，全面提高全省中小学教师队伍的整体素质和教育教学水平，成为我省名师工作室的终极目标。

希望赵老师值此启动之机，尽快制订工作规划，确定发展目标，加强合作交流，开展课题研究，促进学员快速成长。希望各位工作室学员珍惜机会，虚心好学，争取早日进入名师行列。希望通过你们的努力，将工作室建成：先进教育思想的传播地，教育改革的实验田，教育科研的排头兵，名师成长的孵化器。

期待着赵艳红名师工作室成绩斐然，硕果累累！

河北省教育厅师教处 石岩

2017年11月1日

经过与专家沟通及各方面的大量、细致的准备工作，如场地、人员、食宿、交通、各种文字准备、工作室布置、照相、录像、电子屏、与会计沟通以及流程设计等等，只有我和我的助手赵静老师两个人来做这些具体的活儿，我们用纸一条一条记录下来，有30条之多，我们一项一项去落实，做完一项就画掉一项，虽然辛苦，但与学员们即将相见的喜悦与期待冲淡了所有的辛苦。繁忙地准备之余，我兴奋地为工作室的学员们写了一封信，信的全文如下：

给工作室学员的一封信

各位名师工作室的学员、各位同人、各位兄弟姐妹，大家好！

这是我们8位兄弟姐妹第一次聚在一起，很开心。省厅领导为我们搭建了这样一个平台，省厅师教处石岩处长写来了贺信，我的学校为我们提供了许多便利条件，各位兄弟姐妹又克服了重重困难，我们才能有这样的缘分齐聚一堂；南京名师高级研修的体会还没来得及分享给你们，你们就从四面八方走来了，可以面对面地看见了鲜活的彼此，欢聚在工作室这个温暖的家中，欢迎你们的到来。

自从2017年7月12日，河北省名师工作室启动会议以来，我们就组建了这个家，建立了微信群，加强了彼此的联系，建立了公共邮箱：gaoshengwuyu@163.com（密码Gswylftszjk），认真学习了厅长讲话及3位名师工作室代表发言，思考自己三年规划和一年计划，8月21日，唐山外国语学校的张淑伟老师积极申请加入了我们这个团队，有了现在的八大金刚。同时8月21日，我们创立了微信公众号“高生物语河北省赵艳红名师工作室”，将我们高中必修1、2、3以及选修1、3电子课本全部传到了公众号中，并推送了5篇推文，将对学生的希望，我的省名师培训分享出来。学习了核心素养，在公众号的功能介绍中我这样写道：“关注教育改革，学习教育理论，立足课堂教学，提升学生素质，引领教师专业发展，辐射同行达共赢，携手师生共创幸福快乐的教学家园。”

那么，反过来再说说，省里建立名师工作室的初衷，根据全省教师队伍建设需要，充分发挥中小学学科名师的引领、示范和辐射作用，探索建立优秀教师培养机制。

一、指导思想

为践行习近平总书记提出的“做四有好教师”以及“广大教师要做学生锤炼品格的引路人，做学生学习知识的引路人，做学生创新思维的引路人，做学生奉献祖国的引路人”的要求，引领我省中小学教师发展的专家队伍，推动基础教育向现代化发展，扩大名师的知名度，带动并培养一批“师德好、业务精、能力强、善创新”的高层次骨干教师，实现优质教育资源共享，促进基础教育的均衡发展。

二、工作目标

打造一批具有良好师德修养、先进教育理念、厚实专业素养、扎实教科研能力的卓越教师队伍，培育一支数量精当、结构均衡、梯次合理名师团队，带动一批骨干教师群体研修，形成整体推进，共同提升的教师专业成长的良性发展机制，实现“出名师、办名校、育英才、创特色、塑品牌”的工作目标。

三、工作任务

1. 促进教师专业化发展。通过专业指导，帮助基层教师提高专业水平，带动农村教师队伍发展。通过工作室平台，实现资源共享，达到树立一个名师、带动一门学科、带出一支队伍、产生一批成果的实际功效。

2. 加强教育教学研究。发挥名师及工作室成员自身特长和优势，以先进的教育理念和管理方式，开展教师培训、理论探讨、教学研究与研讨、科学研究和教育改革实验等教育教学活动，把名师工作室发展成为教师群组创新实践、教学科研、技能提高的基地。名师工作室是先进教育思想传播地，是教育改革的试验田，是教育科研的排头兵，是高素质教师成长的摇篮。提升师德修养，促进教育教学改革，开展教育教学教育教学研究，培养骨干教师，加强网站建设，制定规划和管理制度。

重温文件精神，带着省厅领导郑重的嘱托，对我们怀有教育梦想的学员有以下几点期望。

第一，提升师德修养，多学习，勤思考，做反思型教师。

第二，发展专业素质，以专业技术精湛，教学风格独特为自己奋斗目标，做专家型教师。

第三，打造科研团队。以科研创新为抓手，立足课堂教学，将创新理念贯穿于教育教学之中，做科研创新型教师。

第四，适应时代发展。在大数据、“互联网+”“人工智能+”的时代，我们要敞开心胸，悦纳新知，做学习型的教师。

第五，润泽学生心灵，我们面对的是青春期的孩子，心理问题时常发生。我们不仅是经师，更应该是人师，为学生的幸福人生奠基，做个温暖的教师。

三个月以来，我们从相识到相知，从隔屏交流到面对面促膝。一百天的等待，等来了百日会师，共商工作室大计，规划我们的教育人生。期待徐志彦老师精彩的课堂展示，给我们工作室带来欢欢喜喜的开门红；期待着刘姝昱老师，省内专家的经验分享，期待着周韡指明的去清北的途径，更期待着北师大肖川教授给我们带来的精神盛宴。

我和你们的心情一样，激动着，盼望着，期盼着11月5、6、7日快点到来。缘分让我们走到一起，走进了一个团队。人在一起是聚会，心在一起是团队。希望通过我们彼此真心相待，精诚合作，取长补短，共谋团队发展，点亮教育人生。

兄弟姐妹们，让我们携起手来，让我们不断学习，积累厚重，用我们的智慧润泽心灵，立足课堂沉淀经验，做有温度的教育，绽放我们的教育理想。聚是一团火，散是满天星。我们是来自河北3个不同地市的八颗星。按毛泽东的说法：“星星之火，可以燎原。”那就让我们点燃教育的火把，成就河北教育的燎原之势。

不管现在教育形势如何，十九大给我们教育吹来了暖暖的风。我只想借一位学者的话送给亲爱的你们：无论中国怎样，请记得：你所站的地方就是中国。你怎么样，中国便怎么样，中国的教育便怎么样；你是什么，中国便是什么，中国的教育便是什么；你有光明，中国便不再黑暗，中国的教育便不再黑暗。

兄弟姐妹们，在这人工智能的时代，在这个大变革的时代，培养未来的人才，我们应有更多的思考。怀揣教育梦想，择高处立，就平处坐（走脚下路），向宽处行；我们的切磋、分享、研讨、提升，是我们团队前行的必经之路，是个人专业成长的助推剂。立足课堂出效果，科研创新铸辉煌。让我们兄弟姐妹携手共创美好的明天！

最后，再次欢迎各位兄弟姐妹来到温暖的家，祝大家工作、生活双丰收，身体健健康康，享受幸福美满的教育人生！

你们的好朋友：赵艳红

2017 年 10 月 27 日

2017 年 11 月 6 日，经过周密的筹备，我的名师工作室正式揭牌启动，我感到非常高兴和激动。我带着感恩、感动、感激的心情，组织了这场启动仪式。

第一，感恩生命中的贵人。感恩省厅石岩处长对我高看一眼、厚爱一分，百忙之中抽时间为我这次活动写来贺信，感恩县教育局姜建明局长、教研室刘俭主任一直以来的厚爱和引领，感恩肖川教授从北京赶来亲自参加启动仪式，感动来自全省各地的名师——我的 7 位学员对我的信任，感谢李树峰校长、武宝旺书记长期以来对我的关怀和培养，感谢我亲人般的同事们对我的帮助和支持。感恩、感动、感激有你们，才有了今天的赵艳红名师工作室。

第二，什么是工作室？我认为工作室应该是生命成长的共同体。大家都知道，教育是生命的唤醒。从教近 30 年来，我一直在不断地叩问自己：你具备唤醒的能力吗？需要唤醒的只是学生吗？永远无法唤醒一个装睡的人，一个自己都睡着的人如何去唤醒别人？一个自己都不发展的老师如何让学生发展？作为生命的个体，教师本应是最大的成长者。所以我越来越深刻地体悟到，好的教师是行动着的生命教材，好的教育是生命的彼此成就。一个人可以走得快，一群人才能走得远，而最美好的教育生活方式就是和一群志同道合的人行走在理想的路上。那么好的工作室呢？好的工作室一定是研究的共同体、价值的共同体、情感的共同体、生命成长的共同体。

第三，什么是名师工作室？去年河北省名师高级研修班在南京学习期间，石岩处长说：名师之名在于厚重，名师之名在于沉淀，名师之名在于绽放，名师之名在“无名”；也可以说名师名在信念坚定，名在思想引领，名在实践创新，名在社会担当。名师工作室应是对内不断探索永不止步、对外辐射带动示范引领的生命成长共同体。作为名师工作室的建设者，我们会让我们所站立的地方，就是我们的教育；我们是什么，我们的教育就是什么；我们怎样，我们的教育就怎样；我们有光明，我们的教育便不会黑暗。我们会基于生物教学而又超越生物教学，以从风格自觉走向风格流派，从业务精英成为教育大家为我们的成长目标，不忘初心，砥砺前行，教学生三年、要为他30年着想，为国家的300年着想，让教育走向辉煌和卓越。带着领导寄予我们名师工作室的厚望，肩负着让河北省教育飞得更高、飞得更远的责任，我们的工作室正式启动标志着我们站在了新的起点，踏上了新的征程。今天给我们一个平台，明天我们会创造别样的精彩。

2017年河北省名师工作室正式实施，首批以名师名字命名的省级工作室100个，高中生物学科有3家，我是其中之一。按照省教育厅的要求：通过名师引领，充分发挥名师传帮带的特殊作用，促进名师的自我发展，加快全省中小学教师队伍的专业化成长步伐，全面提高全省中小学教师队伍的整体素质和教育教学水平，成为我省名师工作室的终极目标。

我的工作室有8人，来自河北省3个不同的地市，廊坊3人、唐山3人、张家口2人，我带领工作室开展了许多卓有成效的工作，我们建立了微信群、公共邮箱、公众号“高生物语河北省赵艳红名师工作室”，在网上进行了交流、沟通、研讨。我的工作室于2017年11月6日正式启动且进行了第一次集中研讨活动，为学员们送上了肖川教授的书《教育的方向和方法》及14期《中国教师》杂志，邀请了北京师范大学的肖川教授做了“教师的幸福人生与专业化成长”的讲座，邀请了清北校友周韡老师作了“进入清北途径及自主招生”的讲座，工作室学员、唐山迁西一中的徐志彦老师为我们上了节示范课“人体及动物生命活动的调节”，课后，专家、教授、工作室学员、全校生物教师进行了评课交流。同时我们对工作室的3年规划进行了充分的研讨，明确了目标，形成共识，力争3年后出成果。2017年12月22日，工作室邀请了广东省深圳市名师、著名教育专家、深圳大学硕士生导师黄元华老师为我们送来了一节示范课“解析几何中的动直线过定点问题”，为高二、高三师生

3000人做了一场励志演讲——《励志点亮人生，奋斗成就梦想》，让师生们受益匪浅。正在为学员准备学习资料，河北省生物教师优质课全集，及黄老师演讲、示范课视频及赵静老师示范课视频、其他老师优质课或示范课视频，需刻录成光盘，工作量很大，正在进行时，将来送给每位工作室学员一套，观摩和学习以提高自身的业务水平和专业技能，为自己每学期打磨一节优质课做准备。

一年来取得的成绩

带领高一备课组的全体教师，成绩突出，2017年1月的高一生物统考，我校生物学科在廊坊重点中学排名第一，全市生物前200人，我校占了105名，在全部参考学科中遥遥领先。

具有较强的教育科研能力，教学成果不断转化，“互联网+”与教学紧密联系，《精彩的生物》书店中生物书籍的下载量接近万；所带的青年教师不断成长，成为学科教学骨干。

所带的高一生物备课组被学校评为优秀备课组，被评为三八红旗手。被北京凤凰学易科技有限公司评为优秀独家签约作者，被河北师范大学教师教育学院聘为卓越教师培养实践导师。

一年来，在县、校领导的关怀、支持下，在工作中虽然取得了一些成绩，并深深地体会到：务本求实是取得一切成绩的根本保障，团结出智慧、协作出成果。教书育人是塑造灵魂的综合性艺术。在课程改革推进的今天，社会对教师的素质要求更高，在今后的教育教学工作中，我将立足实际，带领备课组全体教师认真分析和研究好教材、考试说明，研究好学生，创造性地搞好备课组工作及生物教学工作，使我们的工作有所开拓，有所进取，更加严格要求自己，努力工作，取人之长，补己之短，开拓前进。做好省名师工作室主持人工作，充分发挥带动、引领、辐射作用，将工作室建成：先进教育思想的传播地，教育改革的实验田，教育科研的排头兵，名师成长的孵化器。为河北教育的美好明天奉献自己的力量。

河北省名师赵艳红工作室2018年上半年工作总结

在省、市、县、校各级领导的关心支持下，河北省名师赵艳红工作室于2017年11月5日正式启动，在这里半年多的活动中，工作室充分发挥名师在课堂教学课改实验，师资培养等方面的示范指导引领作用，名师工作室的每个成员无论是高度、深度还是厚度都有所增加。第一，感谢省教育厅领导，出台政策提供经费，尤其是师教处的石岩处长为我们工作室给予厚望，写来贺信，对我们是极大的激励；第二，感谢市、县教育局的董科长、凌股长，经常给予工作室成员业务上的指导，让我们的每一项工作都能顺利进行；第三，感谢基地校香河一中，为我们一次次活动提供很多支持，尤其是李校长为我们提供很多财力、物力、人力上的支持；第四，感谢成员所在校的协力，为成员外出活动创造条件提供时间；第五，感谢我们团队所有成员的合力，工作室的各项活动几乎都是全员参加、各种方案都要集体讨论，大家团结一心，凝聚智慧。以上各种力量的结合成为我们合作、成长、引领、辐射的动力，化为教育教学科研的能力。

一、制度引领增强工作室科学化管理的生命力

工作室成立后就根据工作室成员实际情况，确定了工作室成员三年研修计划，科学有效地进行各项管理，让每位学员牢记作为名师工作室成员的责任感和使命感，最大限度地发挥个人潜能，实现自己的追求和理想，获得别人的尊重，赢得社会的认可，在专业化发展的道路上快乐前行、幸福成长，从而激发自身持续远行、渴望成长、成才的内驱力和内在动力。

第一，目标计划管理。工作室成立后，全体成员在充分讨论的基础上共同商议制订了工作室方案、三年发展规划及目标，制定了工作室的各项规章制度，确定了“让骨干教师成为名师，让名师成为特级教师”的发展方向。工作室不仅制订和完善了三年总体规划，而且每个学期都有学期工作计划、学期工作要点，制订本年度（2018年）工作方案。

1. 坚持学习不松懈，学理论，学实践，学方法，学措施。不忘本职，瞄准高考，立足课堂。《高考生物实用手册》着手运作，力争2018年年底完成。

2. 计划2018年6月高考结束后，集中研讨或外出参加新高考改革的相关培训。

3. 特色教学资源结集成册，如导学案、课件、基础知识过关、听写小条、构建知识结构（思维导图）。

4. 学科网学易书城《精彩的生物》书店，出版生物教学相关书籍。供全国高中生物教师下载使用。

5. 每天一篇随笔、积累素材、结集成书，可长可短，多角度，多层次，全方位，大覆盖，以我笔写我心，以细节见长，以思考见长，以坚持见长。

6. 每学期打磨一节（至少）优质课（教学设计、课件、视频、课后反思）。

7. 生物日常教学要有创新思维，创新方法，各显神通，八仙过海吧，把每个人独到的东西总结出来，以备交流。

第二，考核淘汰管理。工作室从成立起就制定了详细的考核细则，每个学年年终按照《河北省名师赵艳红工作室成员考核细则》对学员进行量化考核，既有主持人评价，也有成员自我评价，年终评价结果，不合格者报省教育厅将被淘汰，对优秀者提出表扬。

第三，活动运行管理。在活动运行过程中，主持人对成员进行全程管理，每年工作室成员提出申请书，与主持人签订互相合作，共同提高协议书，主持人全员管理成员的师德、业务、研究和学习等方面的活动和发展情况。每半年一次网上交流活动，进行网上交流研讨，每一年一次集中活动，这都要求成员全体参加。

第四，成员档案管理。工作室为每个成员建立了成长电子档案和纸质档案，工作室学员赵静老师负责。工作室还为每个成员制定了学员成长手册，记录不同阶段的研修情况。每学年末，收集整理每个成员有代表性的教育教学科研成果、各种荣誉等资料。

二、价值引领增强工作室成员的常态化阅读的内驱力

从工作室成立开始，我就着手组织学习型名师团队的培育，通过订阅《中国教师》杂志，为学员购买肖川教授的《教育的方向与方法》,2018 年 5 月，又为河北省名师赵艳红工作室全体成员购买生物资料书《高中生物疑点通》等书籍，通过学习，提升自己的思想境界、专业素养和教育智慧，不仅使自己的专业发展起来，而且也能幸福起来，这样，教育不再是牺牲，而是享受；工作不再是重复，而是创造；职业不再是谋生的手段，而是生活本身。这是名师的最高境界和追求。

最是书香能致远，腹有诗书气自华。与好书为伴，体会乐趣，收获智慧。为了让阅读成为一种生活习惯，工作室制定了“五个一”工程，那就是每学期写一份读书计划，每月读一本教育教学或者是学科方面的书籍，每月读一本教育杂志，每学期开展一次读书交流活动，每月写一篇读书笔记，每月写一篇教育随笔，工作室每个学期都要为成员推荐阅读书目，有必读的、也有选读的，有大家共读的、也有自己单读的，这半年来，我们工作室读的教育理论书籍及其他书籍有十几本，每学期开展两次大型的读书交流活动。在读书交流活动中，大家读书的积极性、主动性、自觉性明显增强，在不断吸纳精神营养中加速了自己的专业发展。

为了鼓励成员的成长进步，体验到成长的快乐，工作室主持人督促鼓励大家一定记录下自己成长的足迹，半年来工作室成员撰写的读书笔记有 10 万字，教育叙事、教育随笔、课件案例、教学设计等有几十万字。

“学习，只有通过不断的学习，厚实专业素养，才能占领教育的制高点”，高屋建瓴地构建自己专业持续发展的“立交桥”。一是通过书本学习；二是向专家学习；三是通过交流学习，工作室提供了多种交流渠道，如建立工作室 QQ 群、微信群、公共邮箱，每位成员不仅随时随地利用这些渠道通过文字或语音与本工作室其他成员交流，还可以与其他同行交流；四是通过任务学习，成员在承担工作室分配的各种任务中学习，在完成任务中成长。

三、目标引领增强工作室研训的凝聚力

对教育教学研究的共同“兴趣”和“爱好”使我们不仅能走到一起，而且凝聚力向心力不断增强。

真教学，工作室聚焦课堂，通过研课、磨课、评课、议课等形式分享彼此宝贵的教学经验和先进的教学理念，半年来继续开展“学案导学—课件辅助—自主探究的”的教学模式、“高效课堂的实施”“主持人及学员徐志彦、赵静老师的公开课、示范课”“省级优质课观摩”等教学实践活动，这些课都集中了集体的教育智慧，在共享知识、经验和智慧中，不但促进了我们相互之间的交流，拓宽了视野，同时也锻炼了我们自己，推动我们在教育教学一线上的不断提升，使工作室成员整体教育教学水平得到长足进展。我们的教学主张是让学生成为学习的主人，让师生共同享受生命，幸福成长。在课堂上，教师在教会学生知识、培养学生能力的同时，更注重教给学生学会学习、学会合作、学会做人、学会创新的思维方式和基本方法，形成正确的人生观和价值观，使课堂成为教师和学生知识、能力、思想、智慧共存共生的舞台。

教而不研则浅，研而不教则空，教科研与教学紧密相连才有助于提升教育教学质量，教育科研能力也是一个团队学习力的有力体现。工作室成员在自己的教学实践中注重积累，不断探索学科资源建设与开发。

四、专业引领提高经常化进修的竞争力

为了使团队成员开阔视野，接受更先进的教育理念，增长见识，引领专业发展，我们坚持“走出去，请进来”，工作室成员每次外出学习的人都能把自己学到的经验与本校老师分享，既提升了自己，也增长了同伴的见识。2018 年 7 月 23—28 日，主持人和学员徐志彦老师在北京大学全国中学骨干教师综合教育能力提升博雅讲堂——2018 年北京大学前沿与交叉研修班学习并结业。2018 年 7 月 4—5 日，主持人和赵静老师参加廊坊教育学会组织“新高考中学生职业生涯规划课程”教师研修班（主办单位:《新高考中学生职业规

划教程》编委会、北京大学考试研究院、北京大学出版社）。把自己的收获和感想写出来，通过各种方式传递给工作室成员，使得外出学习成果第一时间发挥价值。

除了走出去，我们还采取了请进来的方法，邀请了北京师范大学教授肖川为我们人校教师做了关于“教师幸福人生与专业化成长”的报告，邀请了清华北大双校友周韡老师作了关于自主招生的报告，2017 年 12 月 22 日，工作室邀请了全国著名教育专家黄元华老师为全校高二和高三学生作了励志演讲，2018 年 5 月 30 日—6 月 29 日，邀请北京师范大学中国教师杂志社优质教育研究院田玉敏院长指导教育教学工作。2018 年 6 月 15 日，田教授来工作室讲座研讨。2018 年 4 月 22 日，邀请北京十二中李俊峰老师为学生作生物竞赛指导。

作为名师工作室的成员，我们需要不断充实和完善自己。在学习中研究，在研究中培训，在培训中提升。每次培训后，我们都要在工作室内部进行网络交流，尤其是主持人在外出培训期间，每次都要及时把全部讲座内容上传到工作室 QQ 群，将先进的教育理念、教育思想植根于每个工作室成员的心中。

五、精神引领增强敬业的感召力

现在我们工作室成员 8 名，6 名成员都在基地校以外，都是学校的骨干教师，有的还是担任高三生物的教学工作，以及年级工作等，集中活动时，除张志高老师当时有培训活动不能参加以外，其他老师都克服了种种困难，积极参加工作室的启动暨集中研讨活动，2018 年 1 月，赵静老师和主持人一起把省生物优质课、我本人的原生态课及学员赵静老师的校级优质课制作成 8 张光盘，分发给工作室的 8 个成员，认真学习研磨。赵静老师任高三生物课，工作非常忙碌的情况下，还出色地完成了工作室的各种文字、音像、图片、信息收集处理工作，成为主持人最为得力的助手。总之，大家的教育教学工作都很忙，而且现在各学校外出请假制度都很严格，所以多数的集体活动我们只能牺牲休息时间，现在高中寒暑假及星期天的休息时间都不是很多，可是我们的工作室成员们克服了诸多困难，尤其是唐山外国语学校的张淑伟老师和唐山迁西一中的徐志彦老师，经常和主持人一起利用休息时间完成工作室的各项工作，有时研讨要一直进行到深夜，主持人几近疯狂的工作劲头也带动着大家任劳任怨，半年来我们工作室的“大事记”有近10次，这些活动全部承载着工作室每个人的无私奉献的精神。

六、活动引领，增强多彩化活动的吸引力

我一直强调工作室是个集体，成员通过协作来实现同伴互助，共同成长，我们安排了丰富多彩的活动，利用机制驱动来促进工作室发展，实现常规活动规范化、主题活动特色化、名师培养目标化、教学质量优质化、团队精神合作化。“工作室”已经真正成为我们温馨、团结、充满学术氛围的“家”，在这个家里的每一次活动中工作室全体成员都力求精益求精、尽善尽美，大家共同想点子、出主意，找办法，工作室的凝聚力越来越强、成绩越来越多。大家的热情越来越高，每个人的进步也越来越大。尤其是每一次集体活动后的交流内容越来越广，我们不仅交流高中生物教学、研究高考热点，而且还要探讨德育工作、心育工作，甚至还要研究健身饮食、家庭建设、亲子沟通等等，所以，相聚都会让大家从不同的角度有所收获、有所提高，相聚让大家都倍感珍惜，都在意犹未尽中期待下一次的再聚。我们已经离不开工作室这个家了，这个家为每个人的成长源源不断的地输送动力，而且每个人都在快乐的工作、幸福的生活。

自2012年参加河北省学业水平考试命工作，六年来从未间断。2017年、2018年暑期，我和工作室成员张淑伟老师一起参加了河北省教育厅中考中心组织的秋季学业水平考试命题工作，充实了题库。和同行们一起对秋季的学考题进行了严格的打磨，按程序有近10次的不断修改，严谨程度是常人无法想象的，只有不断经过这样的磨炼，才能真正体会到做学问、干工作的一种极致状态。我有幸不断参与这样的活动，也是教育厅领导对自己和

学校极大的信任，带领着名师工作室为我省将来的高考改革做出自己的一份贡献。

七、成就引领，扩大多元化成果的影响力

一年来，工作室通过各种讲座、科研论文、出版刊物、网络资源、教师成长等各种方式实现名师工作室的引领辐射示范作用。

1. 专题讲座。半年来，工作室的专题讲座有两次，主持人于2018年4月25日，在河北省香河县第一中学为高二年级教师作了高考一轮复习讲座《逐梦旅程，智慧备考》，唐山外国语学校的张淑伟老师为唐山市做了高三备考讲座及示范课展示。

同时主持人为河北师范大学的生命科学学院的学生做专题讲座一次，每一次培训和讲座都为听众输入了正能量，获得了高度评价。

2. 课堂教学。半年来，工作室成员在本校及他校所上各级各类观摩课、示范课、公开课近20节，践行了课改，推动着生物教学的发展。唐山外国语学校的张淑伟老师于2018年1月讲授的“细胞的能量‘通货’——ATP”被评为省级优课。2018年3月在唐山市高三研讨会讲授示范课“细胞专题”。

3. 科研论文。半年来工作室主持人在省级以上刊物上发表，2018年2月，论文《纯粹为分数而教的局面必须打破——对当前中学教学现状的审视与自我追问》发表于《湖南教育》2018年2月总第977期。

4. 出版书籍。主持人于2018年7月，主编《微观高考》金太阳新高考研究院，由江西高校出版社出版。

5. 网络资源。半年来工作室成员在微信公众号上传的各种资源近百份，高中生物三本必修教材和两本选修教材中每课的电子版、教学设计及教案等都上传到了高生物语河北省名师赵艳红工作室微信公众号上。

6. 教师成长

(1) 工作室成员成长

通过半年努力，2018年7月2日，香河广播电台《先锋颂》《香河一中充

分发挥战斗堡垒作用，为教育教学工作保驾护航》中做了赵艳红老师个人的重点介绍。2018 年 8 月 1 日，主持人被北京师范大学中国教师杂志社教育研究中心聘请为“特聘专家”，参与研究与培训，聘期三年（2018 年 8 月 1 日至 2021 年 7 月 31 日）。2018 年 8 月 3 日至 12 日，主持人和张淑伟老师共同参加河北省普通高中学业水平考试命题工作。唐山外国语学校的张淑伟老师于 2018 年 5 月因 2017 年工作业绩突出获记功奖励；因 2018 年高考成绩优异，所带班级学生获本校理科状元，且超额完成学校分配的一本考生数。

（2）青年教师培养

工作室成员每人在本学校都重点培养一名青年教师，工作室中的每个成员都在本学校培养了年轻的后备力量，通过导师引领制带动本学校的年轻教师快速成长，这些年轻人进步很快，让我们非常欣慰。我们工作室的张云老师指导的李家香老师在廊坊市初中生物优质课评选中荣获一等奖。主持人将赵静老师培养成了骨干教师，高三生物备课组组长。

7. 工作室简报。半年来赵静老师为我们工作室制作的工作室简报共三份，徐志彦老师把她组织的迁西一中高二年级生物模型制作大赛——《得心应手，装“模”作“样”》发到了我们工作室的微信公众号上，工作宣传板四份。

8. 工作室的成长。工作室长期不断加强我们日常工作教学，以我校的生物特色暨“学案导学—课件辅助—自主探究”的教学模式，课前听写小条的基础知识巩固方式，赢得全省同行的赞誉。2016 年 6 月，主持人与张淑伟老师为华中师范大学考试研究院合作研讨高考命题，提高了我们工作室的知名度。2018 年 8 月 19—21 日，金太阳教育 2020 届分销事业群重点作者通联会，与专家一起共同探讨新高考，会后项目主管黎蓉老师有意与我们工作室深度合作。总之，研修学习还在路上，教育教学工作任重而道远。我们名师工作室各项工作已经全省开始辐射到省外。

八、展望未来，增强工作室的自信力

1. 全体工作室成员均是高中生物教师，很多老师担任高三生物教学及学科组、年级管理、班主任工作，任务重、工作量多、教学压力大，班主任又工作繁忙。工作室的碰头活动开展起来难度较大，集中起来搞一次活动也十分不容易。集中起来研讨等活动就要精心谋划，很费心思。

2. 工作室成员包括本人对课题研究有畏难情绪，加之教学任务繁重，普遍存在对课题研究的积极性不很高，参与度有待加强。

3. 工作室活动的影响面要进一步扩大。现在看来，我们把活动集中在培训及自学研修，下半年要启动工作室走进学员校，让更多的生物教师分享教学经验。

4. 工作室的科研成果要尽快出版，组织学员整理、归纳、做样张，联系出版社等相关部门。

5. 工作室建设要寻找新的增长点。学习新高考、新课标、新教材，注重学习职业生涯规划课程，有效地指导学生做人生职业规划。多跟其他的工作室联系，互相学习，取长补短。

6. 工作室取得的有形成果固然重要，但是激发点燃青年教师的激情，增强对教育的热爱、对事业的执着追求、对成为名师的强烈向往更为重要。必须鞭策学员树立危机意识，激发成员的进取心。

2018 年上半年，在河北教育这片肥沃热土上，在各级领导关心支持下，在各位名师专家精心的指导下，在全体工作室成员的共同努力下，我们取得了一些成绩。在工作室提供的良好的平台上，每个成员都有了一定的进步。

我们希望走出去，能够更多地借鉴、吸收、学习一些名校工作室的先进的管理经验和做法，能够更多地聆听一些名师的展示课，能够有更多的外出学习的机会，也希望学校领导能够给我们更多的机会，让我们自身变得更加强大。我们继续探索课堂教学模式、使高效课堂落实到每一节课。作为主持人的我会继续用自己的责任意识、敬业品格、奉献精神、阳光心态、积极思想影响工作室的每一个成员。我们全体成员会将全力以赴、继续互相学习、共同提高、凝心聚力、共享资源、互帮互助、砥砺前行。我们坚信河北省名师赵艳红工作室一定会越来越好！

名师伴我成长

河北省迁西县第一中学　徐志彦

时光如梭，转瞬即逝，从毕业初登讲台的意气风发却又略带紧张，到中年的激情澎湃而又不失沉稳……不知不觉我已在三尺讲台上度过了20个春夏秋冬，20年对于我而言是一条不平凡的路，感恩成长中遇到的每一位老师。

很幸运我能成为迁西一中生物组的一员，我成长的每一步都离不开这个大家庭的老师们的引领和示范。日常教学中遇到的难题大家都会为我耐心讲解，授课环节的巧妙之处大家随时分享，这些使我很快适应了高中生物的教学工作，少走了很多弯路。一路走来，每一次参加教师业务比赛，从选题到教学环节的设计，大家都一起讨论修改，反复打磨，我所取得的成绩其实都是大家集体智慧的体现。其中对我帮助最大的是当年生物组长侯建新老师。我第一年接受高三教学任务时，深感责任重大，不能辜负领导和每一位家长对我的期望，本着必须全力以赴为学生的未来负责的态度，我时刻虚心向老教师学习，一年中我坚持认真听完侯老师的每一节课。生活中其实很多老师都是反感有人随便去听课的，多多少少的上课会感到不自在，但侯老师对我总是热情接待，我就像小尾巴一样随时出现在他们的班里，学生都习惯了我成为他们中的一员。我认真记录整理了全年的教学笔记，通过听课积攒了宝贵的教学财富，我深深地敬佩侯老师渊博的知识，同时也非常感激他毫无保留地将教学经验传授给我，为我当年顺利完成高三教学任务提供了宝贵的经验，也为我在今后的生物教学路上快速成长打下了坚实的基础。忘不了2010年当我接到唐山研讨会示范课任务时，思考很久，一直没有头绪的时候，侯老师帮我分析新教材的特点，轻松选题，一下指明了我的讲课方向，他的鼓励和肯定是我圆满完成任务的精神动力。也正是由于这次任务的顺利完成，使我有机会在同行中脱颖而出，成为唐山市生物资料编写组成员中的一员，结识了全市很多一线骨干教师。编写资料的过程中，侯老师又从题目的选取、图片的设计、文字的编排等各个细节一一给我系统的指导，为编写任务的顺利完成保驾护航。工作中正是因为有了像侯老师这样的前辈们的传帮带，才使得我和其他青年教师快速成长，独当一面。

我认为人的一生要在最好的年龄做最好的自己。年轻的我积极要求进取，业务上的不断进步使我有更多机会去参加了省、市级的骨干教师培训。通过培训，每一位专家的精彩讲解都拓宽了我的认知视野，使我清楚地认识到“没有理论支撑的教学走不远，但只有理论没有教学的实践走不动”，一线教师只有在日常教学中不断加强教育理论知识的学习，并且把所学到的理论与实践紧紧地结合在一起，应用到学习和工作中，才能去撰写属于自己的人生解说词。通过培训，让我有机会再次走进大学实验室，体验 PCR 技术、植物组织培养技术、大肠杆菌质粒 DNA 的提取等实验，接触了许多在基层高中只能纸上谈兵的科学发展新知识，深深地体会到“纸上得来终觉浅，绝知此事要躬行”；通过培训，使我结识了一批来自全省各地的教学精英，每一位老师独到的教学本领和对教育事业的执着追求，都令我意识到自己的渺小和不足，激励我在未来的教学路上要继续努力前行。

2017 年，我有幸成为“河北省名师赵艳红工作室”中的一名学员，加入工作室后，我认识了来自廊坊、唐山、张家口的七位有理想、有干劲、有智慧的同伴，感受到了这个集体带给我的欢乐和收获，也让我在这个团队中不断成长。工作室为我们提供了一个很好的学习和锻炼平台，第一次去香河一中参加工作室揭牌活动前，赵艳红老师将示范课的任务在电话中交给了我，那时大家只是通过微信互相了解彼此还不熟悉，我的内心忐忑无比，这是我第一次到外面的学校去讲课，面对同伴们又都是一线的教学高手，还有北师大的教授，我能行吗？准备阶段通过电话不断跟赵老师进行请教和交流，是赵老师的耐心指导和鼓励使我充满了上好这节课的坚定信心。

赵艳红老师热情、务实的工作精神深深感染着我们每一位成员。在赵老师的精心组织下工作室的活动开展得井然有序，在这里我们聆听了北京师范大学肖川教授的讲座——《教师的幸福人生与专业成长》，清华大学的周韡教授为大家详细解读了五大竞赛在学生自主招生中的作用及培训技巧；在这里我们有机会系统学习了教育科研课题的选题与申报方法，新课改第一时间向人民教育出版社的吴成军老师学习了《生物学核心素养的深入理解及在教材和教学中的实施》；在这里北师大中国教师杂志社主编田玉敏教授为大家分享“聚焦高效课堂，共享优质教育”的讲座，清华大学的张若宸教授为大家讲解“STEAM 新教育理念与创新意识的培养”，这些讲座更新了我的教学理念。加入这个团队，我真正认识了什么是“独学而无友，则孤陋而寡闻”的含义，一次次工作室的活动，凝聚了我们的友谊，也让我们在交流学习中提高了自己的素养。

通过工作室这个平台，我非常幸运地和赵老师一起入选“北京大学全国中学骨干教师综合教育能力提升博雅讲堂——2018 年生命科学前沿与交叉研修班”。在北大，我感觉自己兴奋得像个刚入学的孩子，拉着赵老师畅游北大的每一个角落，未名湖畔、博雅塔，找寻每个北大令人着迷的地方。每天，大家都早早等在报告厅里，期盼着大咖们的到来，饶毅、程和平、翟礼嘉、汤超、魏坤琳、陆林、王恩哥、陈兴、陈松蹊、黄岩谊、杨震等，无论是北大的院士还是教授都认真为我们分享了各自在生命科学前沿的研究成果，剖析社会热点话题以及他们在学术上的独到见解，让我对生命科学有了全新的认识。教授们耐心地解答着我们五花八门的问题，与学员们深入交流，他们认真细致、谦和朴实、求真上进的品质激励着我们。短短几天的培训，让我深刻体会到每一位北大人身上所折射出的“兼容并包、追求卓越”的精神。在北大，我看到了他们对未来中国教育的思考，他们的讲解时刻都在提醒每一位老师要注意从小培养孩子对科学的兴趣，科技兴国人才很重要，教师应明确认识到提高学生的基本科学素养是我国基础教育的核心任务。如今以生命科学为中心的各学科的交叉与合作越来越密切，既有利于生命科学前沿研究的深入及新生物学体系的形成，也利于各学科的快速发展，这对复合型人才的培养及其未来发展来说是不可或缺的。作为高中生物教师，我深刻认识到自己的教学行为与这样的要求还有差距，即时更新自己的教学理念，提高认识，不断践行，是中学生物教师努力的方向。

生命之灯因热情而点燃，生命之舟因拼搏而前行。我的每一步成长都离不开身边老师的引领，正是生命中遇到的每一位老师们好学向上、乐于创新、勇于开拓的精神给了我不断前行的动力，让我在教育教学中迈开了坚实的步伐。未来的日子里我要和大家一起不忘初心，砥砺前行。

教育的跑道，永无尽头

河北省香河县第一中学　翟艳

我认为，语文是一门广而博的学科，作为一名语文教师，不光要懂得语文这一门学科，还要使自己成为知识的杂家，以便在教学中得心应手，游刃有余。

作为一名语文教师，我有幸参加了生物名师赵艳红的名师工作室，在赵老师工作室的学习，让我感受到了名师深厚的底蕴、热心教育的魅力，感受到工作室老师们孜孜以求、勤于实践、勇于探究的精神，感受到这个集体给我带来的精神给养，她们真的是"聚是一团火，散是满天星"。虽然说名师工作室是以学科名义建立的，日常研讨的大多也是生物教学的专业知识，作为语文教师的我，在这里从名师身上看到的更多是"人格魅力"，什么是"严谨"、什么是"执着"、什么是"孜孜以求"、什么是"毫无保留"。赵老师和蔼可亲，走近她如沐春风，在娓娓道来中，关于教学的真知灼见就那么自然而然地流露出来，每每让我豁然开朗。工作室是一个团结合作 、乐于学习的团队，大家在这个温馨、团结、充满学术氛围的团队中学习思辨的快乐、感受智慧的碰撞。

在名师工作室的日子，我在锻炼中提高、在聆听中进步、在读书中成长，我不忘初心，奋勇登攀，苦心淬炼教学业务，精心研习高中课程，时至今日，终于结下累累硕果，收获不少荣誉。20余年来，我教学成绩斐然，教科研成果丰厚，是全校师生公认的"师德表率""育人模范""教学专家""科研能手"。在教学中，我形成了自己独特的"五个一"教学风格，即严谨与活泼的统一、人文性与科学性的统一、讲得生动与学得有趣的统一、快节奏大容量与重落实高效率的统一、学生主体与教师主导的统一。因此，我的课被学生评价为

“异彩纷呈”。聆听我的课，就像爬山一样乐趣多多：上课开始，如在山脚，我往往用一个故事或哲理将大家引入要讲的内容，就像未知的风景一样对学生有着无穷的诱惑；课上一半，如到山腰，我便鼓动学生，前面还有什么呢？无限风光在险峰！讲完全部内容，这座山也爬完了。“一览众山小”，知识就在顶端让学生来尽情采摘。就这样，学生的基础打牢了，语文综合素养提高了。我常说，语文应当是使人感到快乐的学科。“题海”战术和“填鸭式”教学不是一个语文老师所推崇的。因为，我深知，一个优秀的语文老师的功底，全在于对课堂氛围的调节，以及与学生的心灵沟通和对知识的感悟。“授之以鱼，不如授之以渔”，所以，我支持学生成立文学社团。办刊物、文学小报，如火如荼；组织学生办板报、墙报，不辞劳苦；辅导学生参加各类作文竞赛，乐在其中。“授人以渔”的收获也是在情理之中的，我的学生多次获国家级或省级作文竞赛一等奖，我本人也是市级骨干教师。

在我的课堂上，学生不仅可以领略散文之优美、杂文之犀利、小说之新奇、古诗文之言简意赅，还可以采撷到逻辑之严密、历史之珠玉、经济之活跃、哲学之智慧等。偶尔，老庄的言语也是信手拈来。正是如此，学生爱上我的课，同人称赞我的课。走在教育教学的成长路上，我信守“以学习者身份从业，以思想者姿态施教”的工作准则，在勤于学习、耕读不辍的过程中苦练内功，在教学中不断超越自我，虽带过多届高三毕业班，但我仍然继续深入钻研教材、课标、考纲，研究适合新时代高中生的教法，以提高教育教学质量。因为，我知道站位越高、视野越宽。我多年担任高三毕业班语文学科教学，成绩显著。在我教过的弟子中，不乏考入浙江大学、天津大学、南开大学、东南大学等国内“双一流”大学的学生。

我在提高教育教学质量、引领学生成长的同时，也注重自身专业成长，在推进新课程改革中勇于承担教科研重任，同时勤于思索、勤练于笔，先后多次获得过省、市先进个人荣誉称号并有多篇论文发表。

《菜根谭》上说：“文章做到极处，无有他奇，只有恰好；人品做到极处，无有他异，只是本然。”我在脚下这一方热土上默默奉献近 20 载，用自己的辛勤劳动诠释这句话的含义，呕心沥血培育桃李，只是自己的“本然”罢了。

面对过往的一切，我淡定自若，谦虚谨慎，我愿尽毕生之力，倾丹心一片，育桃李芬芳。我依然把教书视为快乐，把育人当作幸福。一直以来，我就是用这样的理念引领自己、陪伴学生。一路走来，我冷静地回望着自己的一双双脚印，我将继续坚定地走下去，我要一步一步踏在泥土上，印上深深的足迹。

杏坛耕耘二十载，精神濡润满庭芳。芳华无语，青春高歌。回首走过的路，正是因满腔的热爱，才使我能在这变革的时代里驱除浮躁、坚守信念，以不变的执着，超越堆积如山的作业、无法计时的加班、不知疲倦的家访。身为人民教师，我将用一生来履行自己的使命，让师德以爱的名义为可爱的孩子们播种梦想，点燃梦想，让他们敢于有梦，勇于追梦，勤于圆梦，让每个孩子都为实现中华民族伟大复兴的中国梦添砖加瓦。这也是我——一个普通的人民教师的梦，我们大家的中国梦。

拓宽视野促发展

河北省香河县第一中学　赵静

从 2008 年到 2016 年，我和赵艳红老师一直在同一个年级工作，她是我的同事，更是我的良师益友，在她的带领下，我们不仅出色地完成了学校布置的教学任务，而且总结了适合自己学生特点的教学模式：“学案导学—课件辅助—自主探究”。到目前为止，我们制作整理了新授课、一轮复习、二轮复习的课件及配套的导学案，而且还在不断地补充提高学生学习效率的新措施。赵红艳老师准确地把握教育教学的方向，在每次联考中生物学科成绩名列前茅。她为我答疑解惑，毫无保留。在她的悉心指导下，我也在生物教学上取得了一些成绩。在教育科研上，我们完成了省级、市级、县级重点课题的研究，并已结题。

赵艳红是我校正高级教师、特级教师、河北省名师工作室主持人、河北省学科名师、河北省骨干教师，廊坊市科研型教师。对于一位中学教师而言，可以说已经功成名就了，但是她仍对教育事业保持着一份纯真，依然带领我们这些中青年教师行走在教育教学改革的前沿。

2017 年 5 月 30 日下午，她与我进行了一次谈话，鼓励我说，作为一名教师，一定要有创新精神，不能让自己成为一名“教书匠”，要有强烈的个人成长愿望，一定要把教师这一职业当成是自己的事业来做。赵艳红老师让我认真学习一下省里下发的一份文件——冀教师〔2017〕7 号，里面有关于名师工作室学员的遴选内容。学习了文件内容后，赵老师问我有没有意向参加。说实在话，我有些胆怯，因为原则上这些学员教师都是在全省范围省级骨干教师中遴选，他们都有着丰富的教学经验、扎实的理论基础和专业知识功底，而我与他们有着很大的差距。赵老师鼓励我说，主持人所在学校（单位）可自行确定1名学员作为助手，可不限省级骨干教师，条件放宽松了，你要相信自己，可以去试试。这样朴实的话语深深地记忆在我的脑海里，于是我写了学员助理的申请报告，于2017年加入了名师工作室。

工作室的学员都是教学教研一线的在职在岗教师，平时工作很繁忙，但是工作室的活动大家都能积极参加，这里温馨团结，充满学术氛围，工作室成员都是有理想、有干劲、有智慧的优秀教师，他们的好学向上、勇于开拓的精神给了我很大的动力。

2017年11月6日，河北省名赵艳红工作室启动仪式在河北省香河县第一中学隆重举行。上午8点整，外聘专家肖川教授，本校专家王加森老师，学校领导，工作室成员及香河一中的全体生物教师，齐聚在教学楼五层录播教室，聆听来自唐山市迁西县第一中学的徐志彦老师主讲的“动物和人体生命活动的调节”复习课。徐老师在时间紧、任务重的条件下，给我们上了一节非常精彩的课，我觉得徐老师的课，学习目标明确，设计结构合理，7个学生容易有疑惑的问题贯串这节课，整体性非常地突出，得到专家、领导的一致认可，所有听课教师受益匪浅。徐老师的这节课让我感受到她对教材的把握非常地到位，对学生的了解也是非常透彻的。

赵老师勉励每位学员怀揣教育梦想，择高而立，走脚下路，向宽处行；我们的切磋、分享、研讨、提升是我们团队前行的必经之路，是个人专业成长的助推剂。立足课堂出效果，科研创新铸辉煌。

2017年12月14日，我为全校老师讲授了一节“光合作用与有氧呼吸的图解分析”专题复习。光合作用与细胞呼吸是生物的两大重要生理活动，其生理活动过程、受影响因素在生产生活中的实际应用、发现过程中的科学实验探究能力等方面，都是历年的高考频考点，在考试中利用准确的知识、规范的解题步骤、高速度地和准确无误地拿到高分，是决定好成绩的一个重要因素。本节课从基本图形入手，指导学生做到知识“在巩固中完善、在应用中提高”，通过精心选题，与高考彻底对接，最终给学生一个非常清楚的思路和方法，提高学生解题速度和自信心理。在教学中，以学生为主体自主学习，教师为客体进行指导点拨的原则，以构建知识网络为目的的思想，通过对一图多变的方式使学生对这一部分内容不再畏惧，很好地突破了这一难点。

2017 年 12 月 30 日，一个暖暖的冬日午后，我们邀请了深圳市名师、深圳大学硕士生导师、著名教育专家、深圳高级中学高级教师黄元华老师为我校高二、高三共计 3000 余师生做了一场令人能忘的演讲《励志点亮人生，奋斗成就梦想》。

黄老师通过大量生动的案例和名人名言，结合自身成长经历给高二、高三学子做了一场激情澎湃、精彩纷呈的励志演讲，励志口号响彻会场，名人名言穿插其间。黄老师从坚定一个信念——相信自己一定会成功；克服两种倾向——克服定局思想，克服浮躁情绪；践行三个快乐秘诀——欣赏的心态，积极的心态，专注的定力三个方面给学生以励志。黄老师的演讲或许会在同学们的心中长久铭记，如火般光亮且温暖。

2018 年 4 月 25 日下午第 3 节课，聆听了赵艳红老师为即将进入高三教学的高二老师，做的一场生物学科高三一轮复习模式的讲座。讲座标题为“逐梦旅程，智慧备考”，赵老师与大家分享了她的成功经验，在智慧备考中，我们教师应该研读考纲以及考试说明、近几年的高考考题，做到“心中有考纲，脑中有考题，手中有教材，眼中有学生，耳中有信息”。在逐梦的旅途上，一个人走得快，一群人走得远，所以组内教师要团结合作，分享好的经验。听了赵老师对高考复习的研究，让我受益匪浅。

2018 年 7 月 4 日，我参加了北京大学出版社举办的“新高考《中学生职业规划教程》教师研修班”培训活动，从今年开始河北省也加入到了新高考改革的行列，学生需要从高一开始就要进行科学系统规划个人生涯，这不仅关系到三年的高中学习，而且对今后的升学路径和职业路径都有着影响。田志友教授对《中学生职业规划教程》这本书进行了讲解，使我对新高考有了一定的认识，作为一名教师很愿意接受这一理念，为学生的未来保驾护航，为学生的顺利成长做出自己的贡献。

2018 年 11 月 2 日，工作室开展了第二次集中研讨活动，根据工作室的安排，工作室的 4 位学员，分别做了《2019 年高中生物高考备考策略的研究》报告，并在网上做了直播。老师们从不同的角度讲解了如何在一轮复习中提高复习效率。我作为赵老师的助手，从以下方面：研读考纲、考试说明、把握高考导向、研究高考真题、推测命题方向、高考生物复习计划、高考生物复习备考策略进行了讲解。

赵老师经常提醒学员，要多反思多学习，以积淀我们的人生阅历。通过不断的反思自己，让我对生物教学有了更加清晰的认识，感觉自己的理论功底也随着一次次的学习。一次次的思想碰撞，在逐步提高。加入名师工作室以后，在教学方面的课堂展示、课题培训、外出观摩等，每一次活动都让我经历了一次洗礼，都给了我新的思想启发。总之，在工作室成立的一年多中，我除了学习到很多的东西，还收获很多，它让我更加自信从容地面对未来。工作室成员各有特色，每一次活动总能感受到兄弟姐妹们闪耀的智慧的思维火花，分享学习成果，享受团队乐趣，让我视野开阔，思想升华。赵老师说，聚是一团火，散是满天星。我们在团队里交流谈心，畅所欲言、一起学习、一起研究各抒己见、博采众长。

回顾在工作室的学习，让我感受到了名师的深厚底蕴，高尚师德，热爱教育事业的魅力。他们都有强烈的个人成长愿望，有扎实的理论基础和专业知识功底，有较强的团结协作和奉献精神，我深深地感受到了这个集体给我带来的正能量。

在教育教学中的“大龄新兵”

河北丰润车轴山中学　韩志海

“环境决定着人们的语言、宗教、修养、习惯、意识形态和行为性质。”由此可见，每个人的成长路上除了自己努力之外，往往需要一个环境，有时还必须借助他人的智慧与经验，才能使自己的思想鲜活，不断创新，就在此时，“名师工作室”应运而生，而我又有幸成为名师工作室的一员，这也是对我 17 年来生物教学生涯所做的努力给予的肯定。“名师工作室”是一个高大上的名字，是一个专家、高手集萃的地方，能参加这个交流平台是我以前不敢想的。

2017 年 9 月，有幸参加了河北省廊坊市香河赵艳红老师领衔的“河北省赵艳红名师工作室”这个集体，刚刚得到这个消息时，感到很惊奇，是真的吗？我怎么会有机会参加这么有水平的集体呢？感觉好突然；第二个感觉就是这是一个向各地更多名师学习的机会，是又一次突破自己瓶颈，提升自己教学能力的机会，太难得了，一定要抓住这个机会，多学习，多历练提升自己。带着这个心态，在参加工作室以来的日子，我经历着、学习着、收获着。

名师工作室成立时，各位老师都到了香河一中，全省几个不同市区的，虽然从未见过，但却没有陌生感，一接触就感觉很熟悉，就像久违的朋友。大家组成了一个新团体，一个新家庭。这不禁又使我感受到一种荣幸，更大的是一种压力与责任。大家专注地谈论着各自教学的心得，谈论着教学中存在的困惑，谈论着一些问题的解决的不同方法，忘记了紧张，忘记了彼此刚见面而已，忘记了之前从没有深入探讨过。然而却自然而然地顺畅地在交谈、在深入、在争论、在收获着。

回想这一阶段的学习过程，从心底里感谢赵艳红老师，感谢工作室这个

平台，让我认识并走近这么多热情智慧的高中生物教学的优秀教师。从她们身上，我学到了很多，感受到很多。她们对生物教学发自心底的热爱让我感动；对于高中生物教学永不停步的勤勉钻研让我敬佩；彼此之间共享智慧、交流所长的真诚又让我倍感温暖、愉悦。每一个平台，都是一个崭新的舞台；每一次参与，都是一次心灵的碰撞；每一次学习，都是一次难得的提升，回想起参加工作室以来的学习生活，既有观念上的洗礼，也有理论上的提高；既有知识上的积淀，也有教学技艺的增长。总的概括起来有如下三个方面。

一、在读书中成长

作为一名高中教学的一线教师，经常的自我充电是必不可少的。读一本好书，就如同结交一位好友。爱上读书，就让我们站在了巨人的肩头……关于读书的益处自己再清楚不过，车轴山中学崇尚读书，有着浓郁的读书氛围，每周学校科研处都要组织聊书活动，各教研组，各位老师对于读书聊书都是很擅长的。加入名师工作室后，有了赵艳红老师的熏陶，兄弟姐妹们的感召，很多与教学教育相关的书籍又重新走进了我的生活。本阶段我们重点研究的是高中阶段生物专业的论文论著，有关教学的专业书籍，和中国教师的相关书籍；第二阶段又给我们准备了河北省有关新课改的书籍，我感觉赵艳红老师对于书籍的选择下了很大的功夫，都是适合我们这个阶段的老师阅读的，都是我们非常需要的。读书时圈圈点点、摘摘写写，倒也乐在其中。书，更新了我的观念，增加了我的底蕴，指导着我的行动。在动力与压力之中，我边学习边思考，在不知不觉中，我高中生物教学方面也有了一点小小的进步，教育教学的方式也在潜移默化中发生着改变，在多次教研活动中提出自己的见解和问题的处理方法。

二、在学习中提高，听课教研，增长见识

名师工作室的学习培训也给我带来了更多的学习机会，每次工作室开展

活动都有一堂精彩的教研活动，授课的老师都精心准备，让大家耳目一新的感觉，很有收获。活动结束后，工作室成员都会展开激烈的讨论，这个环节是十分难得的学习机会，它集合大家共同的智慧，授课教师力争把每个教学内容呈现出最精彩的一面，每次我都能认真聆听精彩的课堂教学，并及时做好反思，有时还能把听到的精彩之处应用到自己的相应课堂教学中。回到学校后，我会把这些精彩之处与本校教师通过教研活动分享。第一次工作室统一活动时，是迁西一中的徐志彦老师的课程，难度很大的“神经调节”的内容。她和这个班级的学生也是第一次见面，但是课堂组织，节奏把握，内容活跃，让我感觉这就是在自己学校自己所教的班级中授课。执教者们睿智的语言、独到的教学设计、深厚的教学功底……深深震撼着我。名师工作室的学习让我成长，更让我发现了自己的不足，也推动着我努力去学习去提高。

三、在聆听中进步

一年来，名师工作室的培训活动更是我们的精神食粮。赵艳红老师把香河一中的生物组教学中的优秀做法毫无保留地和大家分享，看到那些精致课前预习小册子、课后练习习题集、各种成册的教学案导学案，真的是香河一中生物组全体成员力量和智慧的结晶。赵老师把从各种汇集成册的资料收集的脉络、价值点、设计、教学应用技巧等几个部分给我们做了介绍，在此之前，我课前预习。课后作业以及练习还都停留在现有的教辅资料上面。通过工作室集体教学研究学习，我对作为教师如何更好地驾驭自己的教学有了更深的理解。教育可以是一件普通的事，也是一件艰难的事，关键看一个老师如何看待。如果只是单纯地将自己肚中的知识塞给学生，这就是件简单的事。如果要在知识传递的过程中，既能引导学生举一反三，学会学习，又能启发学生懂得思考，充分发挥主观能动性，这就是件很难的事。优秀老师能在不同的条件下，坚持不懈地研究教学方法，有所创新，有所成就。如何研究透彻教材，如何实施更有效的、更契合的教学，关键在于把教材和多年习题的经验汇总凝结成实际的材料讲授给学生，这才是关键。

每次集体教研，无论是听课，评课，听讲座，还是讨论交流，赵艳红老师作为一个热情洋溢的主持人、领航者，都能将我们教研的氛围调到积极热烈的状态。每次教研看到赵老师全心投入评课的情形，可以感受到她对教研的热爱和执着，而她的这份热情会不知不觉感染我们每一个人。大家围坐在一起讨论，会时不时地有一些点子能激发自己的灵感，碰创出思维的火花。这种和谐热烈的教研氛围，赐予了我们一种积极向上的力量，让我们感受到了开发集体智慧的幸福。可以说，自参加工作来，还从没有如此用心的学习过，更是感受到了其中的乐趣和喜悦。相信经过大家的帮助和自己的努力，自己一定会在教学和管理上有一个大的进步。

刻苦钻研业务，努力创造业绩

河北省张家口市第一中学　张志高

自己积极钻研业务，努力工作，在论文、科研课题、自制教具、学生竞赛、高考成绩、党务工作等方面取得了一定的成绩，得到了一些荣誉：撰写的《中学生物教学中劳动技术的教育》论文，在河北省生物教学研究会第五届年会论文评比中荣获一等奖；撰写的《浅谈生物教学中如何进行思想品德素质教育》论文在张家口市中小学德育论文评选活动中荣获特等奖；撰写的《生物教学中如何培养学生的能力》论文，在河北省教育学会生物教学专业委员会第八届年会论文评选中荣获三等奖。《种子呼吸演示器》发表在《实验与仪器》2001 年第 1 期。《高中生物探究性教学策略初探》发表于河北师范大学学报 2005 年第 29 卷自然科学研究专辑；被评为 1995 年至 1996 年学年度“先进工作者”；1996 年至 1999 年在实施张家口市中小学教师全员教学达标工程中，被授予“千名骨干教师称号”；荣获 2000 年“张家口市优秀教师称号”；制作的“渗透作用快速演示器”教具荣获张家口市 2000 年中小学自制教具评选一等奖；研制的“种子呼吸实验器”教具在河北省自制教具评选活动中荣获优秀奖；制作的“种子呼吸演示器”教具在 2000 年 9 月在第五届全国自制教具评选中获得教育部颁发的三等奖；指导的乔淑媛同学，在 2001 年全国中学生生物学科联赛中荣获河北省一等奖；指导的马坤同学在 2001 年全国中学生生物学科联赛中荣获河北省一等奖；指导的王海泉同学在 2001 年全国中学生生物学科联赛中荣获河北省一等奖；指导的常雅洁同学在 2001 年全国中学生生物学科联赛中荣获河北省二等奖；指导的孔尉宇同学在 2001 年全国中学生生物学科联赛中荣获河北省二等奖；2001 年 12 月，在实验教学工作中成绩显著，被评为先进个人；所带的班级被评为 2001—2002

年度“张家口市级先进班集体”；2003 年 9 月荣获“骨干教师称号”，2003 年在“百千万”节优质课评选活动中我所做“光合作用”一课被评为“市级优质课”；2004 年在张家口市第二期“四个一”创优工程中被评为张家口市“教学能手”。2005 年 12 月，经省教育厅批准，被评为 2005 年度河北省高中学段生物学科骨干教师；2005—2006 学年度教师公开教学中“光合作用”一课被评为校级优质课；2005 年我主持的科研课题“生物学科构建开放型教学体系的研究”荣获张家口市教育科学“十五”规划立项课题科研成果三等奖；2006 年 12 月，被评为青年班主任伊志艳老师的指导教师；撰写的《生物学科构建开放性教学体系的研究》一文，荣获张家口市“十五”教育科研规划立项课题阶段性成果，评选优秀论文奖；2007 年荣获“张家口市优秀教师”称号；2007 年度校级“优秀共产党员”荣誉称号；2008 年被评为张家口市教育系统“优秀共产党员”、“张家口市首届激情教师”；2009 年被评为“首届优质教师教学团”成员、荣获“高中教学工作突出贡献奖”；2010 年被评为“张家口市中小学学科名师”；2010 年由省教育厅选拔推荐，于 2010 年 12 月 25 日至 2011 年 1 月 14 日，参加教育部国培计划河北省农村中小学骨干教师培训项目研修，共 160 学时，成绩合格。2010 年在张家口市普通高中新课程研讨中做全市公开课，受到参会教师一致好评；2010 年被评为“在全市有影响的名师”；2012 年被评为张家口市优秀教学工作者；在 2010—2011 学年度第二学期做“党员示范公开课”；荣获 2011 年张家口市普通高中“教学工作优秀教师”；指导录制的“绿叶在光下制造淀粉”一课，在河北省中学优秀生物实验课评比活动中荣获省二等奖；2012 年荣获张家口市“优秀教育工作”者称号。2013 年被评为张家口市教育系统“优秀共产党员”；“新课改下高中生物的有效课堂教学”科研课题成果在张家口市教育科学“十二五”课题阶段成果评选中荣获二等奖；2015 年被评为张家口市教学标兵；2016 年荣获张家口市教育系统 2016 年度“优秀党务工作者”；指导的学生在 2018 全国高中生生物竞赛中荣获市级一等奖；2018 年荣获“河北省教育考试工作先进个人”称号。

走进廊坊香河一中赵艳红工作室

本人很荣幸成为河北省赵艳红名师工作室学员，遵照“与教研部门密切配合，以课题研究的方式”研究教育教学中存在的问题及解决的对策、建议，以各种方式传播先进的教育思想、课程理念、教学方法，发挥名师在教育教学活动中的示范、引领指导和辐射作用，达到“带一支队伍、抓一批项目、出一批成果”的工作目标和“认真履行名师工作室职责，重点做好课题研究、教师培养、示范辐射、网站建设等”的工作思路，从自身实际出发，特制订个人自主发展计划。

一、个人生物教学经历

在河北师范大学生物系系统学习了学科专业理论、教育心理学，并认真学习各种知识，刻苦钻研专业理论，细心揣摩教学方法，为现在所从事的教学工作打下了坚实的理论基础。从教 20 多年来，从事过初中生物学教学、高中生物教学和学校管理工作，不断提升自己的教学能力、教科研能力和管理能力。在教学过程中能不断更新教育理念，积极承担学校安排的生物学科教育教学任务、教育教学研究任务并指导教师的教育教学工作，对所教学科具有系统的坚实的基础理论专业知识，教学经验丰富，教学效成绩突出。但在教学中，如何实现高效课堂教学，如何实现初高中知识的衔接，正在积极探索，在明年新高考模式下如何实现生物高效课课堂教学，是我积极探索的一个课题。

二、三年发展计划（2017—2020 年）

（一）总体发展目标

1. 明确工作室计划要求，积极参加相关工作室的定期研讨、讲座和教学等活动。2. 定期阅读各类书籍，做好阅读笔记，写好读后感，不断提升自己的学科素养。3. 通过学习教育教学理论，提高对生物科教育的整体把握水平；围绕工作室的科研课题研究课题，开展课题研究活动。4. 在实践研究的基础上，注重反思提炼，每学年完成一篇论文或心得。5. 严于律己。在培养学生素质的同时发展自己，力争成为“生物学科带头人”。

（二）分阶段工作目标及实施措施

A. 第一阶段：（2017 年 7 月—2018 年 7 月 ）1. 认真学习名师工作室工作方案，明确“工作室”的工作目标、工作思路、课题研究内容以及工作室的工作要求。2. 根据工作室工作主旨与规划，拟订个人三年发展规划，明确整体工作目标和各研究阶段工作目标。3. 认真研读中学教育教学理论和生物学相关知识，进一步深化对生物课程整合教学的理解。4. 参与工作室信息网站建设，与工作室连接，与“工作室”成员共同信息交流，积极主动参与“工作室”网络互动活动，实现资源共享。5. 积极参与工作室的课题研究活动，撰写 1~2 篇教学论文或教学体会。

B. 第二阶段：（2018 年 9 月—2019 年 9 月 ）1. 继续学习生物教学理论书籍提升专业素养。2. 以工作室阶段研究内容为抓手，探索科学、合理、有效的设计思路和实践策略为高效生物课堂服务。3. 认真参加相关课堂教学观摩活动及教学设计方面的专题讲座，积极撰写论文，促进课题研究工作的深化。4. 开展课例的剖析研究，对教学设计方面进行反思、提高课堂教学的有效性。5. 着力提升自己的课堂语言表达能力、课堂教学掌控能力。

C. 第三阶段：（2019 年 9 月—2020 年 9 月）1. 深入学习生物模块教学理论书籍，促进自身具备较高的专业素养。2. 继续推进课题研究的深入，并对培养学生生物核心素提出科学、有效的方式、方法，形成一定的理论体系和实践模式。3. 通过高效课堂教学活动的展示或进行专题讲座等形式深入生物教学的研究，确立今后的研究方向或方法，对于如何提高课堂教学的有效性形成一定的思考。4. 整理个人参加赵艳红工作室的学习资料，形成付诸新高考模式下的高效教学模式即赵艳红工作室高效生物教学模式。

三、走进廊坊香河一中赵艳红工作室，一年多来感受到了赵艳红工作室的温暖，也取得了一定的成绩

赵艳红老师在教学工作中取得了很多成绩，她无私地献给了赵艳红工作室的全体成员，使我们很受感动，进入工作室以来，赵老师为我们订阅多种书籍并亲自寄送到我们的学校，其中有《中国教师》期刊，并联系中国教师杂志社，聘请我们为“中国教师杂志社教育研究中心赵艳红名师工作室”研究员。购买了许多书籍，《高中生物疑点通》《中学生职业规划教程》《美国春秋——成为学者型教师》《教育是合作的艺术》《基因论》《新一轮高考改革的多视域考察》《高中生物真题专项训练》等；使我们了解了教育的前沿知识，充实了我们的头脑，提高了我们的教育教学能力。给我们发送了大量的课件资料，均是精品课优质课，使我们大开眼界，为今后的教学打下了更坚实的基础。多次举行集体活动，请来最有名的专家给办讲座，传授经验，指导改革，答疑解惑。工作室做多节公开课，做课后，举行了评课说课活动，使我们教学水平有了很大提高。在平台上发布了导学案、教学课件、教学设计、培训研讨、期刊录用的文章等；荣誉奖励证书以及教师的有关教学方面的各类文章多篇。我们及时把这些优秀的经验及先进的教育思想、课程理念、教学方法，传播到各自学校中，达到“带一支队伍、抓一批项目、出一批成果”的阶段性工作目标。

老牛亦解韶光贵，不待扬鞭自奋蹄

河北省廊坊市第七中学　张云敏

学无止境，所以不待扬鞭自奋蹄。

2006年河北师范大学教育学原理招生在职研究生，我报考了。毕业10年了，我想再学习，听听专业老师讲课，加强一下理论学习。对我来说最难的是又重新拾起英语，在教学之余，背单词，默短语，记语法，做练习，请英语老师指导，功夫不负有心人，终于通过了考试，我被录取了。于是利用寒暑假时间，我又回到大学校园，重新开始学生生活。坐在大学教室里听课，听老师讲教育学、心理学、教育统计学等与教育有关的相关专业课。严寒、酷暑，正是同事们和同学们放假休息的时候，我坐在大学教室里，听老师讲课，不停地记着笔记，总怕落下什么。下课要完成老师布置的作业，晚上看看书，这种没有电视、电脑的学生生活也挺充实。经过两年的这种学习，顺利通过考试和论文答辩，毕业了。

2010年，又迎来一个难得的学习机会，国培计划——河北省农村中小学骨干教师培训。在我的大学母校——河北师范大学（新校区），在那里，在培训过程中，我结识了很多全省优秀的中学生物教师，而且见到了我母校的老师，曾经教我的、我的大学老师，聆听老师、专家们的讲座，参观衡水中学、石家庄二中等名校，听课学习。在中学待的时间太久了，人的知识范围和观念都受到很大局限。这次学习的机会对我来说非常宝贵，坐在同一间教室的都是教生物的同行，我们有共同语言。专家、老师们也都讲的生物专业知识，感觉非常解渴。有些问题困扰我们很久了，这次终于有机会当面请教专家了。比如：基因工程、植物组织培养等一些相关知识点，专家们耐心地一一解释。通过去名校听课，学习借鉴了同行们教学上的长处，真是获益匪浅。

2017 年有幸成为赵艳红名师工作室的一员，结识了来自全省不同地市的几位老师，以赵老师为中心，大家聚在一起，听课研讨，听专家的讲座。徐老师讲的“动物和人体生命活动调节”，是一堂复习课，课堂容量很大，学生复习一遍整章知识点后，徐老师设计了 7 道问题，从不同角度回顾和强化知识点。又通过练习加以巩固，指出每道题的考点是什么，学生回答有错误时，及时予以纠正，鼓励学生多回答，锻炼语言表达能力。最后用神经调节、体液调节和免疫调节的概念图把知识连贯起来，从点到线再到面，条理清晰，层层递进，师生共同参与，配合默契，圆满完成教学任务。听了徐老师的课，对自己很有启发和帮助，每个人都有自己的长处、教学特点，通过听课可以取长补短，相互借鉴。听完课，大家坐在一起进行评课，各抒己见，谈体会，谈感受，谈自己的看法，在交流过程中我们得到了提升。

来自不同学校的老师们分别进行了高考备考讲座，介绍了各自学校的备考策略、备考方法，我们在积极准备过程中对自己也是一个提升的机会，听完其他老师的讲座，把他人的好做法带回去，自己借鉴、推广。

工作室的活动除了老师们讲课、听课和评课活动外，还请来了大学教授、专家为我们讲座。

肖川教授，北京师范大学教育学部教育基本理论研究院教授，我国生命教育领域的开拓者之一。研究领域：生命教育；教育学基本理论；教育文化（人类）学、师资培训、道德教育、课程与教学。肖教授做了题为“教师的幸福人生与专业成长”的讲座。其实幸福是内心的感觉，充实而闲适。幸福人生要四有：心中有盼头，手中有事做，身边有亲友，家中有积蓄。教师的情绪、幸福感直接会影响到教学，影响到学生，优质教育一定源于善好生活。听教授一席话心里豁然开朗，专家站的高度就是不一样。

工作室还邀请了北京师范大学中国教师杂志社优质教育研究院院长田玉敏教授，田教授介绍了“优质高效教学体系”。概括地说，就是以前的很多教学是“两步法”：理解了，就去应用（刷题）。现在的“优质高效教学体系”主张“三步法”：理解了，记住后，再去用。这种观点充分强调了记忆的重要性，对于基础知识掌握应该是有效的。人民教育出版社资深编审吴成军教授，做了“生物学核心素养及在教材、教学中的实施”讲座，吴教授解读了生物学的核心素养，以具体的安全驾驶为例，生动形象的解释了关键能力、必备品格和价值观念。素养是知识与能力之和的态度次方，太直观了，佩服。期盼着早日见到新教材。廊坊市教育局邢国民主任做了关于课题申报方面的专题讲座，我了解如何开展科研活动和课题申报。感觉听专家讲座，就是不一样，专家站在一定的高度看问题，自己有了进一步学习的欲望，不时地从自己的小圈子里出来，多见识见识大家，太解渴了。

身为教师，我喜欢三尺讲台，喜欢和学生们在一起，虽然生活和工作中有许多不如意，但我们能接受现实，悦纳自我。并心存感激，感谢学生们的陪伴和聆听，感谢同事们的帮助和包容，感谢领导的信任和支持。作为一名合格的老师：除了对知识了如指掌，有真才实学、真知灼见之外，还有真心为学生好。“打铁还需自身硬”，我们只有不断完善自我，做最好的自己，追求卓越，才能使学生青出于蓝而胜于蓝。